AF276152

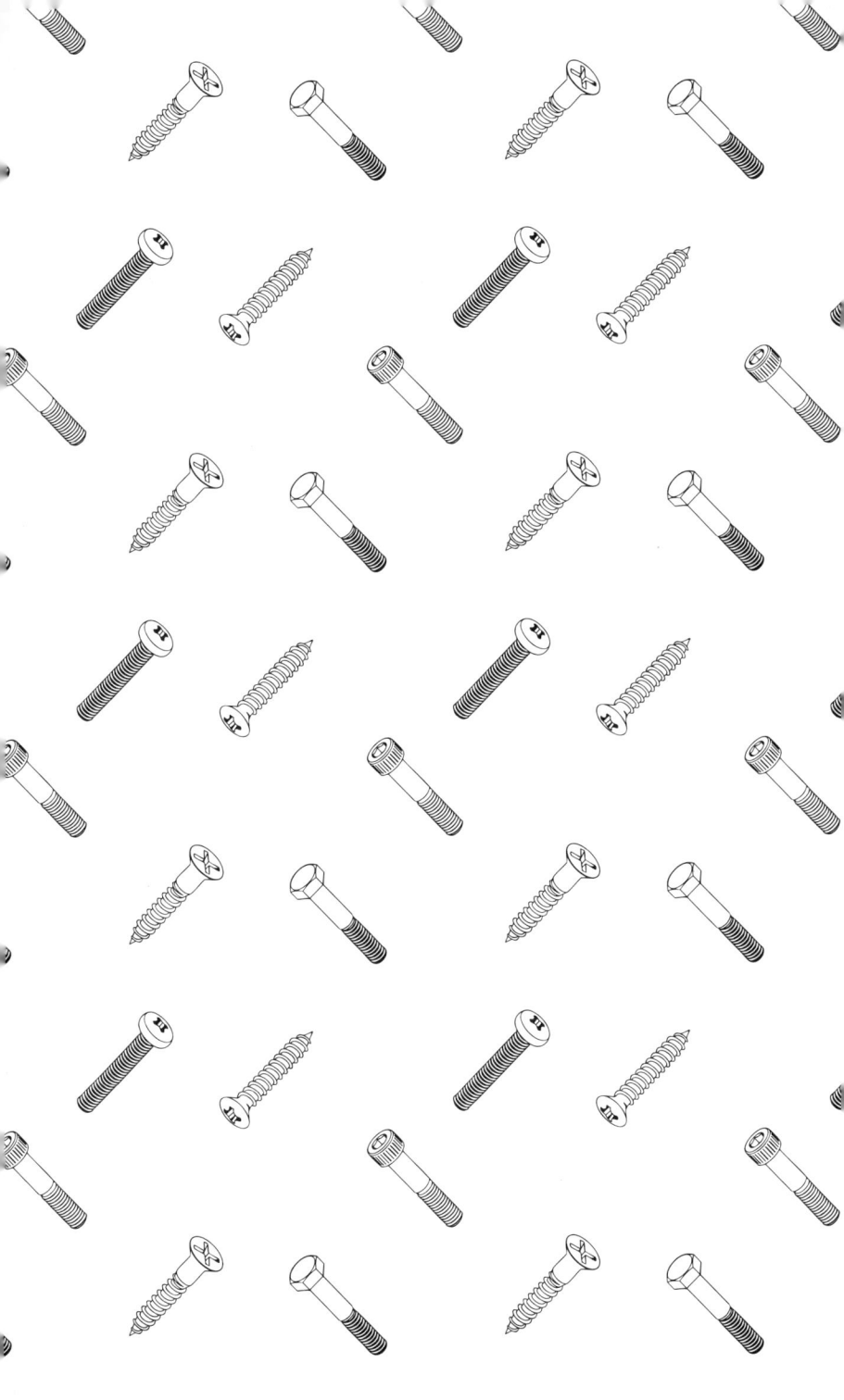

Weil, Simone / La condición obrera / Simone Weil. - 1a ed.
- Ciudad Autónoma de Buenos Aires: EGodot Argentina,
2026. 376 p.; 20 x 13 cm.

ISBN 978-84-19990-63-1

Depósito legal: M-24734-2025

**Título original** *La condition ouvrière* (1951)

**Traducción** Aníbal Díaz Gallinal
**Equipo de edición** Federico Juega Sicardi y Noelia
Laudisi De Sa
**Diseño de tapa** Iván Brizuela
**Diseño de interiores** Víctor Malumián
**Ilustración de Simone Weil** Max Amici

© Ediciones Godot
www.edicionesgodot.com.ar
info@edicionesgodot.com.ar
Facebook.com/EdicionesGodot
Twitter.com/EdicionesGodot
Instagram.com/EdicionesGodot
YouTube.com/EdicionesGodot
Buenos Aires, Argentina, 2026

Impreso en España
Imprenta Kadmos
Salamanca, marzo de 2026

# La condición obrera

Simone Weil

Traducción
Aníbal Díaz Gallinal

# Nota editorial

PRESENTAMOS AQUÍ LA TRADUCCIÓN al castellano de *La condición obrera,* de Simone Weil. Se trata de una de las pocas ediciones completas en nuestro idioma de este texto.

El capítulo 5 incluye la traducción íntegra del "Diario de fábrica" y "El misterio de la fábrica", con todos los detalles que consignó la autora durante los meses de trabajo como obrera, desde diciembre de 1934 hasta agosto de 1935: el número de cada pieza que torneaba, los pedidos con la cantidad de piezas, los horarios, los francos que ganaba en cada tarea y los bonos correspondientes, los cuadros, índices y elencos, sus estados de ánimo y de salud y su relación con las otras obreras.

Agradecemos especialmente la colaboración que prestó la señora Verónica Estévez, directora de la Biblioteca de Letras de la Fundación R. Rouges de Tucumán.

# Prólogo

## por Albertine Thévenon

EL HECHO DE QUE aquel grupito de sindicalistas revolucionarios del Loira conociera a Simone Weil, en 1932, no es fruto del azar. Desde el principio, como ella misma cuenta, la conmovían las injusticias sociales, y su instinto la había llevado a ponerse del lado de los marginados. Persistir en esta decisión otorga unidad a toda su vida.

Los revolucionarios la atraían desde muy joven. La Revolución rusa, portadora en su origen de una inmensa esperanza, se había desviado, y los proletarios eran mantenidos por la burocracia —nueva casta de privilegiados— en estado de siervos, confundiendo deliberadamente industrialización y socialismo. Simone tenía demasiado amor y respeto por el individuo, para sentirse atraída por el estalinismo que había creado un régimen al que ella se refería así en 1933: "A decir verdad, este régimen se parece al régimen que Lenin creía instaurar en la medida que excluye, casi por completo, la propiedad capitalista; en todo lo demás, es exactamente lo contrario".

Habiendo así eliminado a los estalinistas del universo revolucionario, se acercó a los otros grupos: anarquistas, sindicalistas-revolucionarios, trotskistas. Era demasiado independiente para que la podamos encasillar dentro de algún grupo, pero en la época en que la conocimos, aquel por el que sentía más simpatía estaba representado por *La Révolution Prolétarienne.*

Fundada en 1925, esta revista, que llevaba el subtítulo *Revista sindicalista-comunista,* reunía en torno a sí a sindicalistas que, impulsados por el entusiasmo de la Revolución de octubre, se habían adherido al partido comunista o habían sido excluidos o lo habían abandonado voluntariamente, al constatar que, poco a poco, la burocracia sustituía a la democracia obrera de origen. Las dos figuras más destacadas eran, y son todavía, Monatte y Louzon, dos sindicalistas revolucionarios y de formación libertaria.

Simone entra en contacto con varios de los animadores de esta revista y, cuando en el otoño 1931 fue nombrada profesora en el Liceo de Puy, se dirigió a ellos para pedirles que la pusieran en contacto con los militantes de esa región. Así fue como, una tarde de otoño, llegó a nuestra casa para encontrar allí a Thévenon, por entonces miembro del Consejo de Administración de la Bolsa de Trabajo en Saint-Étienne, secretario adjunto de la Unión Departamental Confederada del Loira, que trataba de reagrupar a la minoría sindicalista y de llevar de nuevo a la Confederación General del Trabajo (CGT) a la federación regional de mineros, que en esa época estaba en minoría en la Confederación General del Trabajo Unitario (CGTU) y cuyo secretario, Pierre Arnaud, acababa de ser expulsado del partido comunista.

Por medio de Thévenon, Simone se encontraba a la vez inmersa en pleno ambiente obrero y en plena lucha sindical. Era todo lo que pedía. Todas las semanas, al menos una vez, hacía el viaje Puy-Saint-Étienne y, dos años más tarde, Roanne-Saint-Étienne, para participar en un círculo de estudios organizado por la Bolsa de Trabajo, asistir a reuniones o a manifestaciones.

†

Su extraordinaria inteligencia y su cultura filosófica le permitieron conocer rápida y profundamente a los grandes teóricos socialistas, en particular a Marx. Pero este conocimiento teórico de la explotación capitalista y de la condición obrera no la satisfacía. Veía necesario adentrarse en la vida diaria de los trabajadores.

Pierre Arnaud representaba el tipo del buen proletario en el sindicato de mineros. Sindicalista de planta, conservaba todos sus hábitos de minero: el modo de hablar, la vestimenta y, sobre todo, su conciencia de clase. Era un minero y no buscaba pasar por ninguna otra cosa. Simone lo apreció, estimando su dignidad, su rectitud y desinterés. En torno a él, gravitaban hombres acostumbrados a golpearse duramente con la vida; algunos habían servido en los batallones de disciplina. Simone trató de integrase con ellos. No era fácil. Los frecuentaba, acomodándose en la barra de un bistró, para compartir con ellos la comida y jugar a las cartas, acompañarlos al cine los días de fiesta popular, pidiéndoles de improviso que la llevaran a sus casas, sin previo aviso a sus mujeres. Estaban un tanto sorprendidos por la actitud de esta joven tan instruida que se vestía con más sencillez que sus mujeres y cuyas preocupaciones les parecían fuera de lo común. Sin embargo, ella les caía simpática y siempre volvían a ver a "la de Puy" con cariño. Y no la olvidaron. Uno de ellos, hombre sencillo donde los hubiera, conservaba un leal afecto hacia ella; otro, que apareció hace poco, expresó así su dolor al saber que había muerto: "No podía vivir mucho; era demasiado instruida y no comía". Doble constatación que caracteriza bien a Simone. Por un lado, la intensa y continua actividad mental; por otro, el descuido casi total de la vida material. Desequilibrio que solo podía desembocar en una muerte prematura.[1]

†

¿Cuál fue su participación en el movimiento sindical de esa época? No solo participó en el círculo de estudios de Saint-Étienne, sino que además ayudó a sacarlo adelante, aportando la prima económica de su agregaduría universitaria, que consideraba como un privilegio inaceptable para sí misma. Reforzaba la caja de solidaridad de los mineros, ya que había decidido vivir con 5 francos por día, adicional asignado a los desempleados en Puy. Militó en el sindicato de profesores de Alto Loira, donde se acercó al grupo École Émancipée. En Puy, se integró a una delegación de desempleados, lo que le valió una buena campaña de prensa en su contra y roces con la administración. Y, por encima de todo, puso a punto, luego de largas discusiones con los militantes, sus reflexiones sobre la evolución de la sociedad, en un artículo publicado en *La Révolution Prolétarienne*, de agosto de 1933, con el título general de "Perspectivas". Este estudio —que tenía por subtítulo "¿Vamos hacia una revolución del proletariado?"— da una idea precisa de lo que Simone entendía por socialismo: "La soberanía

---

1. Mi marido encontró, hace un tiempo, a un grupo numeroso de viejos camaradas mineros. Me contó que quedaron "consternados" al saber de su muerte.

económica de los trabajadores, y no la de la máquina burocrática y militar del Estado". El problema está en saber si, siendo la organización del trabajo lo que es, los trabajadores van en dirección a esa soberanía. Contrariamente a una especie de credo revolucionario que pretende que la clase obrera sea la reemplazante del capitalismo, Simone ve despuntar una nueva forma de opresión, "la opresión en nombre de la función". "No se ve —escribe— cómo un modo de producción fundado en la subordinación de los que ejecutan a los que coordinan podría no producir automáticamente una estructura social definida por la dictadura de una casta burocrática". El peligro de esta dictadura burocrática se ha perfilado más adelante, como testimonia Burnham en su libro sobre los directivos. Estas comprobaciones, de una clarividencia tan pesimista que teme ser tildada de derrotismo, ¿son una razón para desesperarse y abandonar la lucha? Para ella, eso no se discute: "Visto que una derrota podría aniquilar, por tiempo indefinido, todo lo que a nuestros ojos da valor a la vida humana, está claro que debemos luchar con todos los medios a nuestro alcance para ser eficaces". No cabe expresión más valiente.

Por último, también en la época en que estaba con nosotros fue a Alemania, cuando los nazis comenzaban a dar que hablar con sus horribles métodos. La veo tratando de convencer a uno de nuestros jóvenes camaradas que la acompañara. Para ella era muy sencillo: esos hombres combatían para defender su libertad; tenían derecho a la ayuda de todos. La veo de nuevo a su regreso, con el corazón dolido por lo que había visto, desplomarse sobre la mesa, al límite de los nervios, recordando las crueldades padecidas por los alemanes antinazis. Con gran lucidez analiza la situación de Alemania, en un artículo publicado en *La Révolution*

*Prolétarienne,* del 25 de octubre de 1932, y profetiza la victoria de Hitler. Desgraciadamente su mirada era certera.

†

Frecuentar a los mineros, vivir con el salario de un desocupado, reflexionar y escribir sobre el movimiento obrero no podía bastarle. Lo que parecía esencial a la vez a su inteligencia y a su sensibilidad —dos fuerzas casi parejas en ella— era penetrar en la intimidad de las relaciones del trabajo y de los trabajadores. Ella pensaba que no se podía alcanzar ese conocimiento si no era haciéndose trabajador uno mismo, y entonces decidió hacerse obrera. Esto constituyó un punto de fricción fuerte entre nosotras dos. Yo pensaba —y sigo pensando— que la condición de proletario es un estado de hecho, no se elige; sobre todo en lo que se refiere a la mentalidad, es decir, a la manera de aprehender la vida. No tengo ninguna simpatía por las experiencias del tipo "el rey del carbón", en las que el hijo del patrón va a trabajar de incógnito en las minas de su padre, para volver, terminada su experiencia, a retomar su vida de patrón. Pensaba, y pienso todavía, que las reacciones elementales de una obrera no sabrían ser las de una agregada de filosofía salida de un medio burgués. Esas ideas eran también las de los tres o cuatro amigos que formaban el pequeño grupo de amigos de Simone, en Saint-Étienne. Nosotros se las expresamos crudamente, y quizá también de manera brutal, ya que nuestras relaciones —afectuosas— estaban exentas de mundanidad. Otras razones nos empujaban a disuadirla de poner en marcha su proyecto: su falta de habilidad manual y su estado de salud. Sufría terribles dolores de cabeza sobre los que después me escribía que "no habían tenido la amabilidad de abandonarla".

Si en términos generales teníamos razón, en lo que se refiere a Simone nos equivocamos. Primero, ella llevó adelante su experiencia a fondo con la mayor honestidad, aislándose de su familia, viviendo en las mismas condiciones materiales que sus compañeras de taller. Las cartas que entonces me escribió y el artículo que publicó después de las huelgas de 1936 en *La Révolution Prolétarienne* prueban que su capacidad de adaptación y su poder de "atención", para emplear una de sus expresiones, le permitieron captar con agudeza el carácter inhumano de la suerte que cabía a los trabajadores, sobre todo a los "no calificados", "todos esos seres tratados como basura" de los que ella se sentía hermana. En su caso no era literatura: "He olvidado que soy una profesora agregada que está de visita en la clase obrera". Esta experiencia la marcó hasta el final de su vida.

†

Dejó la región del Loira en 1934 y ya no la vería más. Recibí aún una carta suya cuando era miliciana en España, con los rojos. Thévenon la volvió a ver en un congreso en 1938, en París. Luego vino la guerra. Y, al final de la guerra, la noticia de su muerte.

†

Quizá un día un militante obrero atento, que la haya conocido tan bien como nosotros, sentirá la necesidad de extraer las lecciones de esas diversas experiencias sociales. Yo, que he vivido siempre dentro del sindicalismo, sin ser militante, simplemente querría dar testimonio del recuerdo que Simone Weil fue tejiendo en los pocos compañeros con los cuales vivió en confianza, en una atmósfera de cálida camaradería. Muchos eran militantes y aún lo son. Todos recuerdan lo exigente que era discutir con ella, el rigor implacable con el cual obligaba a pensar, y a menudo, aún hoy, vuelven hacia ella con su pensamiento, a aquella Simone, siempre inconformista.

Quiero decir también la suerte que tuvieron quienes la conocieron y la apreciaron: qué bien se estaba a su lado cuando te tenía confianza. Uno de sus amigos me escribía hace poco tiempo que ella "fue poeta, más en su vida propia que en las obras". Es verdad. Era sencilla, y pese a que su cultura general era tan superior a la nuestra, teníamos con ella largas conversaciones en tono fraternal, le hacíamos bromas, se reía con nosotros, nos pedía que cantáramos (no siempre canciones muy ortodoxas). A veces, ella misma, sentada al pie de una camita de hierro, en un cuarto sin muebles, sin nada lindo, nos recitaba versos en griego que no comprendíamos, pero que nos alegraban de todos modos, debido al placer que le daban. Al final, una sonrisa, una mirada nos hacían sus cómplices en situaciones divertidas. Este aspecto de su carácter, que afloraba pocas veces, a causa de la seriedad con que ella enfrentaba por lo común todas las cosas, tenía un encanto inolvidable.

No era menos seductor su inconformismo y el viento de libertad que arrastraba con ella, pero había que fijarse en eso. Todas esas manifestaciones que la hacían valiosa fueron causa de rivalidades irreductibles. Para nosotros fue una alegría profunda haberla amado en aquel momento.

Porque si bien es relativamente fácil admirarla y captar su grandeza cuando, en la soledad de una sala de estudio, con un libro abierto delante, descubría su pensamiento profundo, es preciso reconocer que muchos de los que estuvieron a su lado ni siquiera sospecharon que era un ser excepcional. Y, sin embargo, para quienes la conocieron y amaron cuando no era creyente, y después la encontraron tan profundamente religiosa, su vida aparece con una perfecta unidad, a pesar de los cambios aparentes. El impulso que la arrastraba a considerarse y a tratarse como la más desheredada de los desheredados es contrario a la aspiración normal del ser humano ordinario. Procede a la vez del deseo de conocer la desdicha —algo gratuito—, de traducirla —lo que puede ser eficaz— y del sentimiento de justicia absoluta: no tengo derecho a nada, puesto que otros muchos no tienen derecho a nada. No obstante, era una tendencia muy neta y fácilmente detectable. Y es eso lo que la hacía vivir con la Asignación de Desempleo en 1933 y lo que la llevó a morir de privaciones y enfermedades, sola, en una cama de hospital en Londres, en 1943. Por cruel que nos parezca, esta muerte es la conclusión lógica de la vida que Simone había elegido. Como dice Albert Camus, es un camino en solitario: el camino de Simone Weil.

Cuando he tenido que hablar de Simone Weil a mis amigos, casi siempre hacen dos reflexiones: "Era una santa", o bien: "¿Para qué sirve una vida como la suya?". En verdad, no sé si era una santa; muchos revolucionarios —entre los mejores— tienen ese desapego de los bienes materiales y el deseo de aliarse con los más desgraciados. Primero, uno se hace revolucionario de corazón. En Simone, este estado de espíritu se elevaba a nivel de principio firme. En cuanto a saber "para qué sirvió su vida", se trata de la pregunta esencial. Por mi parte, a menudo me he rebelado contra las privaciones que se infligía, contra la vida dura que se imponía, y aún ahora me rebelo pensando que se ha ido muy pronto, a causa, en gran parte, de los sufrimientos que padeció deliberadamente. Sin embargo, ¿no debe a todos esos sufrimientos gratuitos lo que ella llama su extraordinario "poder de atención", atención que le permitió encontrar el grano de pureza en el polvo de la vida cotidiana? ¿No son esos sufrimientos gratuitos los que hicieron de ella una testigo cuya pureza y sinceridad están fuera de duda? ¿No fueron ellos los que le dieron esta admirable compasión que la hacía permeable a toda miseria humana? El gran mérito de Simone es haber establecido una armonía total entre su deseo de perfección y su vida, anterior a toda influencia religiosa. Esa necesidad de perfección era tal, por otra parte, que le impidió entrar en la iglesia que, siendo obra de los hombres, lleva el estigma de la imperfección, igual que los movimientos revolucionarios a los que permaneció unida por muchos vínculos visibles.

Las razones que nos llevaron a estimarla y amarla permanecen íntegras. Y, aunque nos separemos de ella en el umbral de su vida mística, que nos es extraña, guardamos hacia ella afecto permanente y un recuerdo fiel.

ALBERTINE THÉVENON
Roche-la-Molière, diciembre de 1950

# 1

## Tres cartas a la señora Albertine Thévenon

1934-1935

QUERIDA ALBERTINE:

APROVECHO LOS PLACERES FORZOSOS que me impone una ligera enfermedad (principio de otitis; no es nada) para charlar un poco contigo. Sin eso, las semanas de trabajo, cada nuevo esfuerzo, además de los que tengo impuestos, me cuestan. Pero no solo es eso lo que me retiene: es también la cantidad de cosas que hay que decir y la imposibilidad de expresar lo esencial. Quizá más adelante me vendrán las palabras justas; ahora pienso que, para traducir lo importante, necesitaría otro idioma. Un abismo separa esta experiencia de lo que yo esperaba, aunque en muchos aspectos se corresponde bien. Se trata de la realidad, no de lo imaginado. Lo que ha cambiado para mí no son algunas ideas (al contrario, muchas se confirmaron), sino infinitamente más: toda mi perspectiva sobre las cosas, el sentimiento mismo que tengo de la vida. Conoceré todavía la alegría, pero me parece que ya una cierta ligereza del corazón me será vedada de por vida. Y basta de esto: lo inexpresable se degrada cuando intentamos expresarlo.

En cuanto a las cosas que pueden expresarse, he aprendido bastante sobre la organización de una fábrica. Es inhumano. Trabajo en serie, a destajo, una organización exclusivamente burocrática de las relaciones entre los elementos de la fábrica, de las diferentes operaciones del trabajo. La atención está privada de objetos que sean dignos de ella; más bien al contrario, está obligada a centrarse, segundo a segundo, siempre en los mismos asuntos mezquinos, con variantes: hacer 50 piezas en 5 minutos en vez de 6, u otras cosas de este orden. Gracias al cielo hay habilidades manuales que se pueden incorporar, lo que otorga interés, de tiempo en tiempo, a esta búsqueda de ser más veloces. Pero mi pregunta es cómo todo esto puede hacerse humano, porque, si no tuvieras que trabajar a destajo, el aburrimiento que conlleva el trabajo acabaría con tu atención, ocasionaría una lentitud considerable y montones de piezas malas falladas. Si el trabajo no fuera de producción en serie… Pero no tengo tiempo de desarrollar todo esto por carta. De solo pensar que los grandes jefes bolcheviques pretendían crear una clase obrera libre, y que ninguno de ellos (sin duda Trotsky no; Lenin creo que tampoco) había puesto los pies en una fábrica —y en consecuencia no tenía la más pálida idea de las condiciones reales que determinan el servilismo o la libertad de los obreros—, la política me parece una broma siniestra.

Tengo que decir que todo esto se refiere al trabajo del peón no calificado. Sobre el trabajo calificado tengo todavía casi todo que aprender. Ya llegará, espero.

Sinceramente, esta vida es bastante dura. Tanto más que el dolor de cabeza no tuvo la amabilidad de retirarse para facilitar la experiencia, y trabajar con máquinas con dolor de cabeza es penoso. Recién el sábado por la tarde y el domingo respiro un poco, me encuentro conmigo misma y recupero de nuevo la facultad de dar vueltas en mi mente a algunas ideas. En general, la tentación más difícil de rechazar con semejante vida es la de renunciar totalmente a pensar: ¡nos damos cuenta de que es el único modo de no sufrir más! En primer lugar, de no tener más sufrimientos morales. Ya que la misma situación suprime automáticamente los sentimientos de rebelión: realizar el trabajo irritados sería hacerlo mal y condenarse a morir de hambre, y no hay nadie con quien emprenderla, sino con el mismo trabajo. Con los jefes no podemos permitirnos ser insolentes, y, además, por lo general, no dan lugar. Entonces, el único sentimiento posible con relación a la suerte propia es la tristeza. En ese momento tenemos la tentación de perder pura y simplemente conciencia de todo lo que no sea el trajín vulgar y cotidiano de la vida. O también la de perderse físicamente fuera de las horas de trabajo en una semisomnolencia; es una gran tentación. Tengo el mayor respeto por los obreros que logran darse una cultura. Por lo general son fuertes, es verdad. Pero, de todas maneras, deben tener algo en la panza. Aunque esto es cada vez más raro con el auge de la racionalización. Y me pregunto si esto se observa en los trabajadores especializados.

De todos modos, aguanto. Y ni por un instante me arrepiento de haberme lanzado a esta experiencia. Más bien al contrario, me felicito infinitamente cada vez que lo pienso. Pero, cosa rara, pienso poco en ello. Tengo una capacidad de adaptación casi ilimitada, lo que me permite olvidar que soy "profesora agregada", que está de paso por la clase obrera, y vivir mi vida actual como si estuviera destinada a ella desde siempre (y en un sentido es cierto) y que esto debería continuar siempre, como si me fuera impuesto por una necesidad ineluctable, y no por mi libre elección.

Te prometo que, cuando ya no aguante más, iré a descansar a algún lado, quizá a tu casa…

[…] Me doy cuenta de que no he dicho nada de mis compañeros de trabajo. Será para la próxima vez. Pero esto también es difícil de expresar. Son amables, muy amables, pero de fraternidad verdadera, casi nada. Una excepción, el que guarda el taller de herramientas, obrero calificado, excelente, al que llamo en mi auxilio cuando me gana la desesperación con un trabajo que no puedo realizar bien. Es cien veces más amable que los capataces, que no son más que peones especializados. Hay bastante envidia entre las obreras que, de hecho, compiten debido a la organización de la fábrica. Solo hay tres o cuatro que son verdaderamente simpáticas. En cuanto a los obreros, algunos parecen muy atentos. Pero donde yo estoy, hay muy pocos, fuera de los capataces. Espero cambiar de taller dentro de poco tiempo, para ensanchar mi campo de experiencia… […]

Nos vemos. Contéstame pronto.
S. W.

†

Mi querida Albertine:
Siento que interpretaste mal mi silencio. Crees, según parece, que me cuesta expresarme francamente. No,

de ningún modo. Es, sencillamente, que me resulta demasiado duro el esfuerzo de escribir. Lo que tu larga carta ha removido dentro de mí es el deseo profundo de decirte que estoy contigo, que todo mi instinto de fidelidad y de amistad va contigo.

[...]

Con todo eso yo comprendo cosas que quizá no comprendes, porque eres muy distinta. ¿Lo ves? Vives tan en el instante —y yo te quiero por eso— que posiblemente no te representas lo que es concebir toda la vida delante de uno, y tomar la resolución firme y constante de hacer algo con ella, de orientarla, de principio a fin, en determinada dirección con voluntad y trabajo. Cuando se es así —yo soy así, y sé lo que es—, lo peor del mundo que un ser humano puede hacer es infligirte un sufrimiento que te quiebre la vitalidad y, en consecuencia, la capacidad de trabajo.

[...]

Sé demasiado bien, debido a mis dolores de cabeza, lo que es saborear así la muerte en vida; ver extenderse los años delante de uno, tener con qué llenarlos mil veces y pensar que la debilidad física nos obligará a dejarlos vacíos, porque atravesar cada uno de los días será, simplemente, una tarea ímproba...

[...]

Hubiera querido hablarte un poco de mí, pero ya no tengo tiempo. He sufrido mucho en estos meses de esclavitud, pero por nada del mundo hubiese querido no haberlos pasado. Me permitieron probarme a mí misma y tocar con las manos lo que no podía imaginar. He salido diferente de cómo era cuando entré: físicamente agotada, pero moralmente robustecida (comprenderás en qué sentido digo esto).

Escríbeme a París. Me han nombrado en Bourges. Es lejos. No tendremos ninguna posibilidad de vernos...

[...]

Beso, Simone

†

Querida Albertine:

Me hace bien recibir unas líneas de tu parte. Me parece que hay cosas que solo nosotras dos comprendemos. Vives todavía; no sabes lo feliz que me hace eso...

Bien mereces liberarte. La vida cobra caro los progresos que nos hace hacer. Casi siempre al precio de dolores intolerables...

[...]

Sabes, tengo una idea que me viene justo en este preciso momento.

Nos veo, a las dos, de vacaciones, la mochila a la espalda, con unos centavos en el bolsillo, caminando por la ruta, por caminos y campos. Durmiendo un día en una granja donde daríamos una mano en la cosecha, a cambio de la comida.

[...]

¿Qué te parece?

[...]

Lo que escribes de la fábrica me ha llegado directo al corazón. Eso es lo que yo sentía desde mi infancia. Por eso ha sido necesario que termine yendo allí. Antes me daba pena eso, que no me comprendieras. Pero una vez dentro ¡qué distinto que es! Ahora es así como siento la cuestión social: una fábrica debe ser lo que tú sentiste aquel día en Saint-Chamond, lo que yo he sentido con tanta frecuencia, un lugar en el que uno se golpea duramente, dolorosamente, pero siempre felizmente, contra la vida verdadera. No ese lugar lúgubre en el que no se hace más que obedecer; quebrar bajo la constricción todo lo que tenemos de humano; abajarse por debajo de la máquina.

Una vez sentí plenamente, en la fábrica, lo que había presentido, como tú, desde afuera. Era mi primer empleo. Imagíname frente a un gran horno que escupe llamas y chorros de aire incandescente en pleno rostro. El fuego sale por cinco o seis agujeros que están en la parte baja del horno. Yo me pongo con entereza, enfrente, para hornear una treintena de gruesas bobinas de cobre que fabrica a mi lado una obrera italiana, de rostro valiente y franco; son bobinas para los tranvías y para vagones del metro. Debo poner atención para que ninguna bobina caiga en uno de los agujeros, pues allí se fundiría; para ello es necesario que yo me ponga enfrente del horno, en el medio, y que el dolor de los chorros calientes en mi rostro y del fuego sobre mis brazos (aún llevo la marca) no me haga hacer un falso movimiento. Bajo la tapa del horno. Espero algunos minutos. Levanto la tapa. Con un gancho atraigo las bobinas, ya al rojo vivo, muy rápidamente hacia mí, (si no las últimas en ser retiradas comenzarían a fundirse) y haciendo eso pongo mayor atención para que, en ningún momento, un movimiento en falso mande una de las bobinas a los agujeros. Y después volver a empezar. Frente a mí un soldador trabaja afanosamente, sentado, con lentes azules y rostro grave. Cada vez que el dolor me hace contraer la cara, me manda una sonrisa triste, llena de simpatía fraternal, que me hace un bien indecible. Del otro lado, trabaja un equipo de caldera; trabaja en torno a las grandes mesas; trabajo realizado en equipo, fraternalmente, con cuidado y sin apuro; trabajo muy cualificado, en el que es precio saber calcular, leer dibujos muy complicados, aplicar nociones de geometría descriptiva. Más lejos un tipo fornido golpea con una masa sobre las barras de hierro tan estrepitosamente que el ruido traspasa el cráneo. Todo esto en un rincón, al fondo del taller, donde uno se siente como en casa, donde el jefe de equipo y el jefe de planta no vienen, por así decir, nunca. Pasé allí 2 o 3 horas en cuatro oportunidades (me daban de 7 a 8 francos la hora y eso cuenta mucho, ¿sabes?). La primera vez, al cabo de una hora y media, el calor, el cansancio, el dolor me hicieron perder el control de mis movimientos; no podía bajar la tapa del horno. Viendo eso, de inmediato, uno de los caldereros (todos tipos muy atentos) se adelantó a reemplazarme. Volvería ya mismo a aquel rinconcito del taller, enseguida si pudiera, o en cuanto recupere fuerzas. Las tardes aquellas sentía la alegría de haber merecido el pan que habíamos ganado.

Pero esto ha sido único en mi experiencia de la vida de fábrica. Para mí, en lo que atañe a mi persona, esto es lo que significó trabajar en una fábrica. Esto quiere decir que todas las razones exteriores (que anteriormente había creído interiores), sobre las cuales se apoyaba para mí el sentimiento de mi dignidad, el respeto por mí misma, en dos o tres semanas se han quebrado radicalmente, bajo el golpe de la restricción brutal y cotidiana. Lo que provocó en mí no fue un movimiento de rebeldía, sino al contrario —lo que menos esperaba del mundo— docilidad. La docilidad de una bestia de tiro resignada. Me parecía haber nacido para esperar, para recibir, para ejecutar órdenes; que no había hecho más que eso, que no haría otra cosa. No me enorgullece confesar esto. Es el tipo de sufrimiento del que ningún obrero habla: solo de pensarlo hace mal. Cuando la enfermedad me obligó a parar, tomé conciencia de la degradación en la que había caído; me juré padecer esta existencia hasta el día en que, a pesar de ella, consiguiera recuperarme. Y mantuve mi palabra. Lentamente, en el sufrimiento, reconquisté mediante la esclavitud el sentimiento de mi dignidad de ser humano, un sentimiento que, esta vez, no se apoya sobre nada exterior y siempre está acompañado por la conciencia de que no tengo derecho alguno a nada, de que cada instante libre de sufrimiento y de humillaciones debe ser recibido como una gracia, como el simple efecto de un azar favorable.

En esta esclavitud hay dos factores: la velocidad y las órdenes. La velocidad: para "alcanzar el objetivo" marcado hay que repetir movimiento tras movimiento a una cadencia que, siendo más rápida que el pensamiento, prohíbe dar curso no solo a la reflexión, sino también a los sueños. Al ponerse frente a la máquina, durante 8 horas al día, hay que matar la propia alma, sus pensamientos, sus sentimientos, todo. Si estamos irritados, tristes o asqueados, hay que tragárselo, arrinconarlo todo en el fondo de uno mismo, irritación, tristeza o asco: harían más lento el ritmo de trabajo. Y lo mismo la alegría. Las órdenes: desde que se marca la hora de llegada, hasta que se marca la hora de salida, en cualquier momento se pueden recibir órdenes. Y siempre hay que callarse y obedecer. La orden puede ser penosa o peligrosa, o incluso imposible de ejecutar; o bien puede haber dos jefes que dan órdenes contradictorias; no importa. A cerrar el pico y aguantar, callarse y doblegarse. Dirigirse a uno de los jefes, aunque sea por algo indispensable, es siempre, aunque sea un buen tipo (incluso los buenos tipos tienen su momento de mal humor), exponerse a que te reten. Y cuando pasa esto también hay que callarse. En cuanto a los propios ataques de nervios y de mal humor, hay que tragárselos; no pueden traducirse ni en palabras ni en gestos, ya que los gestos vienen determinados, en cada instante, por el trabajo. Esta situación hace que el pensamiento se repliegue sobre sí mismo, se retracte, como la carne se retracta ante el bisturí. *No podemos* ser "conscientes".

Todo esto es, entiéndase bien, para el trabajo no calificado (sobre todo el de las mujeres).

Y, en todo esto, una sonrisa, una palabra de bondad, un instante de contacto humano vale más que las amistades más personales entre grandes o pequeños privilegiados. Solamente ahí se sabe qué es la fraternidad humana. Aunque hay poco, muy poco de eso. Más bien, con frecuencia, las relaciones entre camaradas reflejan la dureza que predomina allá adentro.

Vamos. Demasiada charla. Escribiría volúmenes sobre todo eso.

S. W.

También quería decirte: siento que el paso de
esta vida tan dura a mi vida actual me corrompe.
Ahora comprendo lo que es que un obrero se haga
"permanente". Reacciono en cuanto me es posible.
Si me dejara llevar, olvidaría todo, me instalaría en

mis privilegios, sin querer pensar que son privilegios. Estate tranquila, no me dejo llevar. Aparte de eso, he dejado mi alegría en esta existencia, y guardo una amargura imborrable en el corazón. Y, a pesar de todo, estoy feliz de haber vivido eso.

Guarda esta carta; quizá te la pida un día, si se me ocurre juntar los recuerdos de mi vida de obrera. No tanto para publicar algo sobre el tema (al menos no lo considero), sino para defenderme yo misma del olvido. Es difícil no olvidar cuando se cambia tan radicalmente de modo de vida.

# 2

## Carta a una alumna

1934

QUERIDA CHIQUITA:

HACE TIEMPO QUE QUIERO escribirte, pero el trabajo de fábrica no incita en absoluto a la correspondencia. ¿Cómo supiste lo que hago? Seguramente a través de las hermanas Dérieu. No importa, puesto que yo te lo quería contar. Si no hablaste de esto hasta ahora, no lo hagas, al menos con Marinette. Este es el "contacto con la vida real" del que te hablaba. Lo conseguí por un favor; uno de mis mejores amigos conoce al administrador delegado de la compañía y le explicó mi deseo; el otro entendió, lo que denota una amplitud de mente totalmente excepcional en esa clase de gente. En esta época es casi imposible entrar en una fábrica sin cartilla de trabajo, sobre todo cuando se es, como yo, lenta, torpe y poco fornida.

Desde ya te digo, en el caso en que quieras orientar tu vida en una dirección semejante, que por grande que sea mi felicidad por haber llegado a trabajar en una fábrica, no soy menos feliz por no estar atada a ese trabajo.

Tomé un año de licencia, simplemente, "por estudios". Si un hombre es hábil, muy inteligente y bien fornido, puede esperar al menos que, en la situación en que se encuentra la industria francesa actualmente, llegará a un puesto en el que podrá trabajar en la fábrica de manera interesante y humana, aunque aún las posibilidades de ese orden disminuyen día a día con los progresos de la racionalización. En cambio, las mujeres están plantadas en un trabajo totalmente maquinal, donde lo único que se pide es rapidez. Cuando digo maquinal no pienses que al hacer el trabajo se puede estar soñando en otra cosa, y menos aún reflexionar. No, lo trágico de dicha situación es que el trabajo es demasiado automático para ofrecer materia al pensamiento y, por lo tanto, impide cualquier otro pensamiento. Pensar es ir más despacio, y hay metas de velocidad establecidas por burócratas implacables que hay que alcanzar, tanto para no ser despedido como para ganar lo suficiente (el salario es a destajo, por pieza producida). Yo no llego todavía a alcanzarlas por varias razones: la falta de costumbre; mi considerable torpeza natural; cierta lentitud natural para moverme; los dolores de cabeza y cierta manía de pensar de la que no me puedo librar... Sin la protección de arriba me parece que me echarían. En cuanto a las horas de descanso, en teoría, con la jornada laboral de 8 horas, tenemos bastantes. En la práctica, las ocupa un cansancio que a menudo llega al embrutecimiento. Añade, para completar el cuadro, que en la fábrica vivimos en una perpetua y humillante subordinación, siempre bajo las órdenes de los jefes. Claro, todo eso hace sufrir más o menos, según el carácter de cada cual, la fuerza física, etc. Habría que matizar, pero es más o menos así.

Esto no impide que —padeciendo todo eso— pueda decir lo feliz que soy de estar donde estoy. No sé cuántos años hace que lo deseaba, pero no me lamento de haber llegado recién ahora, porque recién ahora estoy en condiciones de sacar todo el provecho que esta experiencia encierra para mí. Sobre todo, tengo el sentimiento de haberme escapado de un mundo de abstracciones y de encontrarme entre hombres reales: buenos o malos, pero con bondad o maldad verdadera. Especialmente en una fábrica, la bondad es algo real cuando existe; ya que el menor acto de benevolencia, desde una simple sonrisa hasta hacer un favor, exige sobreponerse al cansancio, a la obsesión del salario, a todo lo que agobia y lleva a replegarse sobre sí mismo. Así también el pensamiento exige un esfuerzo casi milagroso para elevarse por encima de las condiciones de vida. Porque ahí no es como en la universidad, donde se paga por pensar, o por hacer que se piensa; aquí más bien la tendencia sería pagar para no pensar. Entonces, si percibimos un destello de inteligencia, estamos seguros de que este no nos engaña. Al margen de esto, las máquinas me atraen y me interesan vivamente por sí mismas. Agrego que estoy en la fábrica principalmente para informarme sobre ciertas cuestiones muy precisas que me preocupan, y que no te voy a enumerar.

Basta de hablar de mí. Hablemos de ti. Tu carta me asustó. Si persistes en que tu objetivo principal sea experimentar todas las sensaciones posibles, no llegarás muy lejos, aunque sea normal a tu edad pasar por ese estado de espíritu. Me gustaba más cuando decías aspirar a tomar contacto con la vida real. Quizá creas que lo que pretendes ahora es lo mismo; de hecho, es justo lo contrario. Hay gente que vivió solo de sensaciones y para las sensaciones. Valga de ejemplo André Gide. En realidad, se dan cuenta confusamente de que la vida los engañó y caen siempre en una tristeza profunda, donde el único recurso que les queda es aturdirse mintiéndose miserablemente a sí mismos. Porque la realidad de la vida no es la sensación, es la actividad; entiendo la actividad en el pensamiento y en la acción. Los que viven de las sensaciones son material y moralmente parásitos con relación a los hombres trabajadores y creadores, que son los auténticos hombres. Añado, además, que estos últimos, los que no buscan las sensaciones, reciben pese a todo sensaciones más vivas, más profundas, menos artificiales y más verdaderas que aquellos que las buscan. En fin, para mí, andar a la búsqueda de la sensación es de un egoísmo horrible. Evidentemente no impide que amemos, pero lleva a considerar a los seres como simples ocasiones de gozo o de sufrimiento, y a olvidar completamente que existen por sí mismos. Quienes buscan sensaciones están vacíos. Viven entre fantasmas. Sueñan en vez de vivir.

En relación con el amor, no tengo consejos para darte, solo alguna advertencia. El amor es algo grave en lo que corremos riesgo de comprometer para siempre la propia vida y la de otro ser humano. Siempre se corre ese riesgo, a menos que uno de los dos haga del otro su juguete. Pero en este último caso, muy frecuente, el amor es algo odioso. Mira, lo esencial del amor consiste, en resumen, en que un ser humano tiene una necesidad vital de otro ser humano —necesidad recíproca o no, duradera o no, según los casos—. A partir de ahí el problema consiste en conciliar semejante necesidad con la libertad, y los hombres discutieron este problema desde tiempo inmemorial. Por eso, la idea de buscar el amor para ver qué es, para animar un tanto una vida demasiado aburrida, etc., me parece peligrosa y, sobre todo, pueril. Puedo decirte que cuando tenía tu edad —y después también— y me venía la tentación de conocer el amor, la apartaba, diciéndome que, en mi caso, valía más no correr el riego de comprometer toda la vida en un sentido imposible de prever, antes de haber alcanzado un grado de madurez que me permitiera saber exactamente lo que le pido a la vida en general, lo que espero de ella. No te digo esto como ejemplo, ya que cada vida sigue sus propias leyes. Pero puedes encontrar allí materia de reflexión. Añado aun que el amor me parece comportar un riesgo mayor todavía que el de empeñar ciegamente la propia existencia; el riesgo de convertirse en juez de otra existencia humana, en caso de que seamos profundamente amados. La conclusión que saco, y que te trasmito a título indicativo solamente, no es que hay que rehuir el amor, sino que no hay que buscarlo, sobre todo, cuando se es muy joven. Me parece que en esa etapa es mejor no encontrarlo.

Me parece que podrías reaccionar contra el ambiente. Tienes el reino ilimitado de los libros; dista mucho de ser todo, pero es mucho, sobre todo a título de preparación para una vida más concreta. También querría verte interesada por tu trabajo de clase, en el que podrás aprender mucho más de lo que crees. En primer lugar, trabaja: si no somos capaces de realizar un trabajo continuado, no servimos para nada, en ningún terreno. Luego forma tu mente. No voy a volver a hacer el elogio de la geometría. Y en cuanto a la física, ¿te sugerí el siguiente ejercicio? Se trata de hacer la crítica del manual de clase y del curso tratando de discernir lo que está bien razonado de lo que no lo está. Encontrarás cantidad sorprendente de falsos razonamientos. Y así, a la par que te diviertes con ese juego, extremadamente instructivo, la lección se fija a veces en la memoria sin que nos demos cuenta. Para historia y geografía solo hay cosas falsas a fuerza de ser esquemáticas, pero, si las aprendes bien, tendrás una base sólida para adquirir después, por ti misma, nociones reales sobre la sociedad humana en el tiempo y el espacio, cosa indispensable para cualquiera que se preocupe de la cuestión social. No te hablo tampoco del francés; estoy segura de que te vas forjando tu estilo.

Me ha hecho muy feliz que me dijeras que ibas a prepararte para la *école normale*; esto me libera de una preocupación angustiosa. Lo lamento más porque me parece que esta decisión partió de ti misma.

Me parece que tienes un carácter que te condena a sufrir mucho durante toda tu vida. Estoy segura de eso. Tienes demasiado ardor y demasiado empuje para poder adaptarte a la vida social de nuestra época. No eres la única. Pero no importa si sufres, teniendo en cuenta que probarás también vivas alegrías. Lo importante es no equivocar la propia vida. Por lo tanto, hay que disciplinarse.

Lamento mucho que no puedas practicar deportes, eso sí te haría falta. Trata de convencer a tus padres. Por lo menos, espero que no te prohíban las correrías alegres por las montañas. Saluda a las montañas de mi parte.

En la fábrica me di cuenta de qué paralizante y humillante puede ser carecer de fuerza, de habilidad, de seguridad en la apreciación de la mirada. Con relación a esto, nada puede suplir, desgraciadamente para mí, lo que no se adquirió antes de los 20 años. No sabría cómo encarecerte que ejercites tus músculos, tus manos, tus ojos, todo lo que puedas. Sin esos ejercicios, una se siente singularmente incompleta.

Escríbeme, pero no esperes respuesta más que de tanto en tanto. Escribir me supone un esfuerzo penoso. Escríbeme al 228, *rue* Lecourbe, París, XV. Alquilo un cuartito cerca de la fábrica.

Disfruta de la primavera; respira el aire y el sol (cuando salga); lee cosas lindas.

Χαῖρε[2]
S. WEIL

---

2. En griego en el original: "alégrate", "conténtate", "regocíjate". [N. del T.]

Carta a una alumna · 39

# 3

## Carta a Boris Souvarine

### 1935

**VIERNES**

QUERIDO BORIS, ME OBLIGO a escribirle unas líneas, porque sin eso no tendría la valentía de dejar traza escrita de las primeras impresiones de mi nueva experiencia. La llamada pequeña sala simpática resultó de cerca, en primer lugar, una sala bastante grande, pero sobre todo una sala muy sucia. En esta sala sucia resultó que hay un taller particularmente desagradable: el mío. Me apresuro a decirle, para tranquilizarlo, que me sacaron de allí al terminar la mañana y me depositaron en un pequeño rincón tranquilo donde tengo posibilidades de quedarme toda la semana próxima. Allí no estoy ante una máquina.

Ayer hice el mismo trabajo toda la jornada (estampado en prensa). Trabajé hasta las 4 al ritmo de 400 piezas por hora (llegué puntual, fíjese, por un salario de 3 francos la hora), con la sensación de que estaba trabajando duro. A las 4, el capataz vino a decirme que si no hacía 800 piezas por hora me despediría: "Si a partir de ahora hace 800, *quizá consentiré* que se quede". Entiéndase: nos hacen un favor al permitirnos que nos reventemos y, encima, tenemos que decir gracias. Puse en juego todas mis fuerzas y llegué a 600 la hora. Por lo menos me permitieron volver esta mañana; les faltan obreras porque la nave es demasiado mala como para tener personal estable, y hay pedidos urgentes para armamentos. Hice ese trabajo durante una hora más, con un nuevo esfuerzo llegué a un poco más de 650. Me hicieron hacer distintas cosas, siempre con la misma consigna: ir a toda velocidad. Durante 9 horas diarias (porque nos vamos a casa a la una, y no a la una y cuarto como yo le había dicho) las obreras trabajan así, literalmente, sin un minuto de descanso. Si se cambia de lugar de trabajo, si se busca otro taller, etc., es siempre corriendo. Hay una cadena (es la primera vez que veo una, y me hizo mal) en la que desde hace 4 años *duplicaron* el ritmo, me dijo una operaria. Hoy mismo el capataz reemplazó a una obrera de la cadena en su máquina: trabajó 10 minutos a toda velocidad (lo que es muy fácil si se descansa después), para demostrarle que debía trabajar más rápido. Ayer de tarde, al salir, estaba yo en un estado que usted imagina (por suerte los dolores de cabeza me dieron un respiro). En el vestuario me sorprendió que las operarias todavía eran capaces de charlar, y no parecían guardar en el corazón la rabia concentrada que me había invadido a mí. Algunas, sin embargo, dos o tres, me expresaron sentimientos parecidos. Son las que están enfermas y no pueden descansar. Usted sabe que la prensa exige un pedaleo muy nocivo para las mujeres; una obrera me contó que, padeciendo una salpingitis, no pudo lograr que la sacaran de las prensas. Ahora está por fin afuera de las máquinas, pero con la salud definitivamente arruinada.

En cambio, una operaria que está en la cadena, y con la que volví en tranvía, me contó que después de unos años o incluso de uno solo, se puede no sufrir más, aunque una se siente embrutecida. Me parece el grado máximo de envilecimiento. Me contó cómo ella y sus camaradas habían llegado a ser reducidas a esta esclavitud (cosa que yo, por mi parte, sabía muy bien). Hace 5 o 6 años, me decía, ganaban 70 francos por día, "y por 70 francos habrían aceptado lo que fuere, se hubieran reventado". Hoy, algunas que no tienen necesidad absoluta están contentas con sacar 4 francos la hora en la cadena, más las primas. ¿Quién tuvo la valentía, dentro del así llamado movimiento obrero, de pensar o de decir, durante el periodo de salarios altos, que se estaba envileciendo o corrompiendo a la clase obrera? Lo que es cierto es que los obreros se ganaron su lugar: la responsabilidad es lo único colectivo; el sufrimiento es personal. Un ser con corazón debe llorar lágrimas de sangre si está metido en este engranaje.

En cuanto a mí, debe preguntarse qué es lo que me permite resistir la tentación de evadirme, ya que no tengo ninguna necesidad de someterme a esos sufrimientos. Le explico: incluso en los momentos en los que de verdad no puedo más, casi no siento este tipo de tentación. Porque esos sufrimientos no los siento como propios, los siento como sufrimientos de los obreros; que yo personalmente pueda soportarlos o no me parece un detalle casi superfluo. Así, el deseo de conocer y de comprender se impone sin dificultad.

Sin embargo, si me hubieran dejado en este taller infernal, no hubiera aguantado. En el rincón en el que ahora estoy, los obreros no se complican tanto. Nunca hubiera pensado que podía haber tanta diferencia entre una punta y otra dentro de la misma empresa.

Bueno, ya está bien por hoy. Casi lamento haberle escrito. Tiene suficientes desdichas para que le cuente cosas tristes.

AFECTUOSAMENTE,
S. W.

# 4

## Fragmento de una carta a X

¿1933-1934?

SEÑOR:

**T**ARDÉ EN RESPONDERLE PORQUE es difícil programar bien la cita. Podré llegar a Moulins ya tarde, hacia las 4 de la tarde del lunes, y me voy a las 9. Si sus ocupaciones allí le permiten consagrarme algunas horas en ese intervalo, iré. En ese caso usted no tiene más que concretar la cita teniendo en cuenta que no conozco Moulins. Espero que eso se arregle. Me parece que será mejor hablar que escribirnos.

Por esa razón prefiero reservar para nuestro próximo encuentro lo que me vino a la mente al leer sus cartas. Solo quiero señalar una duda que ya me había inquietado al escuchar su conferencia.

Dice usted: "Todo hombre es operador de series y animador de sucesos".

Para empezar, me parece que habría que distinguir diversas especies de relación entre el hombre y los sucesos que intervienen en su existencia, según el papel más o menos activo que represente con relación a ellos. Un hombre puede crear secuencias (inventar...), puede recrearlas con el pensamiento, puede ejecutarlas sin pensar, puede aprovechar como una oportunidad secuencias pensadas, ejecutadas por otros, etc. Esto es evidente.

Pero he aquí lo que me inquieta. Cuando usted dice, por ejemplo, que un peón especializado deja de estar aprisionado por la serie una vez que sale de la fábrica, tiene usted razón, evidentemente. Pero ¿a qué conclusión llega? Si usted concluye que todo hombre, por oprimido que esté, aún conserva a diario la capacidad de hacer actos de hombre y, por tanto, nunca se despoja del todo de su calidad de hombre, de acuerdo. Pero si su conclusión es que la vida de un peón especializado de Renault o Citroën es una vida aceptable para un hombre que quiere conservar la dignidad humana, no puedo seguirlo. Por otra parte, no creo que sea eso lo que usted piensa —más bien estoy convencida de lo contrario—, pero querría el máximo de precisión sobre este punto.

"La cantidad se convierte en cualidad", dicen los marxistas siguiendo a Hegel. Las series y las secuencias tienen lugar en toda vida humana, desde luego. Pero hay una cuestión de proporción y podemos decir a grandes rasgos que hay un límite, en cuanto al lugar que la serie puede ocupar en la vida de un hombre sin degradarlo.

Me parece que estamos de acuerdo en lo demás.

[...]

# 5

## Diario de fábrica

No solo que el hombre sepa lo que hace,
sino también que, si es posible, *perciba*
*su utilidad,* que perciba la naturaleza
modificada por él.

Que el propio trabajo sea para cada cual
un *objeto de contemplación.*

πόλλ' ἀεκαζομένη, κρατερὴ δ' ἐπικείσετ' ἀνάγκη.[3]


### PRIMERA SEMANA

Ingreso el martes 4 de diciembre de 1934.

*Martes.* Jornada de 3 h de trabajo, al principio de la mañana, 1 h de perforación con el taladro, en lo de Catsous.[4]

Fin de la mañana, 1 h en la *prensa* con Jacquot. Ahí es donde conocí al del almacén de herramientas y repuestos.

---

3. Ver *Ilíada*, VI, 455-458. Frase tomada de la despedida de Héctor y Andrómaca. Este le profetiza a su mujer lo que podría ser su futuro si él no lucha: "Y, quién sabe, allá en Argos residiendo, / tal vez tejas una pieza de tela / a las órdenes de otra / o, tal vez, con frecuencia regular / acarrees el agua de la fuente / Meseide o Hiperea, / muchas contrariedades padeciendo, / *pues sobre ti se ha de cernir entonces, / violenta y dura, la necesidad".* [N. del T.]

4. Capataz del taller de Alsthom donde trabajaba Weil. [N. del T.]

Al final de la tarde, tres cuartos de hora girando *una ma-nivela* con Dubois para ayudar a hacer cartones.

*Miércoles mañana.* Mañana entera en el volante, con in-tervalos. Realizado sin apurarme, y en consecuencia sin cansancio. ¡Bono perdido! De 3 a 4, *trabajo fácil en la prensa;* 0,70 % del bono, pero lo perdí. A las 4:45: *máqui-na de comandos.*

*Jueves mañana.* Máquina de comandos; 0,56 % (debía ser 0,72 de prima). 1.160 en toda la mañana. Muy difícil. Por la tarde. Corte de luz. Espera desde 1:15 h hasta las 3 h. Salida a las 3 h.

*Viernes.* Piezas en ángulo recto, en *la prensa* (herramienta solo para acentuar el ángulo recto). 100 *piezas arruinadas* (aplastadas: *el tornillo se había aflojado*).

A partir de las 11 h, *trabajo a mano.* Sacar cartones de un montaje que querían rehacer (circuitos magnéti-cos fijos: reemplazar el cartón por plaquetas de cobre). Herramientas: maza, caño de aire comprimido, hoja de sierra, caja de luz, muy cansador para los ojos. Escapada al cuarto de herramientas, pero sin tiempo para ver bien. Me increpan por haber ido.

*Sábado. Cartones. Perdí todos los bonos.*

Obreras:

- † Sra. Forestier
- † Mimi
- † Admiradora de Tolstói (Eugénie)
- † Mi compañera en las barras de hierro (Luisette)
- † Hermana de Mimi
- † Gato

- † Rubia de la usina de guerra
- † Rouquine (Joséphine)
- † Divorciada
- † Madre del chico quemado
- † La que me dio un pancito
- † Italiana
- † Dubois

## Personajes:

- † *Mouquet*
- † *Chatel*
- † guarda de almacén (Pommera)

## Capataces:

- † *Ilion, Léon*
- † *Catsous* (Michel)
- † *"Jacquot"* (volvió a ser obrero)
- † *Robert*
- † *"Biol"* (el del fondo), *(o ¿ V...?)*
- † *"..."* (horno)

## Obreros:

- † Violinista
- † rubio ventajero
- † viejo de lentes (lector del *Auto*).
- † cantor del horno
- † obrero con lentes de perforación ("vamos a ver eso"..., muy amable).
- † chico de la maza (único que bebe).
- † su compañero de equipo
- † mi "novio"
- † su hermanito (?)
- † joven ital, rubio
- † soldador
- † calderero

## SEGUNDA SEMANA

*Lunes, martes, miércoles.* El jefe de personal me manda llamar a las 10 h para decirme que ponen la tasa de afilado a 2 fr. (de hecho, será 1,80 fr.). *Retirar los cartones.* Martes, violento dolor de cabeza, trabajo muy lento y malo (el miércoles pude hacerlo rápido y bien, golpeando fuerte y con precisión con la maza, pero a costa de un terrible dolor en los ojos).

*Jueves.* Desde las 10 h (¿o más temprano?) hasta alrededor de las 2 h, *laminado* con el gran volante. Este trabajo, una vez terminado por completo, lo tuve que realizar de nuevo, por orden del jefe de taller, y recomenzarlo de manera *dura* y peligrosa.

Orden de recomenzar, ¿justificada o intimidante? En cualquier caso, Mouquet me hizo recomenzar de manera agotadora y peligrosa (era preciso agacharse cada vez, para que no me golpeara en plena cabeza el pesado contrapeso). Compasión e indignación muda de los vecinos. Yo, enfurecida contra mí misma (sin razón, ya que nadie me había dicho que no pegaba suficientemente fuerte con la maza), tenía el sentimiento estúpido de que no valía la pena tener cuidado en protegerme. Al menos no hubo accidentes. El capataz (Léon) muy irritado contra Mouquet, pero no de modo explícito.

> † A las 11:45 h, mirada...
> † Por la tarde: parada hasta las 4 h.
> † Trabajo de 4 h a 5:45 h...

*Viernes.* En la prensa. Con la herramienta les hacía un agujero y les daba forma a las *arandelas.* (☉) Jornada completa de trabajo. No perdí el bono, a pesar de que tuve que volver a poner un resorte, *el resorte que se había partido*. Primera vez que trabajé la jornada entera en la misma máquina: enorme cansancio, aunque no con toda la velocidad a que puedo llegar. Error en el contador, rectificado a petición mía por la operaria que me siguió (¡muy amable!).

*Sábado.* 1 h practicando un agujero en unas piezas de latón colocadas contra un tope muy bajo, que no veía, lo que me hizo fallar seis o siete veces. Trabajo realizado la víspera con éxito por una principiante, según dice Léon (el capataz, que grita todo lo que le es posible). Bono perdido, pero sin reprimenda por las piezas erradas, debido a que la cuenta da bien.

   † 3/4 de h para cortar pequeñas barras de latón con Léon.
   † Fácil, sin errores.
   † Parada. Limpieza de las máquinas.
   † 1 bono no perdido (de 25,50 fr.).

Obrera echada —tuberculosa—, varias veces había fallado al errar cientos de piezas (¿cuántas?). Una vez, justo antes de caer enferma, la habían perdonado. Esta vez, echó a perder 500 piezas. Pero en el equipo de la noche (de 2:30 h a 10:30 h) cuando todas las luces están apagadas, salvo las farolas portátiles (que no alumbran nada). El drama se complica por el hecho de que la responsabilidad del montador (Jacquot) está directamente comprometida. Las obreras con las que estoy hacen paro (Gato y las otras, entre ellas la adm. de Tolstói) por culpa de Jacquot. Una de ellas: "Hay que ser más cuidadosa *cuando una se tiene que ganar la vida*".

Parece que esta obrera había rechazado la tarea en cuestión (sin duda estaba delicada y mal paga), "trabajo demasiado duro", dicen. El jefe de taller le había dicho: "Tiene que estar terminado mañana por la mañana, si no...". Y concluyeron, probablemente, que había fallado por mala voluntad. Ni una palabra cariñosa por parte de las obreras; ellas sí que saben el disgusto ante una tarea en la que nos agotamos, por la que ganamos menos de 2 fr., y por la que seremos reprendidas por haber fallado el bono; disgusto que la enfermedad debe multiplicar por diez. Esta falta de simpatía se explica por el hecho de que una "mala" tarea, si se le ahorra a una, otra la tiene que realizar. Comentario de una obrera (¿Sra. Forestier?): "No debía contestar... Cuando una tiene que ganarse la vida, hay que hacer lo que sea... (repetido varias veces). Ella habría podido decir al subdirector: 'Sí, me equivoqué, pero no fue solamente culpa mía: no se ve muy bien, etc. No lo haré más, etc.'".

"Cuando una tiene que ganarse la vida": esta expresión se debe en parte a que alguna operaria, casada, no trabaja para vivir, sino para acrecentar su bienestar. (Esta tenía marido, pero en el paro). Esta desigualdad es muy considerable entre las obreras. Sistema de salario. El bono fallado está por debajo de los 3 fr. Se regulan los bonos fallados al terminar la quincena, en pequeño comité (Mouquet, el crono... El crono es despiadado; indudablemente M. defiende un poco a las obreras), por un precio arbitrario; a veces 4 fr., a veces 3, otras veces por la tasa de las primas (2,40 fr. para las otras). En ocasiones solo se paga el precio realizado efectivamente, deduciendo de la bonificación la diferencia con la tasa de afilado. Cuando una operaria se cree víctima de una injusticia, va a quejarse, lo que resulta humillante, dado que no tiene ningún derecho y está a la merced de la buena voluntad de los jefes, los cuales deciden de acuerdo con el valor de la operaria, y en gran medida, según su capricho. El tiempo perdido entre tarea y tarea o está marcado en lo bonos (pero en ese caso se corre riesgo de perderlo, sobre todo para los pequeños pedidos) o se deduce de la paga. Entonces salen menos de 96 h por quincena. Es un modo de control; sin eso se marcarían siempre tiempos más cortos que los efectivamente empleados.

Sistema de horas de adelanto. Historia que se cuenta. La hermana de Mimi va a verlo a Mouquet para quejarse del precio de un bono; él, con malos modos, la manda de nuevo a su trabajo. Ella se va protestando. A los 10 min, vuelve a verla: "Veamos, ¿qué pasa?", y solucionó el tema. "No hay muchos que se atrevan a perder un bono".

## TERCERA SEMANA

Tareas:

*Lunes 17, mañana. En el pequeño volante.*

*Laminar* toda la mañana. Agotador. Bono fallado.

El recuerdo de mi aventura en la gran balanza me hace temer no golpear suficientemente fuerte. Por otra parte, parece que no hay que golpear demasiado fuerte.

El bono supone una velocidad que me parece fantástica.

Final de la mañana: arandelas en las barras de metal con la prensa pesada de Robert.

Por la tarde, *prensa*: piezas muy difíciles de emplazar, a 0,56 % (600, de 2:30 h a 5:15 h; una media hora para remontar la máquina que se había desajustado porque yo había dejado una pieza en el aparato). Cansada y disgustada. Sentimiento de haber sido un ser libre durante las horas del domingo y tener que readaptarme a una condición servil. Asqueada a causa de esos 56 centavos, que obligan a tensarse y a agotarse con la certeza de una reprimenda ya sea por lentitud, ya sea por fallar la pieza. Aumentado por el hecho de cenar en lo de mis padres. —Sentimiento de esclavitud—.

Vértigo de la velocidad. (Sobre todo, cuando para lanzarse allí, hay que vencer el cansancio, los dolores de cabeza, el desánimo).

Mimi está a mi lado.

Mouquet: no meta los dedos. "Usted no come con los dedos".

*Martes 18.* —Mismas piezas— 500 de las 7 h a las 8:45 h; *fallé todas.*

De 9 h a 5 h, trabajo de a dos, pagado por hora: barra de fierro de 3 m de largo, pesa entre 30 a 50 kg. Muy penoso, pero no enervante. Cierta alegría por el esfuerzo muscular, pero agotada por la tarde. Los otros me miran con pena, especialmente Robert.

*Miércoles 19.* De 7 a 11 h, interrupción.

De 11 h a 5 h, en *la prensa pesada para hacer arandelas* con una tira de hierro laminado con Robert. Bono fallado (2 fr. la h; 2,28 fr. por mil arandelas). Dolor de cabeza muy violento; trabajo realizado casi llorando sin parar. (Al volver, crisis de llanto interminable). Sin embargo, nada de tonterías, solo fallé 3 o 4 piezas.

Consejo acertado del encargado del almacén. Pedalear solo con la pierna, no con todo el cuerpo; tirar de la banda con una mano, mantenerla con la otra, en lugar de tirar y mantener con la misma mano. Relación del trabajo con el atletismo.

Robert, bastante duro al ver que yo había fallado dos piezas.

*Jueves 20, viernes 21.* Prensa liviana para marcar los remaches. 0,62 %. Realizado 2,40 fr. la hora (más).

(Advertencia amable de jefe del equipo: "Si usted falla, la echan a la calle"). 3.000 piezas hechas; gané 18,60 fr. Pero perdí el bono: mínimo 3 fr. Nada de tonterías. Me retrasé por escrúpulos sin sentido.

Remaches: trabajo en combinación con otros. Única dificultad, hacer las operaciones en orden. Por ejemplo, aquí fallé dos piezas por haber remachado antes de haber unido todo, por distracción.

El jueves, pago: 241,60 fr.

*Sábado 22.* Remache con Ilion. Trabajo bastante agradable. 0,028 la pieza. *Bono logrado*, pero poniendo toda mi rapidez. Esfuerzo constante; no sin cierto placer, porque lo logré.

Salario probable: 48 h a 1,80 fr. = 86,25 fr. Bonificación del martes, si se ha trabajado a 4 fr. por h, 17,60 fr. El miércoles 1,20 fr. El jueves y viernes 0,60 x 15 (aproximadamente) = 9 fr. El sábado 1,20 x 3,5 = 4,20 fr. Por lo tanto: 17,60 fr. + 1,60 fr. + 9 fr. + 4,20 fr. = 32,40 fr. Lo que daría 86,25 fr. + 32,40 fr. = 118,65 fr. Sobre eso pueden hacerme una retención por las 500 piezas que falladas.

Tuve una bonificación de 36,75 fr. (pero tres cuartos de hora deducidos, o sea, 1,20 fr.). Entonces 4,35 fr. más de lo que yo creía. Seguramente un bono otorgado por el laminado del lunes a la mañana.

Un bono ganado (de 12 fr.).

## CUARTA SEMANA

Interrupción (semana de Navidad y Año Nuevo). Tomé frío. Tuve poca fiebre durante la semana y dolores de cabeza terribles. Cuando terminan las fiestas y llega el momento de retomar el trabajo estoy resfriada y, sobre todo, muerta de cansancio. Joven en paro que encontré el día de Navidad.

## QUINTA SEMANA

*Miércoles 2.* De 7:15 h a 8:45 h, *cortando piezas de metal en la larga tira,* con la gran prensa con Robert. 677 piezas al 0,319 %. Marqué 1:10 h. Inconvenientes al principio por falta de aceite. Dificultades para cortar la tira y para tirar de ella. Retirada de piezas con demasiada frecuencia. Gané un 1,85 fr. Según la tasa de afilado me deben pagar 2,10 fr. *Diferencia de 0,25 fr.*

De 8:50 h a 11:45 h: *agujeros para conexiones,* con el volante pequeño (¿nombre?). Lentitud al principio por la herramienta demasiado hundida y puesta demasiado a lo largo; había que mirarla de costado. 830 piezas a 0,84 %. Gané 7 fr.; bono fallado por poco. De hecho, hice 2,30 fr., marqué por 2,80 fr.

Por la mañana: recuperar 1 h.

De 1:15 h a 2:30 h: descanso (marqué solo 1 h).

De 2:30 h a 4 h: prensa. Arquear piezas que había cortado por la mañana: 600. 0,54 %; por tanto, gané 3,24 fr. Marqué 1:20 h (15 min más que si no hubiera perdido el bono).

De 4:30 h a 5:15 h: *horno.* Trabajo arduo: no solo calor insoportable, sino también las llamas que llegan incluso a lamer manos y brazos. Es preciso domar los reflejos a riesgo de fallar... (¡una fallada!). Hay 500 piezas (las otras quedan para el jueves) pagadas 4,80 fr. cada 100. Entonces, en total 24 fr.

Dispongo de 8 h.

Fuera de eso, tengo para recuperar durante la jornada: 3:40 h + 1:15 h + 1:20 h = 6:15 h. O sea, 2:45 h para recuperar. Tenerlo en cuenta. Mañana seguramente no haré más de 3:30 h o 4 h...

Horno. La primera tarde, hacia las 5 h, el dolor de la quemadura, el agotamiento y los dolores de cabeza me hicieron perder totalmente el control de mis movimientos. No acierto a bajar la tapa del horno. Un calderero se adelanta y lo baja en mi lugar. ¡Qué agradecimiento se experimenta en semejantes momentos! Experimenté lo mismo cuando el chico que me prendió el horno me enseñó cómo bajar la tapa con un gancho, con mucho menos esfuerzo. En cambio, cuando Mouquet me sugiere que ponga las piezas a mi derecha para pasar menos veces por delante del horno, siento, sobre todo, despecho por no haber pensado yo misma en eso. Cada vez que me quemé, el soldador me dirigió una sonrisa de simpatía.

3 bonos ganados (2 en el horno, 1 en remaches), por 24,60 fr. + 9,20 fr. + 29,40 fr. = 63,20 fr.

*Jueves 3.* De 7 h a 9:15 h: *horno.* Claramente menos arduo que la víspera, a pesar de un violento dolor de cabeza desde que me desperté. He aprendido a no exponerme tanto a las llamas, y a no correr tanto riesgo de fallar. A pesar de todo, la labor es muy dura. Terrible ruido de los golpes de mazo a pocos metros.

Gané 24,60 fr. en el horno. Marqué 6 h. Puse 3 h (por lo tanto, 8,20 fr. la hora).

De 9:15 h a 11:15 h ¿o bien 11:30 h?: jornada pasada a perforar. *Remachado* divertido: poner remaches en cantidad de hojas metálicas agujereadas. Bono fallado inevitablemente. ¿Cuánto marqué? ¿Seguro 1:15 h? ¿O 1:30 h? ¿O 1:45 h? En todo caso por debajo de mi tasa de afilado *(con una diferencia de más de 1 h seguramente)*.

De 11:30 h a 3 h: almuerzo en el restaurante ruso. *Remachado* divertido y fácil. 400 piezas a 0,023 = 9,20 fr. Marqué 2:30 h (de 3,70 fr. la hora). Al regresar a la 1:15 h, sufriendo de dolor de cabeza abrumador fallé 5 piezas poniéndolas al revés antes de remachar. Felizmente el muchacho jefe de equipo de perforación vino a ver. Realizado por 3 fr. la hora. De 3:15 h a 5:15 h: *horno* mucho menos arduo que la víspera a la tarde y a la mañana. 300 piezas realizadas (ritmo de 7,35 fr.).

*Viernes 4.* De 7 h a 8:30 h: en la prensa grande corte de tiras de latón. Tomé el tiempo necesario, sabiendo que estaba adelantada. Medité sobre un misterio exasperante: la última pieza que cortaba en la banda era eyectada; así que la que caía rechazada era la 7ª. Simple explicación que dio el capataz (Robert): en la matriz siempre quedan 6 piezas. Marqué 1:15 h. 578 piezas por 0,224 %. Gané 1,30 fr. Diferencia con la tasa de afilado = 0,95 fr.

De las 8:45 h a las 13:30 h (parada): pulido. Encargo o pequeño pedido marcado en 10 min, después 300 piezas a 0,023. Gané 6,90 fr. Marqué 2:45 h (¿o 2:30 h?). 2,40 fr. o 2,70 fr. la hora. Trabajo en esteras de pulido, delicado. Realizado lentamente y, según parece, *mal* (sin agarrarle la mano); no perdí ninguna pieza. Pero M...t hizo que me detuviera y que otra se ocupara de las 200 piezas que faltaban.

Horno. Rincón muy distinto, a pesar de estar situado al lado de nuestro taller. Los jefes nunca van. Atmósfera libre y fraterna, sin servilismos ni mezquindades. El chico que hace de ajustador, el soldador, la chica italiana rubia, mi "prometido", su hermano pequeño, la italiana, el chico fornido de la maza... En fin, un taller alegre. Trabajo en equipo. Caldera, instrumentos: sobre todo la maza; hacemos los codos de las piezas con una maquinita a mano, y después los arreglamos con la maza; así que imprescindible agarrarle la mano. Se precisan muchos cálculos. Para medir se juntan las cajas, etc. Por lo general trabajamos de a dos o más.

|  | Horas m. | dinero |
|---|---|---|
|  | — | — |
|  | 1:15 h | 1,85 fr. |
|  | 2:30 h | 7 fr. |
|  | 1 h | 1,80 fr. |
|  | 1:15 h + ¿15? | 3,25 fr. |
|  | 6 h | 24,60 fr. |
|  | 1:30 h | (?) 1 fr. |
|  | 6:30 h | 9,20 fr. |
|  | 1:15 h | 1,30 fr. |
|  | 2:45 h | 6,90 fr. |
| 5 min | [15 min] 10 min | ? |
| 5 min | 1:30 h / 25 min | 2,45 fr. |
| — | 1:15 h | 1,30 fr. |
|  | 7:45 h | 29,40 fr. |
|  | 45 min | 2,10 fr. |

|  |  |
|---|---|
| 31 h (30 min) 20 min | 92,15 fr. |
| (1 h adelantada, | Taza de af. |
| tal vez 1:25 h) | 1,80 fr. |
|  | En 30:30 h |
|  | = 54,60 fr.; |
|  | bonif.: 37,55 fr.; |
|  | lo que hace un poco más |
|  | de 4 fr. la h (0,65 más). |

*Miércoles.* Fui a la reunión sindical del sector social y comunitario xv, para tratar problemas confidenciales de la Citroën. Parece que no asistió ningún obrero de la Citroën.

Reacción débil en la fábrica ante este asunto: "A veces nos revolucionamos, porque hay de qué". Nada más. El guarda del almacén de herramientas dijo: "Así es…".

En las calderas un obrero tenía, sobre la mesa, el volante distribuido en la reunión de la víspera.

Desde 1:30 h a 3:05 h (de pie): *con el capataz del fondo (¿Biol?). Piezas enormes:* colocarlas a presión, meterles barras, pedal, quitar la barra, golpear la manija para liberar la pieza y retirarla de un saque… ¡Todo por 1 fr.! Marqué 1:25 h 244 piezas. Gané 2,44 fr. El capataz, rudo pero simpático. Ya lo había ayudado a cortar chapas otra vez con gran gusto. ¡Ha perdido la prima, pero fue por culpa del cronometrador!

*Diferencia con la tasa de afilado*: 0,25 fr.

De 3:15 h a 4:50 h (aproximadamente): *cajas de chapa:* Pintar al aceite, pasarlas en torno a un vástago, golpearlas. Colocar la soldadura del lado bueno. Agotada de haber pasado la jornada de hoy y de ayer de pie; movimientos lentos. Gran satisfacción de pensar que este taller había sido hecho por los compañeros del equipo de caldera, de soldadura. Durante este trabajo se hizo colecta por una compañera obrera enferma. Puse 1 fr. Marqué 1:15 h. ¿Cuánto gané? 137 piezas realizadas, 0,92 %. Gané 1,30 fr. aproximadamente y, sin embargo, el jefe de equipo no dijo nada. *Diferencia con la tasa de afilado:* 0,90 fr.

*Sábado 5.* 7 h a 10 h: *horno.* Casi sin cansancio: sin dolor de cabeza, saqué bien 300 piezas. Por las 600 piezas gané 29,40 fr. Marqué 7:45 h. Trabajé al rimo de 4,90 fr.

10 h a 11 h: *cartones* (hay que seguir). Fácil. Hay una sola tarea anodina: rellenar. ¡Hecho! Reprimenda de Léon, 50 c %. Realizadas 425. Gané 2,12 fr. Marqué 45 m. Me pagan a las 10 h: 115 fr.; bonif.: 36,75 fr.

Diferencia total con la tasa de afilado: 0,25 fr. + 1 fr. + 0,95 + 0,25 + 0,90 = 2,50 fr. (no se va a arruinar la fábrica).

## SEXTA SEMANA

*Lunes 7.* 7 h a 9:30 h: seguí los *cartones.* Realicé 865 de las 7 h a las 8:45 h (1:45 h al 50 %); tendría que haber llegado a 1.050. Después fui a cortar los que son demasiado gruesos y por eso Bret[5] me marcó media hora (efectivamente).

A las 9:15 h fui a cortarlos, hasta las 9:30 h. Marqué media hora sobre el primer bono (o sea, 1:15 h para 680 piezas), por 3,40 fr. Es decir 2,72 fr. la hora: *bono perdido.* Marqué en el segundo bono 1:10 h por algo más de 700 piezas.

5. Abreviatura que usa la autora para referirse al obrero Bretonnet, que se encargaba del almacén de herramientas. [N. del T.]

BONO COBRADO. Total: 1:10 h + 30 min + 30 min = *2:10 h.*

9:30 h a 10:20 h: 1 h *de trabajo* (recorte de los extremos de tiras largas que ya están cortadas, para Bret).

10:20 h a 2:40 h: *laminar* en la prensa (con ayuda del amable capataz del fondo) las grandes piezas en las que se habían cortado las lengüetas el viernes de 1:30 h a 3 h (otras las había arqueado previamente). ¡80 %! Realicé 516 en 2:50 h. Marqué *2:30 h.* Gané 4,15 fr. o sea, oficialmente 1,56 fr. la hora. Diferencia con la tasa de afilado por 2:30 h: *0,37 fr.*

14:45 h a 15:15 h: *prensa para dar forma ovalada* a las piezas pequeñas destinadas a ser soldadas. 0,90 %. Muy fácil. El cronómetro debe estar enloquecido. De esas piecitas hice 1.400, así que gané 1.400 x 0,90 = 14 x 90 = 12,60 fr. ¡El ritmo real: 5,05 fr.! Marqué 30 min + 45 min + 2:15 h (3 pedidos) = 3:30 h. Ahí, ritmo: 3,60 fr. (y sigo).

Horas en total: 2:10 h + 1 h + 2:30 h + 3:30 h = *9:10 h*; es decir, *25 minutos de adelanto* (es decir, 1:25 h o bien, 1:50 h).

Total de premios: 3,40 fr. + 4,15 fr. + 12,60 fr. = 20,15 fr. A lo cual añadir 1:30 h pagada por hora (entre 4,50 y 6 fr.), la jornada a 3 fr. por hora sería de 26,25 fr; pero por el bono fallado de laminado me deben más sobre 1,80 fr. Digamos 25 fr. en 8:45 h. Exactamente 2,88 fr. por hora.

*Martes 8 por la mañana.* De 7:30 h a 11:15 h: 1.181 piezas laminadas en la prensa. Accidente a las 7:15 h: una pieza queda trabada en la máquina y la detiene. Calma y paciencia del capataz (Ilion). Solo fallé 25. Aunque no fue por error mío. Pero, de ahora en adelante, cuidado con esta máquina. 2:45 h. 5,30 fr. (0,45 %). *Bono perdido.*

(Mientras la arreglaban pasé 1:15 h a darle a la manivela de troquelar cartones. La obrera levantaba la manivela demasiado despacio y me reprochaba que daba vueltas demasiado rápido... 515.645. Trabajo a destajo).

11:15 h a 15:40 h: *prensa grande* con Robert: sacamos la rebaba fácilmente. C 280-804. Puse 2:30 h (bono *ganado por poco*; recién lo obtuve al final). Robert, antes seco conmigo, se muestra muy amable, paciente, esforzándose en explicarme el trabajo. Seguramente el almacenero le habló. Robert es decididamente simpático. Importancia de las cualidades humanas del capataz.

4:45 h a 5:45 h y[6]

*Miércoles 9.* 7 h a 13:30 h arquear piezas en la máquina de botones. La máquina se atascaba; había que aceitar cada pieza, a lo largo. El jefe del equipo me habló con un tono de amabilidad desacostumbrado. 62 %. Pero la tarifa no cuenta. Realicé 833 pizas. Marqué 6 h en total. Trabajo bastante llevadero gracias al sentimiento de responsabilidad (estudiaba la manera de evitar que se atascara).

De 13:30 h a 15:30 h *hice agujeros en la prensa* (piezas como esas que laminé cuando el jefe me hizo recomenzar el trabajo). Los topes estaban mal puestos. A Ilion le da igual. Las rectifica con facilidad. Canta a ratos. Trabajo lentamente debido a la preocupación de verificar (temía poner mal los topes). ¿Tiempo?, marqué 1:15 h. *Perdí el bono.*

De 15:45 h a 17:15 h, *remaches con Léon: capós de acero envueltos en papel.* Fácil: hay que ser cuidadoso en poner las arandelas correctamente (deformadas en la parte de

6. Incompleto en el texto original.

arriba). Trabajé al ritmo deseado, *i. e.*, sin interrupciones. Pero lento al principio (para acortar en el futuro).

6 bonos de los cuales no se fallaron

4. La media fue de 2,88 fr.

Jornada sin incidentes. No demasiado duro. Fraternidad silenciosa con el capataz bruto del fondo (el solitario). No hablé con nadie. Nada para anotar.

Me siento mucho mejor en la fábrica desde que estuve en el taller del fondo, aunque ya no esté allí.

A una obrera del taladro la máquina le arrancó una mata de pelos, a pesar de la red; se le ve un gran claro en su cabeza. Esto ocurrió al final de una mañana. Pero no dejó de venir a trabajar por la tarde, aunque se haya sentido muy mal y haya tenido mucho miedo.

Semana de *mucho* frío. Grandes desniveles de temperatura según los lugares de la fábrica. Hay momentos en que me quedo transida de frío junto a la máquina, hasta el punto de hacer el trabajo mucho más lentamente. Pasamos de una máquina situada ante una boca de aire caliente o de la boca de un horno a una máquina expuesta a las corrientes de aire. Los vestuarios no tienen ninguna calefacción; nos helamos durante los 5 min que nos toma lavarnos las manos y vestirnos. Una de nosotras tiene una bronquitis crónica, hasta el punto de que debe ponerse ventosas cada dos días…

*Jueves 10.* (A las 3:30 de la mañana me despertó un agudo dolor de oídos con escalofríos y sensación de fiebre…).

7 h a 10:40 h: seguí a ritmo rápido a pesar del malestar. Con esfuerzo, pero también por momentos una suerte de felicidad maquinal, pero más bien envilecedora. Fallé una

pieza, sin que me den una reprimenda. Hacia el final, incidente burocrático: faltaban 10 arandelas.

El incidente burocrático es muy divertido. Hablo de la falta de las 10 arandelas con Léon, este se ofusca con la noticia, y como si fuera mi falta, me manda al jefe de equipos. Este me manda secamente a lo de la señora Blay, al trastero de cristal. Ella me lleva al almacén de herramientas del guarda Bretonnet, que no está; no encuentra las arandelas y concluye que no hay. Vuelve al desván de cristal. Llama por teléfono al lugar de donde se supone que viene la petición. Allí la dirigen hacia la Sra. X. Ella llama por teléfono a su oficina, y le dicen que salió a la oficina del Sr. Y y se niegan a ir a buscarlo. Cuelga el teléfono. Ríe y dice pestes durante unos minutos, pero siempre de buen humor, y llama a la oficina del Sr. Y, en donde le pasan a la Sra. X, que dice que no tiene nada que ver con este pedido. Le cuenta, riéndose, sus tribulaciones a Mouquet, y concluye que solo falta pasar la página de las arandelas. Mouquet aprueba tranquilamente, agregando que no están equipados para fabricarlas. Voy a decírselo al jefe de equipo, después a Léon, ¡que me reprende! Mientras me gano el bono, han hecho nuevas pesquisas en lo de Bretonnet. Léon me trae una quincena de arandelas ¡increpándome de nuevo! Y yo me voy a hacer las 10 piezas que faltan. Queda claro que todas esas historias burocráticas representan para mí un tiempo perdido que no cobraré…

Intervalo. El jefe de equipo y Léon tienen una ligera agarrada acerca de buscar una máquina para mí.

10:45 h a 11:25 h hay que *cocer* en el horno de Léon. 25 piezas. Estoy obligada a quedarme constantemente delante del pequeño horno, para vigilar. Calor difícil de aguantar. Marqué 35 min = 0,036 la pieza. Trabajé por 0,90 fr.

11:30 h a 17 h *agujeros en la pantalla gruesa y pesada* (0,56 % precio de fantasía). C. 12190, B55. 213 piezas. Marqué 4 horas.

*Drama.* Cierta dejadez de Léon ("no quiero ser responsable de los desastres de los demás"). Va con la que me salió peor de mis piezas a ver al jefe de equipo (con violencia). El jefe —contrariamente a su habitual amabilidad— viene a ver y encuentra que los soportes o topes puestos no bastan, y los manda cambiar. Léon coloca por detrás un tope continuado. Yo hago otra pieza mal, confundida por el antiguo soporte. Léon, hecho una furia, va de nuevo a ver al jefe de equipo. Por suerte la siguiente pieza me sale bien. Y sigo, temblando. Desesperada voy a buscar al guarda del almacén que me explica, amable y luminosamente (que, en vez de empuñar la pieza, la sostenga por debajo y empuje continuamente hacia adelante con los pulgares; deslizarla luego por el soporte para asegurarme de que está bien colocada). Mimi vino antes a ayudarme, no sabía cómo, salvo recomendarme que no me hiciera mala sangre.

Inmensa distancia entre la categoría humana del guarda del almacén y los capataces, sobre todo Léon, que es el más mediocre.

Le digo a Mimi, mostrándole las tarifas: tanto peor para mí; solo puedo perder el bono. Responde: "¡Sí, *ya que no quieren pagarnos las piezas que salen mal,* no podemos hacer otra cosa!".

*Viernes 11.* 7 h a 8:05 h, lo mismo, hice 601 piezas, es decir 5,04 fr. Marqué 1:30 h. *Bono cobrado.* Trabajé a casi 4 fr. por hora, oficialmente por 3,40 fr.

8:15 h a 10:15 h: *contactos*: pequeñas barras de cobre para agujerear poniéndolas en el potro; no es difícil. Le pregunto a Ilion para qué sirve eso y me responde con una broma. Robert, por el contrario, siempre que le pregunto, me explica y me muestra el dibujo de la pieza. Seguro que el del almacén le ha hablado. En cuanto a Léon, cuando miro sus pedidos, me insulta. ¿Por qué? ¿Prejuicio jerárquico? No, cree que quiero arreglármelas para tener los mejores pedidos. En todo caso eso no es de buenos camaradas.

9 C 412087, B 2, 600 piezas a 0,64 % = 3,84 fr. Marqué 1:45 h. Bono perdido. Al terminar ligero incidente con el de la cizalla (no quiere rehacer unas piezas, que serían inútiles, según se demuestra por otra parte).

10:45 h a 11:30 h: *en la gran prensa con Robert.*

11:45 h a 17:45 h. *Tiras de cobre para cortar y taladrar* (con Léon). Drama segundo. Al terminar 250 piezas, Léon se da cuenta de que los agujeros no están centrados; yo no me había fijado. De nuevo a los gritos. Aparece Mouquet; me ve desolada y se muestra muy amable conmigo. Entonces Léon, que entiende, una vez que su responsabilidad no está en juego, no dirá nada. Y yo, en vez de entender que no importa tanto la exactitud de tales agujeros, me detengo en cada pieza para ver si está centrada en los topes, y comparo continuamente con el modelo. Léon me hace nuevos reproches, esta vez con buenas intenciones ya que, evidentemente, no puede comprender que estemos atentos a los gastos de su bolsillo y perdamos la prima. Acelero un poco, pero a las 17:45 h solo había hecho 1.845 piezas. Pagado 0,45 %; gané 4,50 fr. + 3,60 fr. + 20 cent. = 8,30 fr., es decir, apenas 2 fr. por hora. Tendré que recuperar más de 1:30 h. Hay 10.000 piezas.

Léon me da este trabajo como un gran favor. En efecto, es un pedido gordo. No obstante, incluso el último día, estando ya acostumbrada a este trabajo, poniendo la máxima velocidad posible, ansiosa de recuperar mi retraso, apenas llegué a los 3 fr. reglamentarios. Cierto que estoy algo enferma, pero el trabajo no deja de estar mal pagado.

*Sábado 12. Id.* A toda máquina. Encuentro procedimientos apropiados para esto: primero colocar derechas las tiras; Léon había arreglado mal los soportes. Después, hacer resbalar la tira a lo largo del soporte con un movimiento continuo. Primero realicé 800 piezas en 1 h y algo; después, con el cansancio fui más lentamente. *Muy* penoso. Espalda dolorida, me hace pensar en arrancar papas con el brazo siempre tendido y el pedal duro. ¡Gracias al cielo hoy es sábado!

No llego a recuperar. Hago 2.600 piezas; o sea, 9 fr. + 2,70 fr. = 11,70 fr. en 4 h. Estoy lejos de recuperar. Estoy 60 piezas por debajo de la velocidad reglamentaria. Y eso, poniendo toda mi energía. Es cierto que me dormí tarde.

En total hice 4.400.

La tarde y el domingo muy penosos: dolor de cabeza; mi única noche libre mal dormida (preocupaciones).

## SÉPTIMA SEMANA

*Lunes 14. Id.* Aún más a toda máquina. Adquiero mayor continuidad en los pedales. Hice 10.150 al final; 5.050 en toda la jornada o 22,50 fr. + 3,75 fr. = 26,25 fr. en 8:45 h.

Apenas 3 fr. por hora (a base de 60 centavos).

Estoy agotada. Pero no recuperé la tarea atrasada porque debería haber hecho 10.000 piezas (45 fr.) en 15 horas, y tardé 16:45 h.

A las 17:45 h paro mi máquina en el estado melancólico y desesperanzado que acompaña al agotamiento total. Pero me basta toparme con el chico cantor del horno, con su linda sonrisa, encontrarme con el guarda del depósito, escuchar en el vestuario cómo intercambian bromas más alegres que lo normal; este poco de fraternidad me alegra el alma a tal punto que durante un rato ya no siento el cansancio. Pero al llegar a casa, dolor de cabeza.

*Martes 15.* 7 h a 7:30 h: *id.* Terminé, y quedaban alrededor de 200. Marqué en total 17:30 h. Perdí el bono, pero quedó arriba de 2,50 fr.

Estuve deambulando por ahí.

8 h…: *collares* con Biol. Prensa grande de sellado. Piezas muy pesadas. ¿1 kg? Habrá que hacer 250. Se paga 3,50 %. Hay que engrasar cada pieza y la herramienta cada vez. Trabajo muy duro: parados, piezas pesadas. No estoy bien, tengo dolor de oídos, dolor de cabeza.

Incidente Mouquet-Biol con la correa.

Primer incidente, de mañana: Biol y Mouquet. Antes de que yo fuera a trabajar habían arreglado la correa de la máquina, pero hay que creer que la arreglaron mal, ya que se corre hacia el costado. Mouquet hizo parar la máquina. Biol en cierto modo estuvo en falta, porque debió haberla detenido antes. Dijo Mouquet a Biol: "La polea se ha desplazado, y por eso se sale la correa". Biol, mirando pensativo la correa, comienza a decir una frase: "No…", y Mouquet lo interrumpe: "Yo no digo no. *Yo* digo ¡sí!". Biol, sin replicar una palabra, va a buscar al tipo encargado de la reparación. Por mi parte tuve muchas ganas de abofetear a Mouquet por su reacción oficial y por el tono autoritario y humillante. (Después me he enterado de que Biol es visto por todos como una especie de *minus habens*).

2° Por la tarde, de golpe, la máquina se lleva una pieza y no consigo moverla. La pequeña varilla que impide que la barra situada encima de la herramienta se caiga se había corrido fuera de su agujero, y yo no la había visto. A consecuencia de eso, la máquina se había hundido sobre la pieza. Biol me habla como si yo tuviera la culpa.

*Martes* a la 1 h, distribución de volantes del sindicato unificado. Me siento invadida por un sentimiento de manifiesto placer, que comparto con casi todos los hombres y bastantes mujeres. Sonrisa de la italiana, el chico cantor. Varios lo llevan en la mano con ostentación, o lo van leyendo cuando entran a la fábrica. El contenido es imbécil.

Historia que escuché: un obrero ha hecho con las bobinas un enganche demasiado corto al que le falta un centímetro. El jefe de taller (Mouquet) le dice: "Si están jodidas, usted está jodido". Pero por casualidad otra máquina a comandos llevaba justamente las mismas bobinas, y el obrero no fue despedido…

El agotamiento terminó por hacerme olvidar las verdaderas razones de mi paso por la fábrica, haciendo casi invencible para mí la tentación más fuerte que plantea este tipo de vida: la de no pensar nada, solo y único modo de no sufrir. Recién el sábado por la tarde y el domingo me vuelven los recuerdos, las ideas sueltas, y entonces me acuerdo de que yo también soy un ser pensante. El miedo me invade al constatar la dependencia en que me encuentro con relación a las circunstancias exteriores: bastaría que me obliguen un día a un trabajo sin descanso semanal —lo que a fin de cuentas siempre es posible— para que me convierta en una bestia de carga, dócil y resignada, al menos para mí. Solo subsiste intacto el sentimiento de fraternidad, la indignación ante las injusticias infligidas al prójimo, pero ¿hasta qué punto todo esto permanecerá en el largo plazo? Estoy llegando a la conclusión de que la salvación del alma de un obrero depende, en primer lugar, de su constitución física. No veo cómo aquellos que son débiles pueden evitar caer en alguna forma de desesperación: borracheras, vagabundeo, o crimen, desenfreno o, simplemente, y mucho más seguido, embrutecimiento. (¿Y la religión?).

La revuelta solo es posible en destellos (quiero decir incluso a nivel de sensación). Antes que nada, ¿revuelta contra qué? Cada uno está solo con su trabajo. Solo podríamos rebelarnos contra él. Y trabajar irritados sería trabajar mal, y por tato, morir de hambre. Recuerde a la operaria tuberculosa que echaron por haber fallado una pieza. Somos como los caballos que se hieren a sí mismos cuando tiran del bocado. Nos doblegamos. Incluso perdemos consciencia de esta situación: solo la padecemos. Todo despertar de la conciencia es entonces doloroso.

Los celos entre obreras. La conversación entre el rubio alto y ventajero y Mimi, acusada de haberse apurado para quedarse con el "mejor encargo". Mimi me dice: "Si no eres celosa, estás equivocada". No obstante, ella sostiene que no lo es, pero quizá sí lo sea.

Cfr. incidente con la pelirroja el martes a la noche. Reclama un trabajo que Ilion me está dando a mí, como si hubiese terminado antes que yo, pero ha interrumpido un pedido que está en marcha. Hasta que no me voy no se lo comenta a Ilion. El trabajo es malo (0,56 %), hay que poner piezas en un soporte tan chato que es casi imposible ver si quedan bien. Pero tengo que vencerme a mí misma para cederle el puesto, porque llevo de una a tres horas de retraso. Seguramente cuando vio que el trabajo era malo, pensó que se lo cedí por esa razón.

La misma pelirroja, en el momento de los despidos, no tenía ningún interés en eximir a los que estaban solos y con hijos.

Y no hay más. Robert no quiere darme un trabajo porque dice que fallaría la mitad de las piezas. Me voy simplemente a charlar con el chico del depósito, muy contenta en el sentido de que estoy al límite de mis fuerzas.

El martes a la tarde de la séptima semana (15 de enero) Baldenweek me diagnostica otitis. El jueves me traslado a la *rue* Auguste Comte, donde me quedo las semanas 8 y 9. Luego, las semanas 10, 11, 12 hasta el viernes en Montana, Suiza. Allí veo al hermano de A. L. y Fehling. Vuelvo a la *rue* Lecourbe el sábado 23 de febrero, por la tarde. Retomo la fábrica el 25. Ausente un mes y diez días. Había pedido permiso para 15 días, la víspera del 1° de febrero. Tomé 10 días de más: 25 días. A la fecha 24 de febrero, he trabajado en total 5 semanas (contando solo el día de trabajo efectivo).

Descanso de seis semanas.

## DÉCIMA TERCERA SEMANA

(Semana de 40 h: salida a las 16:30 h; descanso el s.)

*Lunes 25.* 7 h a 8:15 h (aprox.): parada junto a Mimi-Eugénie, la compañera de Luisette, etc.

A partir de 8:15 h: *marco remaches* con la prensa liviana. Mismo trabajo que el jueves y viernes de la 3ª semana, salvo que solo se pueden poner los topes de un lado, lo que obliga a mirar cada pieza, y retrasa. No llego a tomar ritmo. En total hago 2.625 piezas, es decir, 400 por hora (teniendo en cuenta que perdí 10 min al cobrar mi paga esta mañana a las 11 h). La primera hora no llego a trabajar, me tiembla la mano de los nervios. Por lo demás, todo bien, excepto la lentitud. Pero trabajo sin fatiga. No consigo el bono.

Si estuviera menos nerviosa y menos cansada en el día a día, no me sentiría tan desgraciada en la fábrica.

*Martes.* Más remaches. Consigo el bono: 0,62 % como la otra vez, aunque tenía topes por los dos lados. Hago el resto a 500 la h, es decir a 3 fr., pero no llego a recuperar el retraso de ayer. A mediodía vuelvo a casa presa de un agotamiento extremo; no como; llego arrastrándome apenas hasta la fábrica. Pero una vez retomado el trabajo, el cansancio desaparece; en su lugar, una suerte de gozo, y termino sin cansarme. Termino las roscas de tornillo entre las 15:30 h y las 16 h (com. 406.367, b. 3). Hay 6.011, así que hice 3.375 en más de 7 h (lo que de todos modos no llega a 500 por h), o sea 21 fr. En total 37,20 fr. Marco 13:45 h.

De 16 a 16:30: arandelas, tj. con Jacquot, con prensa manual. Hay que sujetarlas con la mano para introducirlas en la matriz. Mouquet quiere hacer un montaje más cómodo: Jacquot no lo consigue, porque no tiene bloques de la altura exacta, y solo me hace perder el tiempo. 110 arandelas.

*Miércoles.* A las 8:10 h terminé 560 arandelas en total, a 0,468 %. ¡Gané 2,60 fr.! Mimi me sigue. Hago que se atrase. Se queja amargamente de su bono en tono agobiante. [c. 406246, b. I]

Marco 1:15 h.

*Láminas finas.* Al comenzar pienso que no voy a llegar, pero llego perfectamente. Jacquot, en tono muy suave, me había dicho que le avisara si no llegaba. Error en el precio: 2,80 %, es por 100 paquetes de 6, ¡o sea, todo el monto del pedido! Por lo menos, según Mimi. Nunca me había apresurado antes. ¡Terminé a las 10, gané exactamente 2,80 fr.! Marqué 2 h; com. 425.512, b. 2.

Conversaciones durante el descanso. La amiga de Luisette tuvo un absceso en la garganta. Paró 5 días. Ha vuelto. Los niños no te preguntan si estás enferma. Trabajó dos días y vuelta a parar. Volvió cuando el absceso ya había estallado. Sigue siempre alegre. Se pone nerviosa, dice, no puede soportar que sus críos se muevan cuando juegan, etc.

Mouquet le dijo: "Tiene el pelo tan largo como su cuerpo". Se quedó ofendida, ofendida. Le hubiera contestado de modo grosero: "No se puede responder". La hermana de Mimi sí replica. En una ocasión fue a buscarlo para reclamar un bono. Él la mandó con malos modales a su trabajo y ella se marchó murmurando. Luego de un cuarto de hora fue a buscarla y le dio el bono. Cuando el trabajo no marcha, más vale dirigirse a él, antes que a un capataz o a Chatel; en esos casos es muy amable. A veces, enojado, le falta tacto. Se citan de él estas palabras ofensivas: "¿Usted nunca fue de cacería?", a la hermana de Mimi. Eugénie interrumpe su trabajo para venir a contarme alegremente que ha visto los animales de un circo en la Puerta de Versalles (2 fr. la entrada) y que acarició al leopardo…

Quejas del peón: estudió dos años de latín, uno de griego, de inglés (se jacta de ello ingenuamente); por su oficio es empleado de oficina, de lo que está muy orgulloso, ¡y lo pusieron de peón! "¡Hay que obedecer a estos hijos de p… que no saben ni firmar con su nombre!". Y pensar que nos dejamos gritar por ellos. "¡Esta es la camaradería obrera!…". Sonreímos cuando él pasa. Tendrá unos 17 años. Es un muchacho bastante pretencioso.

Léon está ausente; se ha herido en un brazo. Alivio indescriptible en la planta. Jacquot lo reemplaza, distendido y encantador.

*Remaches en la gran prensa.* Difícil. No todas las piezas encajan. Una pieza errada provoca en Jacquot un aire grave. La cuenta no da: cuestión de cantidades (108 piezas, creo, en vez de 125). Pagado 0,034 la pieza, o sea, 3,65 fr. en total (1 h perdida). ¡Y terminé a las 14:45 h! Marqué 3 h. Después tres cuartos de hora de descanso en lo de Bretonnet para recortar los sobrantes; por último, *cartones*, que terminé justo a las 16 h y media con Jacquot, la mano en la prensa y el pie en el pedal. Jacquot siempre simpático (me arregla una caja, etc.) El pequeño peón viene a molestarme. No marqué el precio, pero se perdió el bono.

Gané esos tres días 37,20 fr. + 3,60 fr. + 2,60 fr. + 2,80 f. + 3,65 fr. + (¡pongamos!) 2,50 fr. = ¡¡¡52,35 fr.!!! o sea,

17,43 fr. por jornada de 8 h, es decir, ¡una media de 2,20 fr. por hora! ¡Por debajo de la tasa oficial de afilado!

Por la tarde con mis cartones. Dolor de cabeza y, al mismo tiempo, sentimiento de tener recursos físicos. Algunos ruidos de la fábrica son ahora particularmente fuertes (los golpes de maza de los caldereros, la maza) me causan profunda alegría moral y dolor físico al mismo tiempo. Una impresión muy curiosa.

Al volver, se acrecientan los dolores de cabeza. Vómitos. No como, no logro dormir. A las 4:30 h decido quedarme en casa. A las 5 h me levanto. Aplico compresas de agua caliente y pastillas. Jueves por la mañana estoy mejor.

*Jueves.* "Plaquetas de separación". Com. c 421.346 b. 0,56 %. 1.068 piezas, o sea, 6 fr. Terminé a las 9:05 h (?), marqué 2 h. *Bono no fallado* (el único).

*"Deflector de dedo móvil"* con Robert: al principio me pareció difícil colocar las piezas; después, me di cuenta de que, al caer, la herramienta las coloca en su lugar, y va más rápido. 510 piezas; 0,71 %; o sea 3,50 fr. Terminé a las 10:45 h. Marqué una hora y media [o sea 2,30 fr. la h]. Com. 421.329, b. 1.

*Parada* (desechos). Bretonnet marca media hora.

*Placas de sujeción a la cizalla* (con Jacquot). (De pie, con un pie en el pedal, en la prensa donde había trabajado con Luisette en las barras gruesas de 40 kg). Com. 421.322, b. 1. 0,43 %. Marqué 350, al día siguiente me entero de que había más, y no las conté. 1,50 fr. Marqué 35 minutos. Terminé a las 11:45 h. Esa mañana gané 6 fr. + 3,50 fr. + 0,90 fr. + 1,50 fr. = 11,90 fr. en 4:45 h, o sea, exactamente 2,50 fr. por hora. Por la tarde, corte de cartones por hora con la hermana de Mimi; dar vueltas a la manivela. Muy agradable, sin los sobresaltos de la otra vez; marqué 1:15 h.

A las 2:30 h, Jacquot me manda a las *vainas* (piezas para motores eléctricos, dice el del depósito). C. 421.337, b. 1. 0,616 % trabajo por pieza.

La dificultad estaba en poner las piezas en los topes, de manera que saliera el 2º ángulo recto. Si no caía justo en el tope, la pieza quedaba fallada.

Jacquot me lo explica amablemente. Me aplico, segura de mí misma. Logro varias. Una que era muy ancha no entra en el hueco de la matriz y, al no quedar fija, recula. Chatel, desde atrás de mí, me dice de manera bastante discreta que los ponga más al borde. Logro algunas y fallo otras. No solo algunas piezas son muy anchas, sino que hay otras muy estrechas, y el tope redondeado por el desgaste las hace resbalar. Se lo muestro a Jacquot. Dice que ponga las anchas al costado. Lo llamo una vez más. Le habla a Chatel y me dice que siga, y que si no sale bien se lo diga a Chatel. Lo intento de nuevo y, después, voy a ver a Chatel. Fallé una pieza hecha a mano. Me dice: "Esta está muerta". Hay que ponerlas en el tope. Trato de explicar. Y él, sin perturbarse, dice: "Vaya y trate de no seguir así". De inmediato llamo al guarda del depósito de repuestos que dice: "Evidentemente esto no marcha; yo las lograría todas. Trata de hacerlas entrar empujándolas con el dedo y manteniéndolas cuando cae la herramienta". ¡Y falla bastantes también! Se pone a observar esto durante mucho tiempo y llama al tipo de las herramientas que le dice que el tope está gastado (¡yo me había dado cuenta enseguida!); saca la matriz, lima el tope. Arranca la máquina de nuevo. Yo sigo con el dedo (¡peligroso!).

Va mejor, pero no perfectamente. Lo voy a buscar. Está con Mouquet, que viene a ver, da orden de ensanchar un tanto la matriz y poner la herramienta más abajo para que mi mano no corra riesgo de quedarse atrapada. Esto dura hasta las 4:30 h... Hay algo más de 100 piezas hechas y unas 40 falladas.

Por estos 4 días me pagaron 66,55 fr. (4 fr. retenidos por A. S.). Pero los 2 últimos se pagan según tasa de afilado: 14,40 fr. por día para mí (1,80 fr. por hora). Tengo 12,95 fr. de bonificación por los 2 primeros.

28,80 fr. + 12,95 fr. = 41,75 fr. ¿De dónde diablos lo tomaron? Se para (1:15 h, o sea 3,25 fr.). ¿Y después?

*Viernes 1° de marzo.* Hago mis vainas. Termino 10:30 h. En total hice 2.131, o sea, 2.030 aproximadamente esta mañana en 3:30 h (o sea, 580 por hora a 0,616 %). En total gané 13 fr. Explico a Chatel que la víspera perdí 2 h; se queja: "¡2 h!". Y pone en el bono: "Tiempo perdido...", ¡pero no dice *cuanto*! Marqué 2 h y 3:30 h.

Paramos hasta las 11:45 h.

Disputa durante el paro entre Dubois y Eugénie y la pelirroja.

*Recocidos* en el horno pequeño al volver al trabajo. Marcha bien: es decir que no me pongo nerviosa al sacar las piezas. Penoso, porque estoy perpetuamente ante el horno (no tan penoso como en el grande). ¡Me interrumpen a las 2 h porque las piezas son para laminado en frío! No marco el tiempo en el bono. Marqué 45 min.

Espero a Robert durante unos buenos 20 min. Otro también lo haría...

Por consejo del encargado del depósito, voy a pedirle permiso a Delouche para quedarme hasta las 5:15 h. Concedido. Por la tarde voy a la sala de herramientas. El capataz no me ve.

*"Cortes" a la cizalla* c. 918.452, b. 31. Con Robert. 300 piezas para hacer a 0,616 %, es decir, 1,85 fr. en total. No considero ni la paga ni a la obligación de hacerlo rápido; lo hago a mi modo, con gusto, teniendo mucho cuidado cada vez, de poner la punta redondeada bien en el tope. Algunas barras están torcidas y se hace difícil sujetarlas hasta el borde. Demasiado prolongado, termino a las 3:25 h (aunque empecé tarde). Marqué 1 h.

*Vainas.* Las mismas. Siempre 0,616 %. Último operativo: ponerlos en "V". En el alicate para botones. Atrasada siempre por lo difícil que es despegar la pieza de la herramienta; luego es fácil de colocar. La pieza se pliega ligeramente mientras la herramienta le va dando forma de "V". Se lo muestro a Jacquot (aunque él me había dicho que no valía la pena mirar las piezas). Él se lo muestra a Chatel; discuten los dos seriamente y, después, Chatel me dice que vamos a aplanar piezas (pero ¿cómo?) y me hace continuar. Sigo con gusto, bastante lentamente. ¡Solo hago 281 piezas! Faltan otras 1.850 para hacer en un máximo de 3:15 h; es decir, teniendo en cuenta el tiempo que se pierde, hacerlas a un ritmo de 600 por h. ¡Indispensable!

Si marco 1 h para las vainas, he perdido media hora. Prefiero perder una hora antes que perder el bono, si es posible. 15 min perdidos (si la limpieza cuenta 15 min).

Sin embargo, en realidad 0,72 (botones), a 15,30 fr., 5 h. Quedan 4 h, o sea, 460 por h para recuperar. Tendría que haber hecho 1 h: 425. Si el lunes no hago 425 por hora, para no perder el bono, perder 20 min el viernes.

Pero no. Por otra parte, hay 15 min para la limpieza de las máquinas. Solo debo contar con 45 min el viernes y solo tengo que recuperar 5 min, no son nada. Por lo tanto, aún tengo 4:15 h. Debo terminar a las 11:15 h.

Mucho menos cansada de lo que temía. Momentos de euforia incluso junto a mis máquinas, como ni siquiera tuve en Montana. ¡Efecto retardado! Lo que sigue siendo muy angustioso es el tema de la alimentación.

## DÉCIMA CUARTA SEMANA

*Lunes 4.* Dolor de cabeza muy fuerte al levantarme el lunes. Por desgracia hicieron sonar a mi lado toda la jornada la cosa que gira con un ruido infernal. Al mediodía, incapaz de comer algo. Pero eso no impide la velocidad, y sin tomar pastillas.

*Vainas.* Terminé recién a las 11:45 h, pero no por mi falta: perdí, seguro, más de media hora (tal vez más, incluso) por culpa de la máquina. Dice Jacquot que nunca funciona bien con botones. Lo persuado para que ponga los pedales, aunque sea más peligroso. Tampoco así funciona bien; debo llamarlo de nuevo. Por orden de Mouquet vuelve a poner los botones, pero tampoco funciona. El pequeño Jacquot se impacienta. A las 11:10 h se pone a desmontar la máquina. Hay un resorte roto. Pero cuando vuelve a prenderla, ya no marcha. Se pone nervioso, muy nervioso… Cuando le doy mi bono al jefe de equipo —ya que renuncio a terminar las piezas, porque las hechas superan las que están contadas— es sarcástico con Jacquot.

Por la tarde: media hora parados. Después, dos pedidos de *plaquetas* de 520 cada uno a 0,71 % (c. 421.275, b. 4). Cuando empiezo pierdo tiempo al retirar las piezas para contarlas —también para colocarlas, porque tomo precauciones inútiles— y el pedal está duro, funciona mal y no llega al fondo. El primer pedido lo termino a las 3:15 h. El segundo lo empiezo las 3:25 h. Pierdo 5 minutos esperando, sin darme cuenta de que Jacquot ya había preparado la máquina. Lo hice al máximo, a un ritmo infernal, terminé justo a las 4:30 h: hice 3,60 fr. por hora. Marqué 1:20 h cada uno. 4:30 h + 30 min + 2:40 h = 7,40 fr. Gané el lunes y el viernes 12,30 fr. + 1,35 fr. + 1,85 fr. + 14,40 fr. + 0,90 fr. + 7,80 fr. = 39,60 fr. A eso se añade 21,20 fr. del lunes. 1 h del viernes y 4:30 h del lunes.

*Viernes*. Vi que estaban preparando la máquina pesada de Biol (no está lista). El del depósito me dice: "No agarres, es demasiado duro". Lunes, me encuentro a Eugénie, que hace eso todo el día. Me deja apabullada de remordimientos. Si me hubiera desenvuelto para tomarlo, sin duda lo habría obtenido. Sé lo penoso que resulta, ya que eso es lo que hice la última tarde, cuando estaba con otitis o algo parecido. A las 16:30 Eugénie está visiblemente agotada.

¿Qué es lo que pasaba con la máquina? (estúpida por no haber observado más atentamente). Cuando yo apretaba los botones, la herramienta se caía, incluso dos veces. El jefe de equipo, al ver eso, dijo: "Esto no debe pasar; eso es todo". Después, vuelve a ocurrir lo mismo pero la segunda vez queda ahí. Jacquot la levanta y yo sigo con el trabajo, hasta que vuelve a ocurrir. Finalmente me manda parar. Al pasar, Ilion le dice que el "dedo" (el resorte) de la rueda grande está quebrado. Es cierto. Pero parece que pasaba algo más. Se ve que, para el pequeño Jacquot, la máquina se porta como un animal extraño.

*Martes mañana.* Tres mismos pedidos que el lunes tarde.

1. 600 a 0,56 %; pequeñas piezas difíciles de sacar. Marco 1:15 h.

2. 550 piezas a 0,71 %. M. 1:20 h.

3. 550 piezas a 0,71. M. 1:20 h.

A la larga resulta *muy* cansador porque el pedal está muy duro (me hace doler la panza). Jacquot siempre encantador.

Después, me encuentro a Biol (¡porque extraño las grandes máquinas que me dan remordimientos!), y me manda al "piano", donde paso toda la tarde, con excepción de un descanso de 14:45 h a 15:45 h. Los dos pedidos pagados 0,50 %, uno 630; otro, 315.

Tiempo marcado: 2 h; luego 3:15 h.

Total: 1:15 h, 1:20 h, 1:20 h, 2:45 h = 6:40 h. Necesitaría 1:20 h de descanso. Me parece que tengo 1 h, lo que me da 20 minutos perdidos.

A las 4:30 h, muy cansada, hasta el punto de que me voy en seguida. De noche, fuertes dolores de cabeza.

En el "piano", primero estuve muy cansada, debido al miedo que me daba abrochar mal. De tardecita ya me siento algo mejor. Me sangra la punta de los dedos.

*Miércoles mañana.* Otra vez al "piano", 630 piezas, marcha mucho mejor salvo que me duelen los dedos. A pesar de todo me toma una hora y media. Marqué 1:20 h. Inmediatamente después Robert me manda hacer un pedido de 50 piezas. Es lo bastante amable como para darme un bono por otro lote de 50 piezas que hizo porque estaba apurado por hacerlo rápido. Complicación: algunas no entran dentro de los topes. Me hace ponerlas al costado, para hacerlas él mismo. Atrasada debido al fuerte cansancio y a los dolores de cabeza. Paso media hora que reparto entre los dos bonos. Después, de nuevo al "piano", con las mismas 630 piezas que hay que hacer de otro modo. Trato de ir rápido y casi fallo algunas. Pero no me dejo atrapar por el temor de fallar, porque me dijo Biol que no hay que fallar ninguna, porque el recuento no da, o está muy ajustado. Las voy contando al hacerlas de nuevo. Primero llegué a 610; luego, 620 poco más o menos. La operaria que los había hecho antes dijo que eran 630. La segunda vez, digo que la cuenta da bien para terminar. ¿Cómo pretenden que la gente cuente correctamente con una tasa del 0,50 %? Marqué 1:20 h. Después, Robert me lleva de vuelta, 2 pedidos, marcados 25 minutos cada uno (¿qué?).

Termino toda esa labor, incluida la confección de los bonos, a las 11:15 h. Le digo al jefe que terminé a las 11:05 h. Me marca un bono por parar a las 11 h, ya que ha sido una mañana sin atrasos. Me reprocha que marqué todos los bonos a la vez.

Por la tarde, descanso hasta las 14 h. Después *tapas:* 200 a 1,45 %. Por lo tanto, debería poner menos de una hora. Pero son pesadas, hay que sacarlas de una caja y cada una necesita 4 pedaleadas y 2 operaciones.

<table>
<tr><td>Primero<br>se ponen así</td><td>Después se dan vuelta.<br>En la segunda operación, así:</td></tr>
</table>

después se las da vuelta. Así, con el primer montaje, se hacen todas, dos pedaleadas por pieza; y en el segundo montaje *id.* De tal manera que son 800 golpes por pedal. Aunque no son tan fáciles de colocar: hay que pasar el agujero por el tornillo. Solo obtuve el bono una vez, al terminar la primera operación. A veces siento que no voy a toda la velocidad que podría. Y sin embargo me agoto. De noche me siento por primera vez verdaderamente deshecha de cansancio, como antes de partir para Montana. Sentimiento de empezar a caer de nuevo en un estado de bestia de carga. De todos modos, queda la conversación con el guarda del almacén y la visita a la sala de herramientas.

*Jueves.* Sigo con las mismas piezas hasta las 8 h. Marco 3:30 h: la verdad (olvido anotar el pedido). Después, c. 421.360, b. 230 plaquetas de sierra a 1,28 fr. %. Terminé a las 9:45 h. Marqué 1:10 h (¿hubo media hora de descanso en ese periodo? Ni idea). Lo realizo con Jacquot, en la prensa manual chica. Jacquot siempre sonriente.

Luego paramos hasta las 11 h y al hacerlo siento todo el peso del cansancio. Espero que me den trabajo con un sentimiento de malestar. Las operarias se irritan al perder su turno de descanso por pedidos de 100 piezas (en particular la hermana de Mimi). Viene Jacquot con un pedido de 5.000 piezas; me toca a mí. Se trata de unas tiras en las que hay que recortar arandelas pedaleando de manera continuada. Precio 0,224 % (aproximadamente). Sí querría obtener el bono. Me pongo a la tarea sin más pensamientos. Jacquot me hace una sola recomendación: que no se atasquen para que no se rompa la herramienta. El cansancio y las ganas de ir rápido me ponen un poco nerviosa. Al comenzar coloco una tira bastante cerca, lo que me obliga a recomenzar a pedalear y fallo una pieza (una fallada en 5.000 es poco, pero si eso pasa con cada tira, sería mucho). Esto se me repite varias veces. Entonces, nerviosa, vuelvo a poner la tira demasiado adentro, y pasa por encima del soporte y, en vez de arandela, sale un cono. En vez de llamar a Jacquot enseguida, doy vuelta la tira, pero sin tener conciencia del error cometido, la paso otra vez por encima del soporte (al menos eso parece), y cae otro cono, e inmediatamente después el "embrague" de la máquina (?). Está rota. Lo que más me aflige es el tono seco y duro que toma el joven y querido Jacquot. El pedido fue apurado. El montaje que, puede ser difícil, había que rehacerlo. Y todo el mundo estaba nervioso por accidentes similares ocurridos los días anteriores y hasta ese mismo día (?). El jefe del equipo me reprende como ayudante que es, pero de algún modo colectivamente ("es una desgracia tener obreros que…"). Mimi, que me ve desolada, me reconforta amablemente. Son las 11:45 h.

Por la tarde, fuertes dolores de cabeza. Descanso hasta las 3:30 h. Son 500 piezas. Siempre discos para recortar de las tiras, ¡qué mala suerte! Con la prensa chica manual.

Estoy muy perturbada por el temor de recomenzar. Efectivamente, más de una vez paso la tira un poco por encima del tope en el primer golpe de pedal. Pero no ocurre nada; tiemblo cada vez. Jacquot recuperó su sonrisa (debo recurrir a él para algunos caprichos de la máquina cuando se niega a ponerse en marcha, o bien funciona n veces seguidas con un solo pedaleo), pero ya no tengo más fuerza para responderle.

Incidente entre Joséphine (la pelirroja) y Chatel. Parece ser que le han dado una tarea muy mal remunerada, en la prensa de botones, que está junto a la mía, frente a la oficina del jefe. Ella murmura. Chatel la reprende como si estuviera maldita, de manera muy grosera, me parece, aunque no entiendo bien lo que le dice. Ella no contesta, se muerde los labios, se traga su humillación, reprime visiblemente las ganas de llorar y, sin duda, también las ganas de replicar con violencia. 3 o 4 obreras asisten a la escena, en silencio, sin disimular del todo una sonrisa (entre ellas, Eugénie). Porque si Joséphine no tuviera ese maldito trabajo, otra lo tendría. Así pues, están contentas de que fustiguen a Joséphine, y lo dicen abiertamente más tarde, en el descanso, pero no en presencia de ella. Inversamente, Joséphine no hubiese tenido ningún inconveniente en que le traspasaran el trabajo a otra.

Conversaciones durante los descansos (debería anotarlas todas). Sobre las casas en las afueras (entre la hermana de Mimi y Joséphine). Cuando Nenette está allí, por lo general solo hay bromas y confidencias capaces de poner colorado a todo un regimiento de húsares. (Cf., la de aquella que tiene un "amigo" pintor —aunque ella vive sola— y que se las da de acostarse con él tres veces al día, mañana, tarde y noche; y que explica la diferencia entre la "técnica" del referido y la de otro; se hace ayudar económicamente por él, y "no se priva de nada", según he podido entender, el tiempo que no está haciendo el amor, lo pasa cocinando o comiendo).

Pero en lo de Nenette hay algo más que todo eso. Cuando habla de sus hijos (un chico de 13 años y una niña de 6), de sus estudios, del gusto de su hijo por la lectura, habla con respeto. Los últimos días de esta semana —semana de paro continuado— tiene una desacostumbrada gravedad y se pregunta, evidentemente, cómo hará para pagar la pensión de sus hijos.

Incidente a propósito de la señora Forestier. En su caso, se trata de una colecta para ayudarla. Eugénie declara que no pondrá nada. Joséphine tampoco, pero en su caso, no debe dar muy seguido. Agrega que la señora Forestier ha pasado por la fábrica para dar los buenos días a todo el mundo a causa de la colecta (el mismo día en que yo volvía a incorporarme). Nenette y la italiana, que eran antes sus mejores amigas, no pondrán nada. Parece que ha hecho daño a varias personas, no a ellas, pero sí a otras varias (?).

La italiana está enferma. Durante mi segunda semana había pedido permiso para "salir a la pesca"[7] y Mouquet se lo denegó. Y ocurrió que eran solo 2. Tiene dos chicos; su marido, albañil, gana 2,75 fr. por hora. Así que ella no puede escatimar esfuerzos. Está enferma del hígado y tiene unos dolores de cabeza que los ruidos de la fábrica tornan insoportables. ¡Si lo sabré yo!

7. Salir a buscar trabajo en otro lado. [N. del T.]

*Viernes.* Descanso. No lo paso temblando con la idea de las torpezas que posiblemente pueda cometer, como habría hecho semanas atrás en iguales circunstancias. Prueba de que estoy un poco más segura de mí que entonces.

Ilion me llama (¿a qué hora?) para intercambiar tapas por metro. Están a un costado. Temo vivamente equivocarme por distraída. 149 tapas (bono de 150), a 1,35 fr. %. No trato de ninguna manera de ir rápido, teniendo mucho cuidado en no fallar la pieza: ya que una sola pieza "muerta" sería, ahí, de suma importancia. Alerta: la herramienta no puede penetrar. No tiene muesca. Se pierde mucho tiempo en manejar las piezas en los tres carros. Cuento 147 tapas. Emoción del jefe de equipo, me hace pasar un cuarto de hora haciendo recuento. Pero este cuarto de hora no lo pondrá en el bono. Se pone al terminar. Termino a las 9 h. Paramos hasta las 10 h. Cansada, inquieta. Por mí, me quedaría todo el día sin hacer nada. A las 10 h, me llaman para sacar cartones de los circuitos magnéticos (lo que ya había hecho al final de la primera semana). Veo que tengo como para hasta el final de la tarde. Alivio considerable. Empleo la técnica descubierta el último día que hice esto (muchos pequeños golpes de maza) y trabajo bien, y bastante rápido, más de 30 piezas por hora. Los primeros días había hecho 15, y Mouquet había estimado el valor de mi trabajo en 1,80 fr. la hora, porque me había dicho que en 5 horas yo había trabajado por apenas 9 fr. Trabajo sin miedo de meter la pata, y por eso, estoy distendida. A pesar de haber comido al mediodía en un restaurante, a mitad de la tarde me siento invadida por una enorme fatiga y recibo muy bien la noticia de que he terminado.

## DÉCIMA QUINTA SEMANA

Trabajo de pie del 8 al 18 de marzo. Sábado y domingo, dolor de cabeza. Postración casi total hasta el miércoles al mediodía. Por la tarde, con magnífico tiempo primaveral, voy a lo de Gilbert de 3 h a 7 h. Al día siguiente, voy a lo de Martinet, compro manual de diseño industrial. La tarde del viernes, postrada. Por la noche no duermo (dolor de cabeza). Duermo hasta el mediodía. Sábado veo a Guihéneuf en su oficina de 2 h a 10:30 h. Un domingo más.

## DÉCIMA SEXTA SEMANA

*Lunes 18. Arandelas en tira,* hasta las 7:50 h (?). Con Léon, que ha vuelto (mi pequeño y querido Jacquot obrero nuevamente). 0,336 %, 336 piezas. Una vez más, susto. Torpeza cometida dos veces; por suerte pasó sin que se dieran cuenta y yo recién la segunda vez me doy cuenta. La tira da la vuelta después del primer pedaleo, pero el agujero hecho no quedó en el medio de la tira, porque se apoya atrás. El resultado es que algunas piezas, que escondo, se torcieron y la herramienta, probablemente, esté también mal. Trabajo muy lentamente, sin preocuparme por la velocidad. Marqué 40 minutos.

*Laminado en el volante chico* de esas mismas arandelas, lo que me permite suprimir una pieza fallada que se me había escapado. Com. 907.405, b. 34, 0,28 %. Termino a las 8:30 h, marco media hora (así que perdí en total 20 min), ¡gané 0,95 fr.! Mi tasa de afilado: no busqué para nada la velocidad.

*Laminado en el volante chico de las derivaciones eléctricas,* c. 420.500. 796 piezas hasta las 14:15 h. Marqué 4:15 h. Pagado 1,12 fr.; gané 8,90 fr. (nada más que 2 fr. por hora). Chatel me hace acuñar 4 o 5 golpes por pieza, 2 golpes en un extremo, 3 golpes en el otro. Al entregar el bono, le digo que, en esas condiciones, no pude no perderlo. Me responde con tono insolente: "¡Fallado a 1,12 fr.! No me parece extraño, vista su incapacidad". Ignoro si añadió algo al bono; probablemente, no. Yo tendría que haber dado menos golpes. Traté de ir rápido, pero me sorprendía una y otra vez cayendo en la modorra. Difícil controlar la velocidad porque no contaba las piezas. Muy cansada especialmente a la salida, a las 11:45 h (almuerzo en Prisunic; relajación; momento delicioso de la fábrica con los obreros, fornidos, antes de volver a entrar... Me encuentro de nuevo como una esclava ante la máquina).

Vi en la entrada, por series, unas derivaciones, ligadas por un costado a las escobillas de contacto, por el otro a bobinas metálicas.

Descanso. Teór. de 14 h a 15 h.

*Casquillos para perforar en la caja* con Robert. C. 406.426. 580 piezas 0,50 %: por lo tanto, 2,90 fr. Marqué 1:10 h a un ritmo de 2,45 fr. por hora. Realizado en realidad de 14:30 h a 16:10 h, es decir, 1:40 h. Pero perdí tiempo ensayando con las primeras 100 pinzas, y luego, recogiendo las piezas. Solo alcanzo un ritmo ininterrumpido por momentos y vuelvo a caer en la somnolencia. Medidor para controlar: después de hacer 40 o 45 piezas en 5 minutos, hago 20 en los 5 minutos siguientes, porque me dejo llevar por el sopor.

Paro de 4:15 h a 4:30 h.

Total: 40 min + 30 min + 4:30 h + 1 h + 1:10 h + 15 min = 8 h exactas.

Vuelta al trabajo (a las 17:30) fresca y bien dispuesta. La cabeza llena de ideas toda la tarde. Pero he sufrido, sobre todo en el péndulo, más que el lunes después de Montana.

Almuerzo en Prisunic. ¿Tendrá que ver con mi bienestar de la tarde?

*Martes.* Paro hasta las 8:15 h. *Remaches de las escobillas de contacto* con Léon, hasta la tarde. 500 a 4 fr., 12 %, c. 414.754 b. 1. Para interruptores. Equipamiento para trenes. Trabajo, primero muy lento. Chatel me da miedo. Temo hacer alguna tontería; no puedo fallar más piezas; ya fallé la primera. Debemos ensamblar 4 piezas. Un contacto y dos plaquetas, y paquete de 10 láminas finas —aunque algunos paquetes solo traen 9—. Había que prestar atención a los 2 agujeros desparejos de la tira de la gran plaqueta. Poner la pequeña y los rebordes salientes encima y en el sentido o dirección de la cizalla. Hice los primeros 70 en 2 h, me parece. Luego estuve amodorrada. Al mediodía logro un ritmo ininterrumpido —reconfortada por el paseo y el almuerzo—, pero repitiéndome continuamente la lista de tareas (alambre, agujero, bordes, sentido en que van), menos para preservarme del atolondramiento que para impedirme pensar, condición de la velocidad.

Este vacío impuesto al pensamiento me produce un profundo sentido de humillación. Al final consigo ir más rápido (al final logro más de 3 fr. por hora), pero con amargura en el corazón.

*Miércoles. Id.* Hasta 8:30 h. Marqué 7:45 h, gané 20,60 fr. (en 8:15 h, o sea 2,50 fr. por hora).

No logro encontrar el "ritmo continuado". Tendría que haber terminado a las 8 h.

*Pulido* de piezas hasta las 15:45 h. Marco 5:15 h. Gané 13,50 fr. C. 414.754, b. 4. 0,027 %. Es lo que había hecho en la semana del horno. Mouquet me había sacado de ese trabajo, porque estaba mal hecho, y es verdad, me iba muy mal allí. Por eso lo comencé con aprehensión. Al principio voy muy muy lentamente. Catsous me deja sola. Hago un primer descubrimiento que se refiere al sentido o dirección en que se debe girar la pieza: en ese sentido en el que lo empujaría la cinta, pero tirando de ella en sentido contrario. Así la pieza y la cinta permanecen en contacto (al menos pienso que esa debe ser la razón). Y el segundo descubrimiento es de hace tiempo, pero lo aplico ahora: la mano solo debe hacer una operación a la vez. Así que apoyo la izquierda y tiro con la derecha: en cuanto a girar, no tengo que hacer nada: la cinta lo hace sola. El ritmo: primero voy a mi aire; luego, al constatar mi extrema lentitud, me esfuerzo por alcanzar mi "ritmo ininterrumpido", pero con repugnancia y aburrimiento. Es cierto que la satisfacción de haber conseguido esa habilidad me resulta absolutamente igual. A mediodía almuerzo rápido en el Prisunic y, después, me voy a sentar frente a los aviadores, donde me quedo en una inercia tal que cuando llego a la fábrica estoy en una especie de semisueño, sin ningún apuro, a las 13 h o 14 h… ¡Ya cerraban la puerta!

4 h a 4:30 h en remaches. Ver al día siguiente.

Paga. 125 fr. (de los cuales 4 fr. son adelanto). La precedente son 70 fr., es decir, 192 fr. por 32 h + 48 h = 80 h…, es decir: 2,40 fr. por hora exactamente…

Conversación con Pommier, conoce todas las herramientas.

Por la tarde, dolor de cabeza y cansancio doloroso en el corazón. Solamente como pan con miel. Tomo una pastilla para dormir, pero el dolor de cabeza no me deja dormir en casi toda la noche. A las 4:30 h me invade una necesidad imperiosa de dormir. Pero hay que levantarse. Rechazo la tentación de tomarme medio día.

*Jueves.* Jornada completa dedicada a remachar las armazones. Alcancé 700 a las 16:30 h (en 8:45 h). Animada al salir al mediodía. Agotamiento después de la comida. De noche, demasiado cansada para comer; me quedo tirada en la cama. Paulatinamente, un abandono muy dulce me proporciona un sueño delicioso.

C. 421121, b. 3. 0,056 piezas. 800 piezas. Marqué 14:15 h.

Toda la jornada con el pensamiento en vacío, sin esfuerzo, igual que para los remaches, con el impulso de la voluntad sostenido sin mucho esfuerzo. Y eso a pesar de haberme levantado con un terrible dolor de cabeza que casi me confina en mi casa.

Animada por el hecho de que es un "buen trabajo", aunque es duro. Y también, sobre todo, por una suerte de espíritu deportivo. Trabajo realmente *continuado*.

Herramientas, viene Mouquet. Italiana y Mouquet.

"4 fr.... por hora, ¿no le basta en esta época de hambruna?".

Reflexión de Ilion: "El patrón será siempre bastante rico... Esto va a ir siempre demasiado rápido; por eso es que no hay trabajo...".

Sobre un "J. P." que pasa: "Son los mejor considerados".

*Viernes.* Termino el remachado. Faltan algunos remaches (en realidad, estaban en las ranuras de la máquina). 8:15 h a 8:45 h, 50 remaches extensibles ¿a 0,54 % c.? (Seguramente 413.910). Marqué 15 min. Arandelas de cartón, no cronometradas. Bono de trabajo n° 1747, c^{de} 1415, marqué 2 h (puse 2:15 h). Tapas. C. 412.105, b. 1, 0,72 %, botones, 400 piezas. Marqué 3:30 h: no las terminé al principio, pero lo hizo Chatel. Perdí 1 h. La víspera me había retrasado (y recuperé). Hice 3, faltan 2.

La máquina quedó averiada por Ilion (durante el montaje se rompió algo).

El del depósito: "Los capataces no saben usar los frenos". "No saben poner los botones. Siempre demasiado cortos y las pinzas...[8] (?)".

*Lunes.* J. de 8 h, terminé *circuitos magnéticos.* Solo quedan alrededor de 25. Trabajo con facilidad, sin apuro, pero no lentamente. Marco 1 h. En total tengo 6 h (el bono no fallado).

*"Extensiones",* cajas de 4 lados a las que hay que dar forma. Precio insignificante (0,923 %), 50 piezas. Marco media hora. Termino a las 9:45 h. Mimi me dice que no se ponen dos a la vez. Se pone aceite a todas. ¿Entonces?

J. 10:45 h, *láminas finas* con Léon, al lado Eugénie, que pone remaches. 200 paquetes de 6. Son 2,80 fr %. Lo hago rápido. ¡El miércoles después de Montana había puesto 2 h para 100 paquetes! Gané 5,60 fr. Marco 1:50 h (bono no fallado). Alcancé también allí un cierto ritmo continuado.

*Paso a debitar piezas en varas metálicas* en la prensa donde he pasado el miércoles con Louisette. Es preciso que estén

8. El texto original incompleto. [N. del T.]

bien metidas en el soporte, mantenerlas paralelas. No voy rápido. Esto dura hasta la 1:50 h. Marco —según parece por error— demasiado tiempo: 1:40 h. ¡Piezas a 0,88 %! (Me parece que hago 360, ¡pero el viernes Catsous me dirá que solo había 330!). Trabajo sin preocuparme en absoluto de la rapidez: cansada y desanimada por el precio, ahí tengo una coartada por la dificultad que supone la operación de hacer caer las piezas. Perdido de 1:45 h a 15:30 h (o sea, 1:45 h).

Trabajo con las *mismas piezas:* hay que ponerlas formando un triángulo. Las incluyen en el *mismo* bono. Profundo disgusto, que me hace frenar la velocidad. Termino a las 4:30 h. Marqué en total 3:15 h.

*Martes.* 15 min desperdiciados. Conversación sobre eso: Souchal, grosero. Joséphine lo conminó a venir …[9] y aquí lo enfrentó Mouquet. Este es justo pero caprichoso. Los bonos fallados los tarifa unas veces a tanto, otras veces a tanto, ¡dependiendo de la duración de cada trabajo!

Piezas delicadas para colocar en el soporte: la matriz casi no tiene relieve (*"dobles láminas metálicas"*), con Léon. C. 421.227, 2.100 piezas con los botones, por tanto, a 0,72. Marqué 6:15 h. Es la misma máquina donde había hecho arandelas la segunda vez y que Jacquot no pudo arreglar.

30 min desechos (perdí 40 min estos dos días).

Pommera (Jacquot y la máquina de arandelas). Capataces y máquinas.

*Miércoles*, media hora perdida.

---

9. Palabra ilegible en el original. Estos pasajes del diario, y en particular la décima sexta semana, son de los más difíciles, contienen anotaciones ilegibles y frases inacabadas. [N. del T.]

En el *piano* de 7:30 h a 8:15 h. C. 15.682 b. 11. Marco 25 min; después 1:15 h. Lamentable lentitud. La que tiene un amigo pintor viene[10].

Remaches, "ensamblado del soporte inferior". C. 24.280, b. 45. 200 piezas a 0,10 fr. (¡en otros casos 0,028!) (precio provisional para el pedido de Souchal) a 9:45 h. Jueves a la mañana. Marqué 6:15 h en total. Realizados por la mañana, 75 piezas, o sea, 7,50 fr. Dolor de cabeza MUY violento ese día sin que yo pueda ir más rápido. La víspera descansé bien, pero despierta desde las 2 h. Por la mañana, ganas de quedarme en casa. En la fábrica cada movimiento me hace mal. Louisette ve desde su máquina que la cosa no marcha.

Estoy con una operaria en la perforadora. Su hijo de 9 años está en el vestuario. ¿Viene a trabajar? "Ya me gustaría que fuera suficientemente grande para eso", dice la madre, y me cuenta que a su marido lo acaban de mandar de vuelta del hospital con una pleuresía y un grave problema cardíaco; no pueden hacer casi nada por él. Y aún le queda una niña de diez meses.

*Jueves.* 45 min perdidos.

C. 428195, b. 1, marco 2 h. C. 23.273 b. 21, 198 piezas (todas contadas una por una), a 1,008 fr. %. Me parece que tardé 2 h. Arandelas 10.000 a 7,50 fr. Marqué 1:30 h por esa jornada; perdí 1:45 h.

Máquina de brazos. Dos manivelas; una es de seguridad impide que la otra baje. No entendía para qué estaba y me lo explica el del almacén de herramientas (cf. ¡Descartes y Tántalo!).

10. Frase incompleta en el original.

*Viernes.* Termino, apurada, las arandelas. Cuando las paso por el tamiz, compruebo que hay muchas falladas. Lanzo las que puedo al aire, pero con mucho miedo. Marco 10.000, aunque ya faltaban algunas, además de las que "tiré al aire". 2:30 h, lo que hace ganar un bono.

8 a 9 h desechos.

9 h a 10:30 h, piezas fáciles de hacer. C. 421324, bono de 500. Solo tengo 464 piezas. Robert me hace llegar el bono. Paga 0,61 %. Marco 1 h, bono fallado, porque me parece haber perdido más de media hora mirando a Robert peleando con una máquina. No se podía levantar la válvula. Pommera vino después: faltaba una pieza, una esquina. Estaba allí cuando yo llegué. No interrumpió el trabajo por mí. Volvió a empezar varias veces. La operaria parecía, por una vez, un tanto interesada (no la conozco, morocha y despeinada, tiene un aire simpático).

10:30 h a 16:30 h, desechos, por suerte, ya que es un descanso inefable. Por la tarde hasta termino por sentarme en el horno de Léon. Solo 200 piezas para mandar al horno. Hasta las 2 h. Marqué 50 m; 0,021 piezas. Así que gané 4,20 fr. ¿Estará bien recocido? No me atrevo a marcar más de 50 min, y no me tomo el tiempo de calcular. Me da 5 fr. la hora. ¿Bajarán el precio del bono por culpa mía? Habría sido mejor que esperara y marcara al menos 1 h. En total perdí 25 min.

# QUINCENA

**Bonos no fallados**

| Desechos | Nᵒˢ | Precio | Tiempo |
|---|---|---|---|
| 1 h | 421.121 (Armazones R) | 44,80 fr. | 14 h 15 m |
| 15 m | 24.280 (soporte R) | 20 fr. | 6 h 15 m |
| 1 h 15 m | ? (Arandelas I) | 7,50 fr. | 2 h 30 m |
| 1 h 45 m | | | |
| 15 m | 408.294 (horno L) | 4,20 fr. | — 50 m |
| | | 76,50 fr. | 22 h 110 m |
| 30 m | | | |
| 30 m | | | |
| 45 m | | | 23 h 50 m |
| 1 h | olvidado | | |
| 1 h 15 m | | | |
| 2 h 30 m | 425.537 | 5,60 fr. | 1 h 50 m |
| 240 m | | 32,10 fr. | 25 h 40 m |

**Bonos fallados**

| N | Precio | Tiempo |
|---|---|---|
| 907.405 arandelas L | 1 fr. 12 [¡fallado con razón!] | 40 m |
| Id. plan L | 0,95 fr. | 30 m |
| 420.500 derivaciones L | 8,90 fr. | 4 h 15 m |
| 406.426 casquillos R | 2,90 fr. | 1 h 10 m |
| 414.754 escobillas L | 20,60 fr. | 7 h 45 m |
| Id – (pul.) Q | 13,50 fr. | 5 h 15 m |
| 413.910 tapas I | 0,27 fr. | 15 m |
| 412.105 tapas I | 2,88 fr. | 3 h 30 m |
| 413.910 tapas I | 0.46 fr. | 30 m |
| ******** | | |
| 4.009.194 perf. L | 2,90 fr. | 3 h 15 m |

7 h (60 × 4)
7 h + 4 h = 11 h

¿Qué bonos no *deberían haber* sido fallado? Los laminados (pero…); los casquillos, las escobillas (si hubiera dado con el sistema correcto en seguida…), el pulido, si no hubiera sido solo la 2ª vez, el piano (ahí, la responsabilidad recae en los dolores de cabeza). Las piezas Δ (desmoralizada por el anuncio de desprecio).

| | | | |
|---|---|---|---|
| 421.227 bil. L | 15,12 fr. | 6 h | 15 m |
| 15.682 pian B | 0,89 fr. | | 25 m |
| Id.     B | 2,30 fr. | 1 h | 15 m |
| 428.195 mcbr. L | 2,80 fr.? | 2 h | |
| 23.173 – R | | | |
| 421.342 – R | 2,14 fr. | 2 h | ( ? ) |
| | 2,83 fr. | 1 h | |
| | ———— | | |
| | 90,55 fr. | | 300 m |
| | | 35 h | 5 h |
| | | 40 h | |

12 h    De ahora en adelante: buscar desde el principio el sistema para obtener con seguridad la mayor rapidez. Después, apuntar al *ritmo ininterrumpido.*

a agregar:

1.415       ?      2 h

(b, tr, 1.747)

Faltan 20 m

Pero si agregamos 3 fr. por los circuitos (?) y 5,50 fr. por las tapas, y quizá 1,50 fr. de cualquier otro lado, serían 10 fr., tendría 167 fr. por 65 h, serían 2,55 fr. la hora aproximadamente…

| 80,50 |
|---|
| 82,10 |
| 162,60 fr. por 65 h 45 m de trabajo |

Si tengo por esas 65 h 170 fr., y por las 11 h de desechos y las 2 h de cartones 32,50 fr., y por las 5 h de circuitos en retraso 15 fr., esto me daría en total 217,50 fr., ¡menos la retención del seguro social!

| 157 | | 64 |
|---|---|---|
| 290 | | 2,45 |
| 20 | | 163 |
| | | 310 |
| | | 460 |
| | | 440 |
| | | 24 |

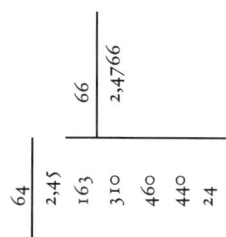

66

2,4766

Agregar a los 167 fr., 6 fr. por las láminas finas, o sea, 173 fr. En total quizá 223 fr., de los cuales 209 fr. serían por esta quincena.
En resumen, no tuve progresos apreciables en cuanto al salario…

Chatel está encantador. Me deja libertad total. Me tratan como a un condenado a muerte. Nenette está grave súbitamente. "¿Vas a buscar trabajo? Pobre Simone". Ella misma queda a pie la semana que viene. "Imposible llegar allí". Le digo a Louisette lo que pienso. Me contesta que Mouquet ha negado a Nenette ser eximida del despido. La señora Forestier lo había sido hace dos años, pero por orden que vino de arriba.

*Lunes. Recocido* j. 9 h 10 placas (detienen las bobinas). 200 a 0,021. [421.263 b. 21]. Varillas: 180 a 0,022 [928494, b. 48], marco 1:15 h y 1 h.

*Volante,* calibrando cuerpos de culata (¿cómo el segundo día?) [22616 b. 17, 2 bonos], 116 p. a 0,022 %, ¡cada operación, una difícil, la otra fácil! Puse 50 minutos (terminé a 11:30 h). Piezas pequeñas: 421.446; 150 pizas sobre 400 a 0,62 %, o sea 0,90 fr. en total. Marqué 15 min. Fuerte dolor de estómago. Enfermería. Me voy de allí a las 2:30 h después de aguantar vanamente. Postración hasta las 18 h aproximadamente; luego no estoy cansada.

*Martes.* Terminales, 240 a 0,53 % [409.134, 409.332]. Satisfacción profunda de que el trabajo vaya mal… Mouquet.

*Arandelas:* 421.437 b. 1; 0,56 %, 865 en 1:15 h; prensa de arandelas 2.

*Guías de enganche* [12.270 b. 68]: 1 fr. 42 %, 150 p., prensa de Robert (pero está pescando y lo hago con Biol); son barras en las cuales se cortan en 2 golpes de pedal sucesivos, porque la herramienta no tiene el largo adecuado. No son chatas; si entran de manera fácil, es casi imposible sacarlas. Del otro modo, es muy difícil que entren, pero se pueden sacar. Biol recomienda la primera manera. Pommera, muy desdeñoso él, recomienda la segunda. Llega Mouquet. Me hace seguir la primera manera y me da una llave para salir, que traía Pommera. Mouquet me dijo: "Le voy a mostrar". Primero la manejo con torpeza. Debe recordarme el principio de la palanca.

Quizá por primera vez vuelvo a la 1:15 h con gusto, debido en parte al modo que tiene de tratarme Mouquet.

Gozo de hacer un trabajo duro, que "no va". A la 1:15 h le digo a Pommera que el trabajo que no me sale bien es menos enojoso. Dice: "Es verdad". Me lastimo las manos con un corte molesto. Aquí no se plantea el tema del ritmo de actividad, ya que el bono no cuenta. Advierto que cuando Mouquet está delante, alcanzo sin esfuerzo el "ritmo continuado". Cuando él se va, no es porque sea el jefe, es porque alguien me mira y espera detrás de mí.

DESECHOS: 2:30 h a 3:15 h.

*Piano:* 344 chapas a 0,56 %, [508.907 b. 10], m 50 min.

*Guías* (?): 40009195 b. 10, 1 h.

Por la noche, no me siento cansada. Voy a Puteaux con lindo sol, viento fresco (metro, taxi). Vuelvo en autobús hasta la *rue* d'Orléans. Delicioso. Subo a lo de B. Pero me acuesto tarde.


## A. EL MISTERIO DE LA FÁBRICA

### 1. *El misterio de la máquina*

Guihéneuf: a falta de matemáticas, la máquina es un misterio para la cual el obrero no encuentra un equilibrio de fuerzas. Además, se siente inseguro frente a ella. Ej.: el tornero que, a tientas, encontró una herramienta capaz de cilindrar tanto el acero como el níquel, sin necesidad de cambiar de máquina para pasar de un metal a otro. Para Guihéneuf se trata de tener suerte y sigue adelante; otro obrero se paraliza con un respeto supersticioso. Lo mismo ocurre ante una máquina que no funciona. El obrero se dará cuenta de que hay que ponerle una u otra cosa, pero con frecuencia hará una reparación que, si bien permite que la máquina marche, la destina a un desgaste más rápido y a un nuevo desperfecto. El ingeniero nunca haría eso. Y aunque no utilice el cálculo diferencial, las fórmulas diferenciales aplicadas al estudio de la resistencia de materiales le permiten hacerse una idea precisa del papel de la máquina en tanto participa de un juego determinado de fuerzas.

La prensa que no andaba y Jacquot. En ese ejemplo está claro que, para Jacquot, la prensa era un misterio, análogo en sí mismo a la causa que le impedía funcionar. Era, de alguna manera, algo de la misma máquina, y no un factor externo. "Esto no anda": como si la fuera la máquina misma la que no quisiera funcionar.

Lo que no entiendo de las prensas: Jacquot y la prensa, le daba 10 golpes seguidos.

## II. *El misterio de la fabricación*

Desde ya, el obrero ignora el uso de cada pieza. 1) La forma como se combina con las otras. 2) La sucesión de operaciones que sigue. 3) El uso final del conjunto.

Pero aún hay más: no se comprende la relación de causa-efecto en el mismo trabajo.

Nada es *menos* instructivo que una máquina…

III. *El misterio de la "habilidad"*

Circuitos de los cuales debí sacar los cartones. Al principio no sabía separarlos a golpe de maza. Entonces hice unos razonamientos sobre el principio de la palanca, que no me sirvieron para nada… Después de lo cual todo lo supe muy bien, sin darme cuenta ni cómo lo aprendí ni cómo procedo.

Principio esencial de la habilidad manual en el trabajo junto a la máquina (¿y fuera de ella?) mal expresado: que cada mano realice solo *una* operación simple. Ej.: trabajo sobre tiras metálicas, una mano empuja, la otra se apoya en el soporte. Chapas de metal: no sujetarlas con la mano; dejar que se apoyen sobre la mano y, con el pulgar, empujar hacia el soporte. Cinta de pulido: apoyar con una mano y tirar con la otra, y dejar que la cinta de la vuelta a la pieza, etc.

## B. TRANSFORMACIONES DESEABLES

Instalación de máquinas-herramientas diversas que se puedan poner juntas en el mismo taller. El montaje una al lado de otra. La *disposición* de la fábrica debe buscar dar a cada trabajador una panorámica visual de conjunto (lo que supone, evidentemente, suprimir el sistema de capataces).

Especializaciones por grados: Del obrero, de la máquina, de las partes de la fábrica (¿de los ingenieros?).

## C. ORGANIZACIÓN DE LA FÁBRICA

Falta de bancos, de cajas, de tarros de aceite.

Hay un cronometraje fantasioso. Las tareas que más cansan se pagan una miseria. Porque allí todas las fuerzas se tienden, hasta su límite extremo, para cobrar el bono. (Cfr. conversación con Mimi, martes de la 7ª semana). Uno se agota y se revienta por 2 fr. la hora. Y no porque se trate de una tarea que exija que nos reventemos; no, es solamente por el capricho y la negligencia del cronometrador. Nos reventamos sin que haya ningún resultado, ya sea objetivo (el salario), ya sea subjetivo (la tarea cumplida), que corresponda con la penuria del esfuerzo demandado. Allí uno se siente verdaderamente esclavo, humillado hasta lo más profundo del ser.

Pommera, por su parte, estima al cronometrador (Souchal). Lo excusa diciendo que el suyo es un oficio imposible, entrampado como está, entre la dirección y los obreros. Primero —dice—, cuando Souchal está detrás de las operarias, empujándolas, ellas meten para adelante. Y también está la cuestión de los falsos tiempos: un bono logrado jamás puede ser rectificado después si estaba mal calculado.

Para cada tarea, hay una cantidad limitada —y pequeña— de faltas posibles; unas, capaces de romper la máquina; otras, de fallar la pieza. Y en lo que respecta a la máquina, solo es posible un número limitado de faltas por categoría de tareas. Sería muy fácil para los capataces señalar estas posibilidades a las obreras, para que ellas obtuvieran alguna seguridad. ¿Se podría indicar si las prensas son especializadas? Intentar una nomenclatura: prensa laminadora, embutidora de Biol.

*Jefes y personal burocrático:*

G...

X. viene de la escuela de ingeniería marítima.

"Un director es una máquina de tomar responsabilidades". "No hay oficio más estúpido que el de director". "Un buen director, en primer lugar, debe no ser un buen técnico. Basta saber lo suficiente para que no le hagan meter la pata".

D…

X. Puentes y caminos.

Primero fue director y administrador delegado. Ahora ha formado a un director para ahorrarse trabajo. Ha llegado a la jefatura de la empresa ignorándolo *todo* sobre la técnica de fabricación. Se sintió perdido durante todo un año.

Mouquet,
Jefe de taller.

Crono, Souchal,
pequeño moreno.

Sra. Biay (?)

Sr. Chanes

Jaula de cristal

El más interesante, evidentemente, es Mouquet. El Crono es un tipo odioso, y según parece, grosero con las obreras. Siempre tira el ambiente para abajo, cronometra casi al azar. Nunca le dirigí la palabra. Pommera no piensa mal de él.

…el jefe de equipos de prensas.

Catsous, con los taladros.

Mouquet y las piezas sobre las que pasé al principio 5 días para retirar los cartones. Mouquet. Cabeza escultural, atormentada, tiene algo de monástico y aire de estar siempre preocupado: "lo pensaré esta noche". Solo lo vi alegre una vez.

*Capataces:* Ilion (jefe), Léon, Catsous, Jacquot (ha vuelto a ser obrero), Biol.

*Obreras:* Sra. Forestier; Mimi; hermana de Mimi; admiradora de Tolstói; Eugénie; Louisette; su amiga (joven viuda con dos criaturas); Nenette; pelirroja (Joséphine); gato; rubia con dos niños; separada; madre del niño quemado; la que me dio un pancito; la que tiene bronquitis crónica; la que perdió un chico y está feliz de no tener más, y "por suerte" perdió a su primer marido, tuberculoso desde hacía 8 años (¡es Eugénie!); la italiana (la más simpática de todas), Alicia (la más simpática de todas); Dubois (¡Madre mía! ¡Si me vieras!); la que está enferma, vive sola (me dio la dirección de Puteaux); la descocada que canta; la descocada con dos niños y su marido enfermo.

*Mimi,* 26 años, casada desde hace 8 años con un chico de la construcción, lo había conocido en Angers, donde trabajó dos años en Citroën y ahora está en el paro, aunque es un buen obrero. En Angers trabajaba en una textil (11 fr. por día). En lo de A. desde hace 6 años. Tardó 6 meses en adquirir un ritmo suficientemente rápido para "ganarse la vida", a lo largo de los cuales ella lloró muy frecuentemente, creyendo que no llegaría nunca. Trabajó un año y medio más, aunque bien y rápido, en un estado de nervios perpetuos (por miedo a realizarlo mal). Al cabo de solo 2 años se ha vuelto lo bastante segura de sí misma como para no tomárselo a pecho.

Una de sus primeras reflexiones cuando yo le decía que me exasperaba la ignorancia con que hacía las cosas: "Nos toman por máquinas; otros están ahí para pensar por nosotros" (exactamente las palabras de Taylor, pero dichas con amargura).

No tiene amor propio profesional. Cf. su respuesta el jueves de la 6ª semana.

Incomparablemente menos vulgar que la mayoría.

*Nenette* (Sra. A., aproximadamente 35 años (?). Hijo de 13 años, hija de 6 años y medio. Viuda. Chistes y bromas capaces de sonrojar a un regimiento constituyen casi toda su conversación. De una vivacidad y vitalidad extraordinarias. Buena obrera. Casi siempre consigue más de 4 fr. por día. Está hace dos años en el taller.

*Pero* guarda inmenso respeto por la instrucción; habla de su hijo: "Siempre está leyendo algo".

Su alegría, bastante vulgar, desaparece durante la semana en que está sin actividad. Hay que "contar cada moneda".

Dice de su hijo: "La idea de enviarlo al taller no me convence". Y, sin embargo, un observador superficial podría creer que ella es feliz en el taller.

† *Joséphine*
† *Eugénie*

*Obreros:*

† El *encargado* del almacén (Pommera)

*Historia:* nació en el campo, en una familia de 12 hijos. A los 9 años cuidaba las vacas; a los 12, consigue su certificado de estudios. Antes de la guerra nunca trabajó en una fábrica; lo hacía en garajes. Nunca hizo estudios ni recibió cultura técnica o general que no sea la que recibió en los cursos nocturnos. Ya casado hizo la guerra en los Zapadores alpinos. Entonces perdió lo poco que había ahorrado y, por eso, al volver, debió trabajar en una fábrica como jefe de sección (?). Ignoro qué es lo que hizo durante los 4 primeros años, pero luego fue capataz durante 6 años en las prensas, en otro taller, y los 6 últimos años, en el almacén de herramientas en Alsthom. En todos lados, dice, ha estado muy tranquilo. No obstante, me desea que no me quede en las máquinas tanto tiempo como él.

*Trabajo:* Entrega las herramientas marcadas en los pedidos (esto puede hacerlo cualquiera). A veces modifica el pedido, permitiendo reemplazar, por ejemplo, 3 operaciones por 2, de donde resulta una economía para la casa. Esto le ha ocurrido en varias ocasiones. (Hay que estar muy seguro de uno mismo). Tiene la seguridad que comporta la conciencia de saberse un hombre apreciado, y al que nadie se atrevería a molestar.

*Cultura:* Técnica: conoce el torno, la fresadora, la ajustadora. A diferencia de los capataces, él explica maravillosamente bien cómo hay que hacer las cosas allí.

¿Cultura general? Se expresa muy bien. ¿Qué otros personajes?

El violinista. Rubio alto. El chico del horno. Lector del *Auto*. El chico simpático del taladro. El pequeño que me acompañaba en el trabajo del horno. El joven italiano. Mi "novio". El hombre gris de la cizalla. El joven cortador llamado Bretonnet. El peón nuevo. El chico del transporte aéreo. El equipo de 2 obreros para la reparación de máquinas. […] [La máquina de Biol, la máquina de Ilion].

ΔET

¿Solidaridad obrera? Nada de solidaridad anónima.

Ej. Luisette.

Darles el sentimiento de que tienen algo propio de ellos para donar.

Los delegados obreros, seguridad contra la amenaza de despido.

¿Atribuciones?

Seguridad.

Organización de paros parciales.

Reivindicaciones.

¿Control de los obreros sobre la contabilidad?

¿Diario de cuentas?

¿Innovaciones técnicas y de organización?

¿Conferencias?

¿Primas contra el despilfarro?

## Elogios

¿Cómo son estas preocupaciones suplementarias?...

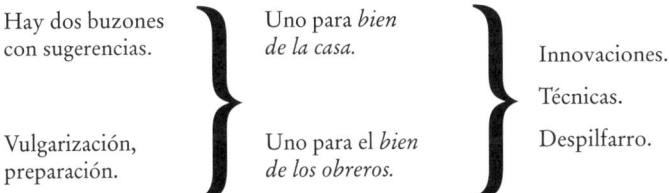

Hay dos buzones con sugerencias.

Vulgarización, preparación.

Uno para *bien de la casa.*

Uno para el *bien de los obreros.*

Innovaciones.

Técnicas.

Despilfarro.

Contar el incidente burocrático[11]... Enlace.

"Trampa de los capitalistas": renovación de las herramientas. Uno renueva las herramientas ya amortizado. Otros deben hacer lo mismo, aunque no lo amorticen (porque se calcula el precio de coste particular, no general). La siguiente vez. El primero sufre a su vez.

Candidez de un hombre que nunca sufrió.

11. Cfr. "Diario de fábrica".

## D. EN BUSCA DEL CONTRATO

*Lunes.* Sola. En Issy. Empresa Malakoff. Paso por una situación enojosa. Nada digno de señalar.

*Martes* (bajo lluvia). Con una obrera; me habla de su hijo de 13 años, al que ha dejado en la escuela. "¿Sin instrucción, que puede llegar a ser? Un mártir, igual que nosotras".

*Miércoles* (un clima divino). Con dos ajustadores. Uno tiene 18; otro, 58. *Muy* interesante, pero muy reservado. Un hombre según las apariencias. Vive solo; la mujer lo plantó. Tiene su "Violín de Ingres", la fotografía. "Hemos matado el cine, al hacerlo hablado, en vez de dejarlo ser lo que es verdaderamente: la más bella aplicación de la fotografía". Recuerdos de la guerra, en un tono singular, como de una vida que se asemeja a otra. Un trabajo, solo que más duro y más peligroso (fue artillero, es cierto). "El que diga que nunca tuvo miedo miente". Pero él no parece haber sufrido tanto el miedo hasta el punto de quedar interiormente humillado. Sobre el trabajo: "Se exige cada vez más a los profesionales, desde hace algún tiempo; habría que tener conocimientos de ingeniero". Me habla de los "desarrollos". Hay que conocer las dimensiones de la chapa con la que después se hará una pieza con curvas y líneas quebradas.

*[Tratar de saber del modo más preciso lo que es un desarrollo].*

Una vez, falló un ensayo, en cuanto pude entender, porque había olvidado multiplicar el diámetro por $\pi$.

A su edad, dice, nos da gusto el trabajo (ese trabajo al que, siendo jóvenes, nos volcábamos con pasión). Pero no se trata del trabajo en sí, sino de la subordinación. La chapa... "Habría que poder trabajar para sí". "Me gustaría hacer otra cosa". Trabajaba en la ciudad de Mureaux, pero cree que pueden echarlo pronto por haber fallado algunos bonos hace algún tiempo. Se queja de las oficinas que miden el tiempo: "No pueden darse cuenta". Discusión con el encargado por unas piezas que hay que hacer en 7 minutos, y él necesita 14; el encargado, para mostrarle, hace una en 7 minutos, pero, dice, fallada. (¿Será eso el ajuste en serie?).

Habla de sus trabajos pasados. De las planchas. Ha sido mecánico en una textil: "Eso es un sueño". Pasaba el tiempo haciendo cosas para él. Ni siquiera se dio cuenta, evidentemente, de la miserable suerte de los esclavos. Afecta cierto cinismo. Y, sin embargo, es evidentemente un hombre de corazón.

Esa mañana tenemos una conversación entre tres extraordinariamente libre, cómoda, de un nivel superior a las miserias de la existencia que son la preocupación dominante de los esclavos, sobre todo de las mujeres. Después de Alsthom, ¡qué alivio!

El más joven también es interesante. Al pasar junto a Saint Cloud, dice: "Si estuviera en forma (desgraciadamente no lo está, porque tiene hambre), yo dibujaría". "Todo el mundo tiene algo que le interesa". "Yo, dijo el otro, la fotografía". El más joven me pregunta: "¿Cuál es tu pasión?". Confundida, respondo: "La lectura". Y él dice: "Sí, ya lo veo. No novelas, sino más bien filosofía, ¿no?". Entonces hablamos de Zola, de Jack London.

Los dos, evidentemente, son de tendencia revolucionaria. Palabra muy impropia: más bien tienen ellos una conciencia de clase y un espíritu de hombres libres. Pero cuando se trata de defensa nacional, ya no nos entendemos más. Yo no insisto más.

Camaradería total. Por primera vez en mi vida, en resumen. Sin barreras, ni en la diferencia de clases ya que se han suprimido, ni en la diferencia de sexos. Milagroso.

## E. DOMINGO DE PASCUA

Al volver de la iglesia, donde tontamente esperaba escuchar canto gregoriano, caigo en una exposición en la que se ve un telar de tipo Jacquard *en marcha*. Yo, que tan apasionada y vanamente lo había contemplado en el Conservatorio de Artes y Oficios, me apresuro a entrar. Explicaciones del obrero, que me ve interesada (al salir, dos rondas de licor Claquesin, ¡está muy intrigado conmigo!) Hace todo: cartón (según un dibujo del cartón, no de la tela; dice que sabría encontrar por sí solo el dibujo del cartón (?) y también leer en el cartón el dibujo de la tela (?); sin embargo, cuando le pregunto si sabría leer en el cartón las *letras* que hay que tejer en la tela dice —y con dudas— que sí, pero no con soltura). Montaje de la máquina, es decir, disponer todos los hilos sin error, con un trabajo muy minucioso, y tejer, moviendo la nave y pedaleando. Pedal pesado a causa de las agujas y de todos los hilos levantados. Pero dice que nunca se cansa. Por fin comprendí, más o menos, la relación del cartón, las agujas y el hilo. Dice que hay un telar Jacquard en cada industria textil de estampados, para las muestras; pero piensa que eso va a desaparecer. Está excesivamente orgulloso de su saber…

## F. SEGUNDO EMPLEO, DEL JUEVES 11 DE ABRIL AL MARTES 7 DE MAYO, CALLE DEL VIEUX-PONT DE SÈVRES, BOULOGNE-BILLANCOURT.

*1ª Jornada.* En el Taller de Gautier: bidones de aceite [después, máscaras de gas]. (Son talleres estrictamente especializados). Cadenas y algunas prensas. Me mandan a una presa.

Piezas     Piezas para estampar.

El punto sirve para determinar el sentido; la pequeña prensa, el pedal suave; lo que me cuesta es seguir el punto. Hay que contar sin saber cuál es el control; las cuento a conciencia; me equivoco. Las ordeno y las cuento de a cincuenta; luego lo hago más rápido. Me esfuerzo, aunque no al máximo, y hago 400 por hora. Trabajo más duramente de lo que se trabaja generalmente en Alsthom. Por la tarde, cansancio inmenso aumentado por la atmósfera cargada, olores a colorantes, barnices, etc. Me pregunto si podré mantener el ritmo. Pero a las 16 h, Martín, el encargado (un buen mozo de aspecto y de voz agradable), viene a decirme, de manera muy educada: "Si no llega a 800 piezas, no la mantendré. Si hace 800 en las 2 horas que quedan, *quizá permitiré* que se quede. Hay algunos que llegan a 1.200". Me esfuerzo llena de rabia por dentro, y llego a hacer 600 por hora, escamoteando algunas piezas y cambiando el sentido. A las 5:30 h viene Martín a hacer las cuentas y dice: "No es suficiente". Después me pone a ordenar las piezas de otra que no tiene ni una palabra ni una sonrisa para recibirme. A las 6, con una rabia concentrada y fría, voy al despacho del jefe de taller y le pregunto, a bocajarro: "¿Tengo que venir mañana por la mañana?". Dice bastante sorprendido: "Sí, venga, en cualquier caso, ya veremos. Pero hay que trabajar más rápido". Respondo: "Trataré", y me voy. En el vestuario, sorpresa al escuchar a las otras damas bromear y tontear sin que parezcan tener adentro la misma rabia que yo. Por lo demás, la salida de fábrica es rápida, y hasta que suena el timbre se trabaja como si faltaran horas por delante. Aún no ha sonado el timbre y ya todas se levantan como empujadas por un resorte, corren para fichar, corren al vestuario, toman sus cosas e intercambiando algunas frases, corren a sus casas. Yo, a pesar de mi cansancio, tengo tanta necesidad de aire fresco que voy a pie hasta el Sena. Me siento en la orilla, sobre una piedra, apagada, agotada y con el corazón apretado por la rabia impotente, sintiéndome vacía de toda sustancia vital. Me pregunto si, en el caso en que esté condenada a esta vida, podría cruzar el Sena todos los días, sin arrojarme en él algún día.

El día siguiente a la mañana, de nuevo con mi máquina. 630 la hora, agotando desesperadamente todas mis fuerzas. De pronto Martin, que se acerca seguido de Gautier, me dice: "¡Pare!". Yo lo hago, pero me quedo sentada frente a mi máquina, sin comprender lo que se requiere de mí. Eso me vale un reto, puesto que cuando un jefe dice: "Pare", parece que inmediatamente hay que ponerse de pie y estar a las órdenes, dispuesta a saltar sobre el nuevo trabajo que te va a indicar. "Aquí no se duerme". Efectivamente, ni un segundo. En ese taller, de 9 h por día, no hay ni un segundo que no sea de trabajo. Nunca vi a una obrera que sacara los ojos de su trabajo, ni a dos obreras charlando. Inútil agregar que, en este taller, los segundos de vida de las operarias es lo único que se ahorra con esmero; en otras áreas despilfarro y mucho desperdicio. No he visto ningún jefe como Mouquet. Gautier, por su lado, parece que trabaja hostigado a las obreras. Me mandan a una máquina en donde se trata solamente de ensartar unas tiras metálicas finitas flexibles, doradas por debajo y plateadas por arriba, teniendo cuidado de no poner dos juntas al mismo tiempo y "a toda velocidad". Pero con frecuencia están pegadas. La primera vez que metí dos juntas —lo que causa el paro de la máquina—, el capataz viene a arreglarlo. La segunda vez le aviso a Martin; él me manda volver a la primera máquina mientras se arregla la otra. Aproximadamente 640 por hora. A las 11 h viene una mujer con una sonrisa gentil para llevarme a otro taller: me meten en una gran sala iluminada, a un lado del taller, donde un obrero le enseña a otro cómo se usa la pistola neumática…

[Olvidé anotar mi impresión del primer día, a las 8 de la mañana, al llegar a la oficina de empleo. A pesar de mis temores, me siento feliz, con reconocimiento hacia el taller, como una desocupada que encuentra trabajo. Me encuentro 5 o 6 obreras que me sorprenden por su aspecto lúgubre. Las interrogo, pero casi no responden. Entonces, me doy cuenta de que este taller es un campo de trabajos forzados (ritmo desaforado, dedos cortados a profusión, despidos inescrupulosos) y que la mayoría viene de trabajar aquí —ya sea que las echaron a la calle en otoño, ya sea que hayan huido—, y vuelven con rabia, mordiendo el freno].

La puerta abre 10 minutos antes de la hora; es un modo de decir. Lo que se abre antes es una puertita en el portal. Cuando suena el primer timbre (de 3 a 5 minutos de intervalo), la puertita se cierra y se abre una mitad del portal. Lo días de lluvia empedernida es un espectáculo ver el rebaño de mujeres llegada antes de que "abra", que se quedan paradas bajo la lluvia, al costado de la puertita, esperando que suene el timbre, a causa de los robos (véase lo que pasa en el refectorio). No hay protestas. No hay reacción.

Una chica linda, fuerte, fresca y sana dice una vez en el vestuario, después de una jornada de 10 horas de trabajo: "Ya estamos hartas de la jornada, por suerte tenemos el baile del 14 de julio". Le digo: "¿Cómo puede pensar en bailar después de 10 horas de trabajo?". Ella, riendo: "¡Claro! Yo bailaría toda la noche". Y luego, seriamente: "Hace cinco años que no bailo. Tengo ganas de bailar, pero termino bailando en casa, delante de la colada de ropa".

Dos o tres, melancólicas, con una sonrisa triste, que no son de la misma especie vulgar de las otras. Una de ellas me pregunta cómo estoy. Le cuento que estoy en un puesto tranquilo. Con su sonrisa dulce y melancólica: ¡tanto mejor! ¡Esperemos que siga ahí! Y eso se repite dos o tres veces.

Los que sufren no pueden quejarse de su vida ahí. Serían incomprendidos por los otros. Los que no sufren se burlarían, incluso de ellos, y serían considerados como molestos por los que, sufriendo, ya tienen bastante con su propio sufrimiento. Por todas partes encuentro la misma dureza en los jefes, con raras excepciones.

En la sala de pintura. Observo 5 obreros. El carpintero —mi amigo del camión—; el "tipo de abajo" (del estaño), medio jefe de equipo. El electricista, antiguo marino. Su paso era para mí y mi compañero como un soplo de aire fresco. Y el mecánico (por desgracia, apenas se lo ve).

[Observación: separación de sexos, desprecio de los hombres hacia las mujeres; reserva de las mujeres hacia los hombres, a pesar de intercambiar bromas obscenas, mucho más frecuentes entre los obreros que en otros ambientes].

Obreras: la vieja troqueladora que, hace 7 años (a los 28: en plena prosperidad), tuvo una salpingitis y consiguió que la sacaran de las prensas años después; cuando ya estaba con el vientre completa y definitivamente demolido. Habla con amargura. Nunca tuvo la idea de cambiar de sala, ¡y lo hubiera conseguido fácilmente!

## G. POR SEGUNDA VEZ EN BUSCA DE TRABAJO

Fui despedida el martes 7 de mayo. Miércoles, jueves, viernes los paso en la nefasta postración que provocan los dolores de cabeza. Viernes por la mañana tengo la valentía de levantarme a tiempo para llamar por teléfono a Detœuf (director de Renault). Sábado y domingo, descanso.

*Lunes 13*. Delante de la Renault. Escucho una conversación entre tres, a los que tomo primero como profesionales. Uno de ellos, que escucha con aire pícaro, de fina fisionomía, será tomado y no lo volveremos a ver. Un viejo obrero manual especialista en prensas, figura curtida de trabajador, pero con una inteligencia degradada por la esclavitud. Comunista de la vieja guardia: son los patrones los que hacen los sindicatos confederados. Ellos eligen a los jefes sindicales. Estos, cuando la cosa no marcha, van a decirle al patrón: "Ya no podré contenerlos más… Incluso me lo contó uno de ellos". Y después les dicen a los obreros: "Las huelgas no triunfan cuando hay desocupación; van a sufrir", etc. En resumen, todas las tonterías inventadas por los tipos bien ubicados. El tercero, un muchacho del edificio, de tendencias sindicalistas, trabajó en Lyon, un tipo muy servicial.

*Martes 14.* Por la mañana: inercia. Por la tarde, Saint-Ouen (Luchaire). Tomamos la plaza…

*Miércoles 15.* Voy a la puerta de Saint-Cloud, pero saco tiempo para telefonear a Detœuf. Es muy tarde para ir a la Renault o a Salmson. Voy a ver en Caudron. Ante la puerta, una media docena de profesionales, todos relacionados con la aviación: carpinteros, ajustadores. Siempre la misma cantinela: "Los profesionales que piden no los van a encontrar. Esos ya no se hacen más…". Se trata de lo mismo de siempre: los desarrollados. En cuanto puedo entender, hay dos tipos de ensayo; los de "cola redonda":

que debe encastrarse *exactamente* en una chapa que no se puede limar, y los desarrollados. Por lo visto los ajustadores tiene algo de artistas.

El ajustador con el que estoy ligada en el trabajo es, por su apariencia, una bestia pesada. Posee certificados magníficos. Una carta de recomendación del Conservatorio de Artes y Oficios (donde fue aprendiz hasta los 19 años): "Mecánico que hace honor a su oficio". Vive en Bagnolet (¿en una barraca propia?) lo que le complica para buscar trabajo. Así se entiende su rechazo de trabajar más de 8 horas, pero creo que no es solamente eso. En Renault hacen 10 h. Demasiado para él. Con el tren, etc., "el domingo nos podemos quedar acostados para descansar" (o sea que la plata le da igual). "Para mí 5 h está bien". Ha sido encargado más de una vez (lo confirma el certificado). Pero me dice que es demasiado revolucionario: "Nunca pude apretar a los obreros". Su error de interpretación hacia mí está en la actitud que tuvo después. Al dejarme: "¿Usted está enojada conmigo?". Debe venir a verme a mi casa. No estuvo en la puerta de Renault al día siguiente. Y al otro día llaman a la puerta de mi casa. Estoy acostada y no atiendo. ¿Era él? Nunca más oí hablar de él…

Otro día, delante de Gévelot, el tipo de pelo blanco que, antes de la guerra, quería ser músico. Dice ser contador (pero se equivoca en los cálculos más elementales); busca trabajo de peón. Es un fracasado y da lástima. Esperamos bajo la lluvia de 7:15 h a 7:45 h, después de lo cual "no hay trabajo". En Renault, contratación terminada. Una hora de espera en la Salmson.

Otra vez más en lo de Gévelot. Hacen pasar a las mujeres. Groserías. Dureza del tipo que contrata —¿será el jefe de personal?—, que grita a un encargado, y este le responde con humildad (da gusto ver eso). Nos mira de arriba abajo, como a los caballos. "Esta es más fornida". ¡Y qué manera de interrogar a la chica de 20 años que, 3 años antes, se había retirado por embarazo! Conmigo es atento; se queda con mi dirección.

Recuerdo a la madre de dos niños que decía que quería trabajar porque se "aburría en casa". Su marido trabajaba 15 h por día ¡y no quería que ella trabajara! Y la indignación de otra, madre también de dos niños; se sentía muy desgraciada por tener que trabajar (en la Salmson).

En otra ocasión (?), me encuentro con una pequeña que me dice: "La baja de la cotización del franco va a traer hambruna, lo han dicho en la radio".

Otra vez, en Ivry, dando vueltas por la calle. "Mujeres, no". Dolor de cabeza...

En otra ocasión, en la puerta de Langlois (pequeño taller), en Ménilmontant, a las 7 h, como indicaba el cartel. Espero hasta las 8:30 h. Después, a Saint-Denis, pero ya es muy tarde.

Vuelta a Saint-Denis. Muy cansador eso de caminar cuando no se ha comido...

De nuevo en lo de Luchaire, en Saint-Ouen, antes de las 7:30 h (es el mismo día en el que, por la tarde, seré empleada en Renault).

La última semana decidí no gastar más de 3,50 fr. por día, incluyendo los transportes. El hambre se hace una sensación permanente. ¿Es más o menos doloroso que trabajar y comer? He ahí una cuestión sin resolver, pero, sí, en definitiva, más duro.

## H. RENAULT

Fresadora.

*Miércoles 5*. Es el primer día de trabajo, de 13:30 h a 17 h. Rostros a mi alrededor; el obrero joven y lindo; el chico del edificio y su mujer.

Emociones muy fuertes el primer día de empleo y al día siguiente, yendo a enfrentar lo desconocido. Voy en metro matutino, llego a las 6:45 h. Siento fuerte aprehensión, hasta sentirme mal físicamente. Advierto que me miran; debo estar muy pálida. Si alguna vez tuve miedo, fue ese día. Tengo la mente llena de un taller con prensas y 10 horas por día, jefes brutales, dedos cortados y calor, y dolores de cabeza, y la anciana obrera de las prensas con la que estaba hablando en la oficina de contratación no contribuyó a animarme. Al llegar al taller 21, siento desfallecer mi voluntad. Pero al menos no son prensas, ¡qué suerte!

Cuando hace tres meses oí contar la historia de la fresadora que había atravesado la mano de una operaria, me dije que, con semejante imagen en la memoria, nunca me sería fácil trabajar en una fresadora. No obstante, con relación a esto, en ningún momento tuve que sobreponerme al miedo.

*Jueves 6.* De 8 h a 12 h miré. De 14:30 h a 22 h trabajo. 400 las dos primeras horas. En total, 2.050. Perdí 1 hora y media o más por falta de ajustador. Al salir, estoy agotada.

El inconveniente de la situación de esclava es que una se siente tentada de considerar a seres humanos realmente existentes como sombras pálidas de la caverna. Ej.: mi capataz, ese chancho joven. Reacción necesaria. Me pasó después de varias semanas.

Idea de Dickmann. Pero si los obreros encuentran otros recursos y un trabajo *libre*, ¿se resignarían a llevar esa velocidad de esclavos? (Si no, ¡tanto mejor!).

Los que me dicen que no hay que reventarse en el trabajo. Pienso en el encargado de otro equipo, que está al fondo del taller —lo supe más tarde—. Muy amable, de una bondad positiva —cuando, por el contrario, la de Leclerc, mi jefe, proviene más bien del "me da igual"—. En las pocas ocasiones que tuve de dirigirme a él, siempre se ha mostrado particularmente amable conmigo. Un día me mira al pasar, cuando yo estaba trasvasando con las manos grandes bulones a una caja vacía… No olvidar nunca a este hombre.

El encargado y la manivela. Me dice: "Intente así", cuando es evidente que la manivela se va a salir.

*Viernes 7.* Hago 2.500 exactas, agotada, más agotada todavía que la víspera (sobre todo después de 7:30 h). Philippe me mira riéndose. A las 7 h no había hecho más de 1.600.

La pequeña me dice en el metro: "No puedo más". Yo tampoco.

*Sábado 8.* 2.400, limpieza. Cansada, pero menos que la víspera (2.400 en 8 h, o sea, solamente 300 por hora).

*Martes 11.* 2.250 de los cuales 900 después de las 7 h. No muy forzada. Casi sin cansarme hasta la salida. Terminé a las 10 h.

*Miércoles 12.* Apagón de luz eléctrica ¡Felicidad!

*Jueves 13.* 2.240, terminé a las 9:30 h *(no había más piezas).* Antes de las 7 h hice 1.400. Y después, 840, de las cuales 330 antes de las 4 h. Violentos dolores de cabeza. Estaba deshecha a la salida, pero sin dolor muscular...

*Viernes 14.* 1.350 y 300 más. No estoy cansada.

*Sábado 15.* 2.000, terminé la limpieza a las 8:40 h; casi sin tiempo. No muy cansada, esta primera semana. Gracias a la amabilidad de los demás, la cuestión económica no ha sido acuciante esta semana.

[*Domingo.* Dolor de cabeza. La noche del domingo al lunes sin dormir].

*Lunes 17.* 2.450 piezas (1.950 a las 8:35 h). Al salir, cansada pero no agotada.

*Martes 18.* 2.300 piezas (2.000 a las 8:45 h). No forcé, no estaba cansada al terminar, pero con dolor de cabeza.

*Miércoles 19.* 2.400 piezas (2.000 a las 8:35 h). Muy cansada. El bastardo del capataz me dice que hay que hacer más de 3.000.

*Jueves 20.* Voy al taller con sentimiento excesivamente penoso. Me cuesta dar cada paso moralmente; al volver, físicamente. Estoy en un estado de semiinconsciencia en que soy víctima propiciatoria para cualquier golpe duro. De las 2:30 h a las 3:35 h, hago 400 piezas. De las 3:35 h a las 4:15 h, tiempo perdido por el montador, que enmienda mis errores. Piezas grandes. Tarea lenta y muy dura debido a la nueva posición del torno y de la manivela. Llamo al jefe. Discusión. Retomo el trabajo. Me freso la punta del pulgar. ¡Ese fue el golpe fuerte! Enfermería. Termino 500 piezas a las 6:15 h. No me quedan más piezas, y estoy tan cansada que eso me alivia. Pero me prometen más. Finalmente consigo 500 solamente, y a las 7:30 h, para terminar las 1.000 piezas. El rubio tiene miedo de que me queje al encargado. A las 8 h ya tengo 245. Hago las 500 sufriendo mucho en una hora y media. Tardo 10 min en el montaje. Funciona otra parte de la fresadora: ¡marcha! Hago 240 piezas pequeñas en media hora exactamente. Quedo libre a las 9:40 h. ¡Pero gané 16,45 fr.! No son las grandes piezas, pero un tanto mejor pagas. Me retiro a casa cansada.

Primera comida con las obreras (unos sándwiches).

El capataz de la gorra: "Si toca su máquina, ¡mándelo a pasear!... Ese destruye todo lo que toca...".

A propósito de las piezas que me hacen esperar me dice la operaria debutante: "El encargado dijo que, si esperamos, se puede compensar tomando parte del salario de la que nos hace esperar".

*Viernes 21.* Me levanté muy tarde y estuve lista en el momento oportuno. Voy al taller con esfuerzo; pero, contrariamente a lo que pasó la vez anterior, esta vez el esfuerzo es mucho más físico que moral. Sin embargo, temo no poder hacer lo suficiente. De nuevo este sentimiento de "aguantemos por hoy", como en Alsthom. La víspera se habían cumplido 15 días desde que estoy aquí. Y me digo que seguramente no podré aguantar más de 15 días...

Una vez allí, tengo que terminar 450 piezas y, después, 2.000: marcha bien, sin comentarios. Comienzo a las 2:35 h. Hago las 450 en 3:40 h. Sigo después a ritmo ininterrumpido, fijando mi atención en la pieza y manteniendo en mí la idea fija: "Hay que...". Creo que hay demasiada poca agua; pierdo mucho tiempo en buscar el balde, ¡que estaba en su lugar! Luego echo demasiada agua, se desborda; hay que sacar agua, buscar aserrín, barrer. El tipo de los tornos automáticos me ayuda amablemente. A las 7:20 h pierdo mucho tiempo, de un cuarto de hora a 20 min, buscando una caja. Finalmente encuentro una llena de viruta, voy a vaciarla. El capataz da la orden de devolverla. Obedezco. [Al día siguiente, la obrera del taladro me dice que ella es su mujer, y dice: "Yo no la habría devuelto". Simpática la taladradora; forman un grupo aparte]. Al fondo del taller 21B encuentro una caja, pero una obrera se opone a que la lleve; cedo, una vez más, equivocadamente. Renuncio. Sigo, y cuando tengo alrededor de 500 piezas las vacío, en parte sobre la máquina, en parte sobre una especie de bandeja tomada de la máquina que está detrás de mí, y meto las 150 piezas hechas en la caja. Manutención bastante larga y muy penosa, sin ayuda. Por fin termino a las 9:35 h. Voy corriendo a buscar 75 piezas más, para batir mi propio récord. Así llego a 2.525. Vuelta a casa, calle A. Comte. Me quedo dormida en el metro. Cada paso requiere un acto de voluntad propio. Una vez en casa, muy contenta. Leo, acostada, hasta las 2 de la mañana. Despertador a la 7:15 h, malhumor.

*Sábado 22*. Tiempo magnífico. Mañana alegre. Solo pienso en el taller cuando salgo. Sentimientos duros, pero menor sensación de esclavitud. La otra obrera no fue. Tomo una caja de 2.000 piezas, más las 75, se pone muy pesada. Comienzo a las 2:45 h. A las 15:45 h ya tenía quizá 425, lo que haría 500. Me cambian de máquina. Trabajo fácil y bien pagado, (3,20 fr. %), pero con una fresadora más peligrosa. Hago 350. Es decir, 4,20 fr. Termino hacia las 17:05 h. Pierdo 10 min. Vuelvo a mi máquina. Retomo a las 17:15 h. Velocidad que se agarra sola, sin obsesión artificial, sin forzar, y ahora solamente con un "ritmo ininterrumpido". Hice 1.850 piezas a las 20:30 h, es decir, 1.350 en 3 h, ¡450 por hora! 1 en 8 s. Comida alegre (aunque la "gorda" no está). Impresión de relajación, sábado por la tarde, sin jefes: dejar pasar… Todo el mundo (salvo, yo) se retrasa en el trabajo hasta las 22:25 h.

Vuelta a casa. Me detengo en la tienda de música. Aire fresco, delicioso. Me despierto en el metro; es como un resorte para caminar. Aunque estoy cansada, en definitiva, soy feliz.

*Lunes 24.* Mal dormida (comezón). Por la mañana, sin apetito, dolor de cabeza bastante violento. Sentimiento de sufrimiento y de angustia al principio.

Al llegar al taller, catástrofe: no vino mi compañera de equipo; se llevaron la caja en donde caen las piezas. Pierdo una hora hasta encontrar otra (se necesita un gran avance). Me pongo a trabajar; fresadora gastada. Un nuevo ajustador (de gris) lleva una semana en el taller, me la reemplaza (¡él mismo!). En esta ocasión se da cuenta de que por todas partes está desajustada. En concreto, "por lo menos hace diez años que ha desaparecido" el anillo que está de base de la máquina fresadora. Se asombra de que "los dos amigos" no la hayan devuelto. "Mi máquina es un viejo clavo", dice. Parece conocer bien su asunto. Finalmente me pongo a trabajar a las 4:30 h. Desanimada, y abrumada por el dolor de cabeza. Hago 1.850 piezas en 5 h; es decir, 400 por hora. Aun por la noche pierdo tiempo en buscar una caja y después, como no encontré ninguna, en trasvasar las que están en la bandeja a la máquina de al lado. ¡Qué pesadas para manipular!, la caja en la que han caído casi 16.000 piezas, que hay que trasvasar a otra. Vuelvo a casa cansada, pero no demasiado. Sobre todo, disgustada por haber hecho tan poco. Y muerta de sed.

*Martes 25.* Me despierto a las 7 h. Sesión en el dentista larga y cansadora. Dolor de muelas toda la mañana. Estoy casi retrasada. Calor. Me cuesta subir la escalera al llegar… Encuentro con mi nueva compañera de equipo (alsaciana). De nuevo debo buscar una caja… Tomo una, cerca de una máquina. Más tarde la propietaria llega, furiosa. Toma en su lugar la que tiene las piezas que hay que hacer y la vacía (quedaban 200). ¡De esta forma no adelantamos nada! Encuentro otra y voy a llenarla a paletadas en el torno. La devuelvo, ¡muy pesada! Luego, a las 14:55 h voy a la enfermería debido a las limaduras que me provoca un principio de absceso. Al volver me encuentro con las 2.000 piezas vaciadas cerca de mi máquina, puesto que en mi ausencia la propietaria primera había recuperado la caja. Nueva búsqueda. Me dirijo al jefe frente al ascensor. Me dice: "Voy a hacer que le den una". Espero... Me grita porque me quedo esperando. Vuelvo a mi máquina. Mi vecino me provee de una caja. En ese momento, aparece mi jefe (Leclerc) y empieza a gritarme. Le digo que, en mi ausencia, vaciaron las piezas. Va a aclarar las cosas con mi vecino. Recojo las piezas. Cambio la fresadora. ¡Al terminar me pongo a trabajar cuando son las 4:05 h! Con un disgusto que debo dejar de lado para ir rápido. Quisiera hacer al menos 2.500 piezas, pero me cuesta mucho mantener la velocidad. Las 200 restantes del otro cartón pasan rápido (en 20 o 25 min). Después se hace más lento.

Explico los efectos de este sistema a varios capataces. Hacia las 6:30 h, la máquina corta mal. El ajustador de gris desplaza la fresadora, la manipula, la vuelve a mover, y me parece que la deja en su lugar primitivo. Hasta las 7 h debo haber hecho unas 1.300 piezas, no más. Luego de la pausa, vuelvo a la búsqueda de una caja, otras manipulaciones, falta de cajas. A la 9:35 o 9:40 h terminé los cartones, son 2.200. Hago otras 50. Yo la había hecho arreglar por el joven capataz (Philippe) que me había hecho esperar 15 min. Pero ya lo había llamado demasiado tarde. Entonces, tenemos 2.250. Mediocre... A la vuelta debo esforzarme por caminar, pero no tanto como para no poder ir paso a paso.

No mantuve el "ritmo ininterrumpido". Molesta por mi dedo. También demasiada confianza.

Hay que estabilizar absolutamente la cuestión de las cajas. Y, en primer lugar, proponer a la operaria del turno que nos dé una caja cada dos. Nunca la dan, dice ella. Tampoco a nosotros. Cuando buscábamos una para 500, era distinto. Ahora es para 2.000...

*Miércoles 26.* Por la mañana, cansancio. No tengo más ánimo que para pasar una jornada. Agobio sordo, dolor de cabeza, desánimo, miedo, o más bien angustia (ante el trabajo, la caja, la velocidad). Tiempo pesado, como de tormenta.

Voy a la enfermería: "Se lo abriremos cuando sea necesario, y sin pedirle su opinión". Trabajo. Sufro del brazo, del cansancio, de los dolores de cabeza. (¿Tendré algo de fiebre? En todo caso, no durante la noche). A fuerza de velocidad llego a no sufrir durante espacios de tiempo sucesivos de 10 min cada cuarto de hora. A las 17 es la hora de pago. Después, estoy harta. Cuento mis piezas, limpio mi máquina y pido para irme. Voy a buscar a Leclerc (el encargado) en su oficina de jefe de taller. Me propone el seguro.

Espero media hora delante de esa oficina por culpa de la vigilante. Veo las complicaciones de las entregas. La camaradería de los encargados...

Al salir del dentista (martes por la mañana, creo, o quizá el jueves por la mañana), al subir al bus, reacción extravagante. ¡Cómo yo, que soy una esclava, puedo subir a este bus y usarlo por 12 monedas, al mismo título que cualquier persona? ¡Qué extraordinario favor! Si me hicieran bajar bruscamente diciéndome que esos medios de transporte tan cómodos no son para mí, me quedaría a pie y me parecería lo más natural. La esclavitud me ha hecho perder del todo el sentimiento de tener derechos. Me parece un favor tener momentos sin que tenga que soportar la brutalidad humana. Esos momentos son como si el cielo sonriera, como un don del azar. Esperemos que conserve este estado de espíritu, tan razonable.

Creo que mis camaradas no tienen este estado de espíritu en el mismo grado. No han comprendido plenamente que son esclavos. Las palabras "justa" e "injusta" conservan todavía cierto sentido para ellos, pero como lo requiere la situación de total injusticia actual.

*Jueves 4 de julio.* ¡Gracias al cielo no vuelvo a mi fresadora! (Ocupada por otra que tiene aire de hacer y hacer...). Me mandan a una máquina pequeña que saca la rebaba de los agujeros roscados (para tornillos). Dos especies de piezas, clavos de 1ª y 2ª. 1.300 piezas de la primera (1 fr. 50 %); 950 (?) de la segunda (0 fr. 60 %). Y 260 piezas lijadas con la cinta de pulido (1 fr. %).

*Viernes 5 de julio.* Al día siguiente, feriado, ¡que felicidad! Dormí mal a causa de las muelas. Por la mañana, sesión con el dentista. Dolores de cabeza, agotamiento, también una inquietud que no arregla nada. ¡Llevo trabajando nada más que 3 semanas! Sí, ¡3 semanas no son un día! ¡Son *n* veces un día! Y luego hace falta ánimo para aguantar un día, un solo día, aunque sea apretando los dientes con la valentía de la desesperación. La víspera, el joven italiano me dijo: "Usted adelgaza demasiado"; me lo había dicho 10 días antes. Estos son mis sentimientos *mientras* voy al trabajo.

Al límite de mis fuerzas, al ver a mis vecinas —con las máquinas para hendir las cabezas—, prepararse para lavar la máquina, instigada por ellas, voy a pedirle a Leclerc permiso para salir a las 7 h. Me responde secamente: "¡No habrá venido usted solo para hacer dos horas, digo yo!". Philippe me hace esperar por la noche no sé cuánto tiempo, para fastidiarme. Pero me embarga el disgusto...

Se diría que, por convencionalismo, el cansancio no existe... Seguramente, como el peligro en la guerra.

Semana siguiente: lunes 8 a viernes 12.

*Lunes, martes.* Comienzo los dos días a las 7 h con un cartón de 3.500 piezas (¿de latón?).

*Miércoles.* Saqué 8.000 piezas, o casi, en la jornada. Terminé el cartón de la víspera a las 10:45 h. Hago un cartón de 5.000, recomenzado a las 11:45 h. Termino a las 18 h, agotada. Voy a cenar con A. Eran piezas fáciles, no sé muy bien de qué, de latón y las otras de acero, me parece. "Ritmo continuado".

*Jueves.* Agotada, reventada por el esfuerzo de la víspera, voy muy lenta.

*Viernes.* Trabajo en la red de metal. Con la mujer del italiano. Por la tarde: reunión de la revista *La Révolution Prolétarienne.* Louzon no me reconoce. Dice que cambié de aspecto y que tengo "un aire más robusto".

## I. INCIDENTES NOTABLES

El capataz de gris (Michel) y su desprecio por los otros dos, sobre todo por el "idiota".

El montaje mal hecho rompe la fresadora; incidentes. El montador idiota había hecho un montaje que solo servía a medias. Cuando se apoyan sobre la fresa, ha ocurrido muy seguido que la fresa se detiene. Ya me ha pasado una vez, y me dijeron: "No está suficientemente apretada". Entonces voy a buscar al ajustador y le pido que la apriete un poco más. Primero no quiere venir y me dice que es culpa mía, porque apoyo demasiado fuerte. Por fin viene y dice: "No es aquí donde está el desperfecto —mostrando los bloques de ajuste de la fresadora—, sino ahí —mostrando la polea del árbol porta-fresas y la correa—, donde la máquina se tensa" (???). Y se va. Yo sigo. Por último, una pieza se atasca en el montaje y rompe 3 dientes. El capataz va a buscar a Leclerc para que me reprenda. Leclerc le rezonga a él, por haber elegido ese montaje, y dice que la fresa aún puede funcionar. Media hora o un cuarto de hora después, Leclerc vuelve y le digo: "A veces la fresadora se para". Me explica, con un tono desagradable, que no es una máquina sólida y que probablemente la cargo demasiado. ¡Me muestra cómo se trabaja, sin darse cuenta de que está haciendo como máximo 600 por hora, y hasta ahí llega! [o sea, 2,70 fr.]. (No puedo cronometrarlo…). Pero, incluso de esta manera, la fresadora se hace más lenta cuando se carga. Le señalo eso y dice que no importa. Llega un momento en que la fresadora se detiene totalmente y no arranca más. Llamo al capataz, que ya se apresta a gritar. Mi vecina dice: "Está demasiado cargada". Otra vez se repite lo mismo: la máquina, al girar, aprieta automáticamente el árbol si cierto bulón, que debe fijar el árbol, no está bien ajustado.

Lo aflojamos cada vez que lo giramos en sentido inverso de la fresa.

Dificultad (para mí) de pensar la máquina tanto delante de ella como lejos de ella…

¿Cuáles pueden ser las causas por las que se detiene la fresadora? (¿También el árbol se había parado? Olvidé señalarlo). Puede ser por el juego, por la fresadora o por la pieza (como era el caso). La máquina opone una resistencia demasiado fuerte, cuando se le pide más trabajo del que puede hacer. ¿Era eso lo que quería decir el idiota? [Pero ¿qué es lo que determina la potencia de una máquina?].

Para estudiar: lo noción de la potencia de una máquina.

Carta de Chartier. Sierra y cepillo. Tal vez para la máquina sea de otro modo…

Investigar cómo las máquinas sacan su potencia de un único motor. Si están ordenadas por series en fuertes o débiles.

*Miércoles 17.* Al volver, tiempo fresco. Menos sufrimiento moral de lo que temía. Me encuentro dócilmente sometida al yugo.

Estoy sin trabajo. Me ponen del lado de los tornos automáticos, los Cuttat, que yo había estudiado durante los 4 días de vacaciones.

† Espero el aceite hasta las 8:30 h.
† Tornillos 4 x 10 de acero, 7.010.105 | 041.916 | 1 fr.
† 5.000 a 4,50 fr., o sea 23,50 fr.

¿? pequeña serie que me dio Leclerc, que Michel no ha logrado montarlo después de tres cuartos de hora.

Llega cuando Michel lleva 45 min trabajando en el montaje. "¿Quién le dio esas piezas para hacer?". Contesto: "¡Usted!". Es amable. Me hace cambiar de piezas. ¡Tres cuartos de hora perdidos, sin pago! Michel dice que se hubiera podido hacer… Va a montarlas en otra máquina (la de la pequeña que busco para él). Al respecto, conversación con él sobre Leclerc. ¿Conoce bien las máquinas? Unas sí; otras, no tanto. Michel me cuenta que ha sido jefe de equipo 2 meses, ¡lo sacaron porque era demasiado buen muchacho! "Pero este no es mal tipo". Michel piensa que no quedará. Pero él estaba allí cuando la pequeña española llegó, hace un año y medio.

† Tornillos 4 x 8 acero (7.010.103) 043408 | fr. 1.
† 5.000 a 4,50 fr., m 1 fr., son 23,50 fr.

No los terminé.

*Jueves 18.* Termino los C 4 x 8.

† Tornillos de latón (740.657 *bis* ‖ 1.417 (!), con guía especial de sierra: 127 | 2).
† 100 (!!!) a 0,0045, o sea 1,45 fr.
† Ajuste del latón | 6.005.346 | 027.947, 1 fr. o bien 1,5 fr. (?)
† 600 a 0,045, sea 2,25 fr. + 0,45 fr. = 2,70 fr. (¡con la fresadora al revés!).

Nuevo capataz (¿obrera manual especializada? A verificar). Me pregunta "¿para qué sirve esto?". Me hace buscar el dibujo. Eso lleva mucho tiempo y no ayuda en nada…

Dos días ganados (18 h) 23,50 fr. + 23,50 + 1,45 fr. + 2,70 fr. = 51,15 fr.

¡No 3 fr.! ¡2,85 fr.! Eso ganaré y la semana antes del 19, jueves y viernes (en total: 7 + 7 + 9 + 10 + 9 + 10 + 9 + 18 h = 79 h).

Los tornillos de acero C 4 x 8, primero hago un paquete de 1.000. Voy a lo de Goncher por el resto: no está listo. Apenas logro que no me grite (aunque yo tendría derecho de queja). Vuelvo a la tarde por los otros 4.000, pero voy de a 4 o 5 veces y en cada una espero mucho tiempo. Esto me lleva a admirar los Cuttat… El joven capataz, me parece, termina de enterarse de que yo no odio esperar así.

## J. INCIDENTES

Cambio de capataz. El gordo incapaz se fue el martes por la tarde. (¿Quién sabe lo que le habrá pasado?). Ha sido reemplazado por otro que, según parece, viene de otra parte del taller y este no tiene nada de despreocupado. Nervioso, de gestos febriles, bruscos. Le tiemblan las manos. Me da pena. ¡Tarda una hora para montar! (¡600 piezas!). ¡Y, además, pone la fresadora al revés! (A pesar de todo, anda. Yo, felizmente, cobré).

Trato de hacer el montaje yo misma. Ignoro el *tema* de los anillos. (Están compuestos de dos cilindros huecos de diferentes diámetros). Lo observaré fácilmente la próxima vez que se desmonte… La verdadera dificultad es la debilidad muscular: no llego a aflojar los tornillos.

Conversación con Michel. ¿Cuál es la competencia técnica de Leclerc? "Para algunas máquinas, positiva; no para otras". No es obrero. No es malo, pero "lo cambiarán".

Me había dado piezas que van mal en esta máquina.

*Viernes 19 de julio.* Tornillos de acero de mala fijación, 7.051.634 | 054.641 | 1 fr. o 1,50.

 † 1.000 a 5 fr., o sea 6 fr (montaje difícil y algo defectuoso).
 † 7 tapones (pequeños | 7.050.846 | 041.784 | 1,5 fr.
 † 3.000 a 5 fr. o sea 16 fr. | trato de hacer pasar 3 montajes, pero…).

† Tornillos 5 x 22 (?) | 7.051.551 | 039.660 | 1,2 fr. 550 (!) a 0,0045, son 2,25 fr. + 0,235 fr. + 1 fr. = 3,50 fr. (aprox.).

† Tornillo que fija la corona | 7.050.253 | 45.759 | 1 fr. 500 (!) a 0,005, m 1,75 fr. es decir 3,75 fr.

† 6 fr. + 16 fr. + 3,50 fr. + 3,75 fr. = 29,25 fr.

En 9 h, son 3,25 fr. por hora; 27 fr. + 2,25 fr. ¡Justo! Pero, en realidad, 8 h (hora de limpieza), lo que hace más de 3,50 fr.! Para ser exactos: 3,65 fr. Pero es cierto que la víspera había hecho una buena partida con los tornillos de acero…

*Sábado.* Dolores de cabeza violentos, estado de angustia. Por la tarde, mejor, pero lloro en lo de B.

*Domingo.* Arte italiano.

*Lunes 22.* Termino las piezas del viernes, en 10 o 15 minutos. Monto yo misma la fresa por primera vez, salvo colocar la pieza del medio, que no pude, y tuve que llamar y esperar al capataz. Después del cambio de montaje, tampoco funciona. Llamo al capataz (de lentes) para poner las piezas en el medio —cosa que no hace—, y pasa un tiempo infinito para regular la profundidad del corte. Terminó a las 10:30 h, hice entonces un cartón de 1.000 piezas; gané 5,70 fr. en 3 horas. Hago otro cartón de 1.000. Las piezas pequeñas con el "lado doblado" en cobre rojizo. Algunas no aguantan en el montaje; quiebro dos dientes. A las 12 h apenas comienzo otro cartón de 2.000 piezas de latón. Gané 1 fr. + 3,70 fr. + 1 fr. + 5 fr. + 1 fr. = 11,70 fr. Cuando haya terminado el cartón, tendré 20,70 fr. Tengo que *hacer* 2.000 más.

† Tapón de conducto circular, cobre rojizo, 6.002.400.[12]

† 1.000 a 3,70 fr. + 1 fr.; es decir 4,70 fr.

12. Así aparece en el texto original, corresponde al número de la pieza. [N. del T.]

- † *Id.* más pequeño, 1.000 a 5 fr. + 1 fr., es decir, 6 fr.
- † Por la tarde.
- † Tornillos de latón, 705.700 | o | 079.658 (0,8 fr.).
- † 2.000 a 4 fr. + 1 fr.; es decir 9 fr.
- † Tapón (grande) 6.002.400 | 071.844.
- † 1.000 a 3,70 fr. es decir 4,70 fr.
- † *Id.* 071.848.
- † 1.000 a 3,70 fr.; es decir 4,70 fr.
- † Tornillos de latón 70.500 | 379.652 | 0,8 fr.

Solo comencé. Gané 4,70 fr. + 6 fr. + 4,70 fr. + 4,70 + 1 fr. + 9 fr. = 30,10 fr.

Leclerc me manda llamar cuando termino un pedido y acabo de comenzar otro. Empieza retándome porque hago piezas sin decirle. Me pide mi número. ¡Yo le doy mi carnet! Lo mira y se vuelve muy muy amable.

*Martes.*

- † Hago los tornillos: 2.000 a 4 fr.
- † Después tornillos C 4 x 8 de acero | 7.010.103 | 043.409 | fresa 1.
- † 5.000 a 4,50 fr. = puse 1 fr.; es decir 23,50 fr.
- † 23,50 fr. + 8 fr. = 31,50 fr. (En dos días, 61,60 fr., es decir, dos veces 30,80 fr., o sea, 3,08 fr. por hora).
- † En 3 días gané 29,25 fr. + 30,10 fr. + 31,50 fr., es decir, 90,85 fr. y eso en:
- † 28 [29] horas
- † 28 x 3 = 84
- † [29] [87]
- † 28 x 0,50 = 14
- † 28 x 0,25 = 7
- † 84 + 7 = 91. Entonces, tengo una media de 3,25 fr.

C. 4. 8. Varias piezas comenzadas a las 11:05 h. Fresa rota después de tres cuartos de hora, humea. No obstante, Michel la cambia recién después de 2:15 h. Es mi culpa.

¿Por qué esperar tanto para cambiarla? Miedo de que me reprendan. Michel dice que andaba al revés (?). La segunda sierra, aunque la puso él, no aguantó: las nuevas sierras son demasiado grandes para 1, dice mi vecina.

Me rezongan por la fresadora rota (relato especial sin las emociones de la aprendiz). La cambian a las 4 h. Luego aguanto hasta las 6 h; he roto dos dientes de la sierra. Además, tengo la excusa para mí misma de no convertirme en un autómata.

*Miércoles.* Siguen las *desgracias* de la joven española (las piezas, la fresadora, el nuevo capataz, Leclerc).

La víspera por la tarde, la sierra, que había sido instalada por el capataz de boina, a las 6, se había aflojado a las 7:15 h. Se lo advertí al pasar; vi que se había soltado. Lo llamo. Se hace esperar. Me grita. Parece que yo cargaba demasiado. Estoy casi segura de que no fue así, porque la sierra quebrada me había dado pánico. Se lo digo. Persiste en gritarme —sea dicho metafóricamente, pues no eleva la voz—. Este incidente me deja el corazón helado por un tiempo, ya que lo único que yo quería era sentirlo como compañero. A las 10 h, nueva sierra que él coloca. Esto le lleva unos 20 min. De pronto el motor, al fondo, se para. Esperamos hasta casi las 11. Yo había terminado las 5.000 del día anterior —y les había encontrado una caja— a las 8:30 h. Me entero de que hoy es el pago, no mañana, como creía, y me alegra el corazón, porque no tendré que privarme de comer. De modo que al mediodía no reculo ante nada (paquete de cigarrillos, compota, etc.).

A las 3 h tengo un incidente: quiebro uno de los dientes de la sierra. Y sé cómo ocurrió. Agotada, considero mi cansancio de M\*\*\*. Pienso en Adrien, en su mujer; en lo que me dijo Jeannine, de que Michel fuerza la máquina hasta que revienta. En lo que tendría que sentir Pierre. En la juventud de Trotsky ("qué vergüenza...") y de ahí deduzco su elección entre populismo y marxismo. En ese preciso momento, pongo una pieza, que no entra en el montaje —viruta o rebaba— y la cargo, de todos modos, sobre la fresadora. No me animo a cambiarla, claro. La española me aconseja que llame a Michel. Le hablo, pero no va a venir por la noche. Guardo la misma fresa hasta las 7 h. Por suerte aguanta, ¡aunque hay que decir que la trato con cuidado! Hacia las 5 se vuelve a salir. No me animo a llamar a nadie, desde ya. La aprieto, y hago 200 o 300 piezas, ¿o un poco más? No exactamente en el centro. Después tomo una gran decisión y consigo emplazarla yo misma en el centro, ayudándome con una pieza ya hecha.

Paga: 255 fr. (temía no llegar a 200...) por 81 h.

Noche sin dormir.

*Jueves.* Aún tengo que luchar entre media hora y tres cuartos de hora con la sierra. Luego Michel la cambiará, al mismo tiempo que la de la máquina que él ajusta. Yo hago el montaje de la máquina personalmente, pero no alcanzo a colocar la sierra en el medio. En la desesperación del momento termino por pedir ayuda al capataz de anteojos. Termina a las 9 h. Fue una mañana penosa. Me duelen las piernas. Y estoy harta, harta. Estas piezas C 4 x 8 me exasperan, con el peligro constante de que rompan la fresa, y la necesidad de conservar un vacío mental integral. Hubo tres falsas alarmas. A las 11 h, un movimiento, una palabra había atraído mi atención. Otra catástrofe: se rompió un diente. Felizmente lo que tengo que hacer después exige una fresadora de 1,2. Todo se arregla…

A mediodía salta una pieza que afloja la fresadora.

Tomo conciencia de la necesidad de superarme moralmente, si no quiero terminar con mala conciencia. Y me sobrepongo.

A la 1:30 h aprieto la fresa y yo misma la coloco en el medio —lo que no había podido hacer la víspera— gracias a la resolución que tomé en el almuerzo, de seguir con tranquilidad, y me sirvo de una pieza ya hecha. El capataz de la boina mira amablemente y, una vez concluido el operativo, termina de apretar. Trabajo terminado a las 2 h. El mismo monta las piezas nuevas. Hecho a las 2:30 h.

De 2:30 a 4:30 la cosa no marcha; tampoco la explicación que me da Michel conversando. El capataz de boina arregla todo.

De 4:30 a 6:30 hago el resto de las 2.000 (ya había hecho unas 200).

Voy a buscar trabajo. Leclerc se muestra muy amable. Y estoy tanto más contrariada con mi fresa cuanto que este trabajo es para hacerlo con la fresa 1, y con C 4 x 10 de acero. A las 7:03 h voy a cambiar al mismo tiempo la 0,8, la 1,5 y la del diente roto. Todo un éxito. Aquí estoy, pues, con una nueva fresadora. Pero tengo que hacer 5.000 piezas malditas, aunque no todas iguales. ¡Tengo que estar atenta!

*Sentido en que hay que hacer girar los bulones para que vayan en el sentido en que gira la polea y el resto.*

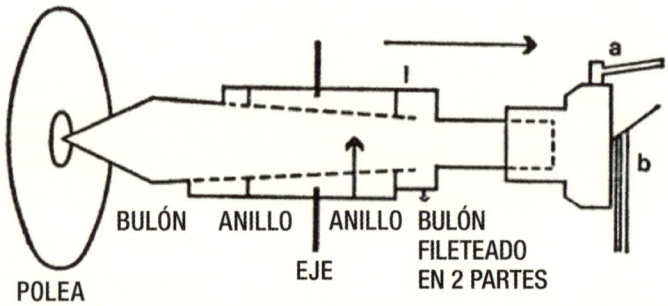

La fresa se mueve en el sentido indicado por la flecha. Está montada sobre un cono y resulta que la ranura no solo deja de estar en el medio, sino que además es cada vez menos profunda o incluso desaparece.

Causa: sierra insuficiente en la parte final, o desgaste de la fresa, o esfuerzo demasiado grande del obrero que la carga.

Esfuerzo demasiado grande: la fresa va más lentamente que la polea y el árbol, todo ocurre como si la hicieran girar en sentido contrario (?).

Otros casos de desarreglo:

La fresa se detiene porque los anillos giratorios se han aflojado (o porque no han sido apretados suficientemente, o porque la cargan demasiado).

La fresa se detiene (con el árbol y la polea) porque el árbol está demasiado apretado en el extremo (*b* se aprieta automáticamente porque *a* no está suficientemente apretado). [Es siempre un defecto de calibrado].

Creo que ese día una de las causas era que el montaje que la fresa debía hundir mientras trabajaba no estaba bien ajustado: de ahí un esfuerzo demasiado grande.

Al mediodía, una alegría. El aviso NO, según el cual los señores obreros, etc… Total el sábado no se trabaja.

Noche: me ataca de nuevo el eccema que me había dejado en paz desde hacía ocho días.

En estos dos días gané 45 fr. + 2 fr. + 12 fr. = 59 fr.; o 58 fr. No los 3 fr. de esa hora…

*Viernes.* Me hacen montar piezas traídas la víspera por el capataz de la boina; 250 más. Leclerc dice que hay que hacerlas. Comienzo a las 8:15 h. Hice 200 a las 10:30 h. Hago cambiar la fresa. Hay que esperar. Recomienzo a las 11:15 h y hago menos de 3.000 en la mañana, es decir, 14 fr., al menos (no más de 3 fr. por hora). Trabajo *muy* penoso, pero no me dejo agobiar, como en la víspera. A pesar de que físicamente estoy peor. Almuerzo por 5,50 fr. con la esperanza de recuperarme, pero después de comer me siento todavía peor. Vértigos, embotamiento; trabajo como un autómata. Por suerte estas piezas no saltan, como las C 4 x 8. Durante 2:30 h, pienso que voy a desmayarme. Finalmente me decido a bajar la velocidad y la cosa va mejor. Termino después de las 4, a las 4:15 h. Leclerc me dice que no marqué en ningún sitio las 250 de viruta o rebaba, que no me las pagarán, porque seguramente faltan en otra parte. Me da "buen trabajo", los tornillos largos de latón a 4 fr. Con el plazo para montarlos en 5 h o 5:30 h. Paramos para lavar la máquina; empezamos a las 6:30 h; relativamente agradable, salvo los primeros momentos de apuro y angustia.

Conversaciones con el capataz de boina que, se diría, comienza a interesarse por mí...

Tornillos C 4 x 10 acero. | 7.010.105 | 041.918 | 1 fr. | 5.000 a 4,50 fr.

Lunes hacemos las cuentas.

Número de horas total: 8 h + 10 + 10 + 10 + 10 + 9 + 10 = 67 h

Hasta aquí gané 90,75 fr. + 47 fr. + 12 fr. + 23,50 fr. = 173,25 fr.; y los 3 fr. de esa hora...

Se trataría de ganar 4,50 fr. por hora desde el lunes. Las 4.000 a 4 fr. harán 18 fr. (2 cartones). Quedarán 27 fr... Habría que hacer esas 4.000 en 3 h como máximo. Y todavía faltarían 5.500 más... ¡imposible!

*Domingo a la tarde.* Vuelvo a las 11:40 h. Me acuesto. No duermo y me doy cuenta hacia las 12:30 h de que ¡olvidé mi delantal! A partir de ahí duermo todavía menos. Me levanto 5:15 h. A las 5:45 h llamo a casa. Tomo el metro hasta estación Trocadéro y vuelvo (en total 40 min entre la gente). Cansada y dolor de cabeza.

*Lunes.* Esta tarde o mañana tengo que escapar. Me duele la cabeza. Termino las 4.000 recién al mediodía. E incluso hago 15 min más; de 1:30 h a 1:45 h.

Nuevamente la máquina se ha desajustado, como el jueves, no obstante, la fresa nueva. Lucien (capataz de la boina) me dice, más suavemente, que me apoyo y la cargo demasiado. Pero, de hecho, estoy segura de que no la ha apretado suficientemente. De todos modos, como la fresa ya se había desajustado en la noche del viernes sin que yo lo hubiera advertido, hasta el punto de que cierto número de piezas ni siquiera fueron tocadas por la fresadora, debo perder tiempo en ordenar y hacerlo de vuelta. Pierdo un buen cuarto de hora, al menos, en acompañar a la española que busca un balde, lleno de jabón lubricante para su nueva máquina, demasiado pesado para que ella sola lo lleve, y que el peón está encargado de poner. Después —en cuanto a la velocidad—, me quedo desmoralizada por los reproches de Lucien. Sé que, si eso se repite, las cosas van a ir mal. Y, como siempre, cuando no pongo todas mis fuerzas, sin otras motivaciones, para ir a un ritmo rápido, voy más lenta. De cualquier modo, hago 4 x 4 = 16 fr. + 2 fr. (?) de montaje (2 cartones).

Tornillo de latón (7.050.010 | 4.000 a 4 fr. |). Luego 400 piezas (sobre 1.000; la española hace las 600 restantes), de las que recién el miércoles tendré el cartón.

Tornillos bloque de acero | 1.774.815 | 400 a 0,50 fr. %. | puse 1, 25 fr. | 1,2 fr. Los hago sobre la pequeña máquina de la española, puesta en otro lado. El capataz de anteojos hace el montaje mientras yo termino mis tornillos de latón. Poco antes del mediodía, cuando yo no sabía que preparaba eso para mí, me dio orden de cambiar la fresa y buscar las piezas, con tono autoritario que no admite réplica. Obedecí sin decir palabra, pero eso fue suficiente para que, dentro de mí, a la salida, naciera una corriente de cólera y amargura, que en el curso de semejante existencia tememos constantemente en el fondo de nosotros mismos, pronto a refluir sobre el corazón. Y sin embargo me sobrepuse. Es un incapaz (¿peón especializado, dice la española?) y no le queda otra que hablar como un maestro.

Empiezo con ellos a la 1:45 h. La máquina me resulta nueva y pongo una hora, si calculo bien. ¡La española haría 600 en 20 min! Después voy a pedir el cartón. Me hace perder tiempo, y no lo hay. Un muchacho viene a buscar las 400 piezas. Voy a decirle a Leclerc que no hay cartón. Alguien que no conozco, con blusa gris, le habla familiarmente y, en cuanto puedo entender, de una reprimenda que podría recibir él, Leclerc. Parece disgustado de verme y ese disgusto me hace olvidarme de pedirle las piezas. Luego se pasea por el taller, y yo no quiero acercarme a él, que me rezonguen, como el otro día, y pierdo más de tres cuartos de hora en salir a buscar al capataz que me dio las 400 piezas para ver si tiene más; pero no lo encuentro.

Leclerc me da, por fin, los C 4 x 16.

Tornillos C 4 x 16 acero. | 7.010.111 | 013.259 | 5.000 a 4,50 fr. | puse 1 hora | fresa 1.

En compensación tengo, por fin, a Michel para montar mi máquina. Son las 3:30 h y no puedo pasar el cartón. Se paran las cuentas; solo se pasan hasta las 3 h. El atraso que llevo, en lugar de recuperarlo —y para eso vine hoy— lo aumento. Este pensamiento —con relación a la velocidad— me desmoraliza. Porque lo que hice, a partir de ahora, cuenta en la quincena que no completaré. ¿Qué importa entonces la media de horas que hago? Estoy deprimida por los dolores de cabeza y voy, sin darme cuenta, muy muy lentamente. Recién terminaré estas piezas al día siguiente a mediodía, y no del todo, lo que suma por 15 h de trabajo, o más, 18 fr. + 3,25 fr. + 23,50 fr. = 44,75 fr. En consecuencia, para hacer 3 fr. por hora, yo debería haber ganado 45 fr. en esas 15 h. Se paran las cuentas a las 3 h.

*Martes.* Termino los 4 C x 16.

Tornillos MPR en lo de Gorger (tornos automáticos).

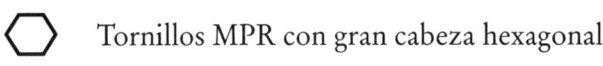 Tornillos MPR con gran cabeza hexagonal.

Hay que ponerlos de manera que el fresado sea perpendicular a los dos lados paralelos.

Y si no, pieza fallada. Acero muy duro. Al ponerlos se corre riesgo de darles vuelta. En toda la tarde, más 15 min al día siguiente, solo hago un cartón de 1.400 (5 fr. las 1.000 piezas + 1 fr. m., es decir, 8 fr.) con una interrupción por los 1.000 tornillos gruesos en latón en la máquina de al lado, de la que no tengo el cartón, pero que seguramente no son pagados más de 4,50 fr. como máximo. O sea, en 6:15 h (¿o más?) gané 8 fr. + 4,50 fr. = 12,50 fr. ¡Esto sí que es bueno, 2 fr. por hora! Por suerte el miércoles por la mañana me encuentro enferma.

Colecta por una obrera embarazada. Ponemos 1 fr. cada una, o bien 1,50 fr.; yo pongo 2 fr. En el vestuario, discusión que ya se había producido hace un año a propósito de la misma persona. "Entonces, ¡esto va a pasar todos los años! Es una gran desgracia, y ya está. Esto le puede pasar a cualquiera. Cuando no se sabe, no hay que...". La española: "A mí, no me parece un motivo para hacer una colecta, ¿y a ti?". Le digo "Sí", con convicción, y no insiste más.

Yéndome el lunes por la tarde con la intención de declararme enferma al día siguiente por la mañana, me cuido de no comer más que un sándwich que compré a las 7 h y un vaso de sidra. Me despierto voluntariamente a las 5:30. Como un pancito el martes por la mañana. *Id.* solo a mediodía, tres pancitos por la noche, y voy a pie hasta la Puerta de Saint-Cloud, con un café exprés para que me haga dormir. Sin embargo, ¡este régimen tiene el efecto de ponerme eufórica! Lo malo, la extrema lentitud en mi trabajo.

*Miércoles mañana.* Termino el cartón de 1.400 MPR, hago 200 sobre el nuevo cartón. ¿5 fr. o bien 5,80 fr.? Voy muy muy lentamente, pero, gracias a un notable espíritu de contradicción, me siento especialmente alegre y en forma.

Leclerc y Gorger —jefe de equipo de los tornos automáticos— me dan los cartones con las mil piezas de latón. Leclerc: "Si usted quiere parar, pare".

Gané 27,50 fr. + 1 + 1 + 4 fr. (?) + 1 + 7,50 fr. (?) = 37 fr. O bien 40,60 fr. Teóricamente en 11:30 h (34,50 fr.).

*Lunes- martes.* Tornillos C 4 x | 6 de acero | 5.000 a 4,50 fr. + m. 1 fr. En la fresa 1, 7.010 III | 013.252, fijando correas.

Tornillos MPR de acero, 4.000 a 5,80 fr. + m. 2 fr. 1,5 | 747.327 | 046-543.

Pasador de seguridad de acero 2.000 a 4,50 fr. + 2 fr. (?) 7.050.129 | 099.937 | fresa I

23,50 fr. + 23,20 fr. + 2 fr. + 9 fr. + 2 fr. = 59,70 fr.

37 fr. + 59,70 fr. = 96,70 fr. en 11:30 h + 20:30 h = 32 h x 3 = 96

Por lo tanto, si ponemos un mínimo de 3 fr. estoy al día, pero justo. Y habría 12 fr. para recuperar de la otra quincena.

Episodio de Gorger...

Michel...

La maldad de la costura con el hilo blanco de Juliette...

*Lunes,* mal de salud. La vuelta fue infinitamente más dura de lo que habría pensado nunca. Los días se me hacen eternos. Calor. Dolores de cabeza. Estos tornillos C 4 x 16 me repugnan. Son "buenos trabajos" que habría que hacer rápido, y yo no llego. Me parece que apenas pude terminar a las 3:30 h. Agobio, amargura del trabajo embrutecedor. Total desgano. Y también miedo, siempre, de que se afloje la fresa. Y eso me pasa. Espera para hacer cambiar la fresa. Por primera vez llego a cambiar una fresa yo misma, sin ayuda de nadie. Y Philippe dice que está bien en el medio. Victoria más importante que la velocidad. También aprendo, luego de una nueva mala experiencia a arreglar yo misma la máquina, la fijación del bulón y de la manivela que está en el extremo. Hay días que Lucien se olvida totalmente de ajustarla… Michel me advierte sobre los MPR. No los arregla, pero sí el capataz "de lentes". Yo los hago un poco más rápido que la vez anterior, pero todavía muy muy lentamente.

*Miércoles.* Palanca de acero, 1,50 fr.

$$C\ 001268 \left\{ \begin{array}{ll} 009182 & 1.000 \\ 097384 & - \\ 097385 & - \end{array} \right\} \text{a 4,50 fr. (2 montajes)}$$

Tapón del conducto circular de cobre rojo 10 C. V., 1,50 fr.

$$C\ 002400 \left\{ \begin{array}{ll} 071853 & 1.000 \\ 50 & - \\ 47 & - \end{array} \right\} \text{3,70 fr.}$$

4,50 fr. x 3 + 3,70 fr. x 3 + 3 fr.

13,50 fr. + 11,10 fr. + 3 fr. = 27,60 fr. Trabajé 10:30 h. Faltan, entonces, 4 fr.

*Jueves.* Bulón de ajuste de acero 8 C. V. 1 fresa 1.

7.378.887 | 084.097, 3.000 a 4,50 fr. m. 1 fr.

Tapones de conducto circular en cobre rojo 1,5 fr.

13,50 fr. + 3,70 fr. + 5 fr. + 3,80 fr. + 4 fr. = 30 fr. Faltan 1,50 fr.

Por lo tanto, faltan 5,50 fr. en total. Quizá compensado por la semana anterior.

Episodio de "palancas de parada". Michel, jueves a la mañana.

Pesadumbre miércoles y jueves. Refrescó el jueves por la tarde, una delicia. Qué bien...

Habían comenzado a hacer las palancas de parada de la máquina la víspera, a las 5 h. Este martes me pareció que me desmayaba de tan pesado que estaba, sintiendo el cuerpo en llamas de lo que me dolía la cabeza. Juliette me dijo: "Fresa de 1,5". Desmonto mi fresa 1. Voy a cambiar las 2. Le tiendo una a Philippe, diciéndole, simplemente: "Es la del 1".

En Renault.

*Lange:* jefe de taller —antiguo capataz—. Maniático del orden y de la pulcritud. Por lo demás, anda con las cejas fruncidas, etc.; actitud respetuosa frente a los jefes de equipo. Su trato conmigo fue bastante amable.

*Roger* (reemplazante de Leclerc): es el que ajusta los taladros.

*Philippe:* bruto; ajustador de los tornos.

Ojos grandes...: gran rubio; ajustador de tornos.

El capataz de lentes...

Obreros: el armenio, peón fresador que está junto a la primera máquina. Obrero amable y bondadoso, que bromea sobre "las mujeres que irán a la guerra". El italiano que lo reemplaza es muy simpático.

Obreras: Bertrand, otra vecina (Juliette), comerciante, la que flirtea con Michel, la grandota de pelo castaño con dos críos, la vieja de los tornos, la mujer del italiano, la de los taladros.

Jefes de equipo:

*Fortín:* un tipo bárbaro...

*Gorcher:* el del giro automático, divertido, simpático.

*Leclerc*

Jefe, oficina frente al ascensor: tiene un tono de superioridad insoportable.

*Michel*

*Lucien*

¿Qué gané con esta experiencia? El sentimiento de que no tengo ningún derecho a nada, sea este cual sea, y a lo que sea (tener cuidado de no perder este sentimiento). La capacidad de bastarme moralmente a mí misma, de vivir en este estado de perpetua humillación latente sin sentirme humillada a mis propios ojos; de apurar intensamente cada instante de libertad o de camaradería, como si esto debiera ser eterno. He logrado un contacto directo con la vida.

Casi me quiebro. Estuve casi quebrada —mi fuerza, el sentimiento de mi dignidad casi se hunden durante un periodo cuyo recuerdo me humillaría— si no fuera porque, hablando con propiedad, no conservo recuerdos de aquello. Me levantaba angustiada. Iba la fábrica con temor: trabajaba como una esclava; la pausa de mediodía era un desgarramiento. A las 5:45 h de vuelta a casa, y de inmediato me empezaba a preocupar por dormir lo suficiente (cosa que no hacía) y por levantarme temprano. El tiempo me pesaba de manera intolerable. El temor —el miedo— de lo que iba a sobrevenir solo cesaba de apretujarme el corazón el sábado al mediodía y el domingo por la mañana. Y el objeto de la aprensión eran siempre las *órdenes*.

El sentimiento de mi dignidad personal tal como ha sido fabricado por la sociedad se *quebró* para mí. Hay que forjarse otro, ¡aunque el agotamiento apague la propia facultad de reflexión de la conciencia! Esforzarme por conservar este nuevo sentimiento de mi dignidad humana.

Por último, con esta experiencia laboral uno se da cuenta de su propia importancia. Pero el problema es la clase de los que nunca *importan* —sea cual sea la situación— y que nunca importarán, pase lo que pase, a los ojos de todos (a pesar del último verso de la primera estrofa de "La Internacional").

Cuestión para Detœuf (solidaridad obrera).

Problema: condiciones objetivas tales como que 1° los hombres sean buenas personas; 2° produzcan.

Siempre necesitamos por parte de nosotros mismos signos *exteriores* de nuestra propia valía.

El hecho capital no es el sufrimiento, sino la humillación.

Quizá es ahí en donde Hitler basa su fuerza (y no en el estúpido "materialismo"...).

[Si el sindicalismo fuera capaz de dar un sentimiento de responsabilidad para la vida cotidiana…].

No olvidar nunca esta observación: siempre encontré en esa gente ruda una generosidad de corazón y una aptitud para las ideas generales; una en función directa de la otra.

Una opresión evidentemente inexorable e invencible engendra como reacción inmediata no la revuelta, sino la sumisión.

En Alsthom, solo me rebelaba los domingos.

En Renault, llegué a una actitud más estoica: sustituir la sumisión por la aceptación.

# 6
## Fragmentos

ORGANIZACIÓN BUROCRÁTICA DE LA fábrica: las oficinas son los órganos de coordinación y el alma de la fábrica. Los procedimientos de fabricación (incluidos sus secretos) residen allí. Esa es la razón por la que aquí el personal disminuye menos que en los talleres, en donde todo es intercambiable, salvo capataces, encargados, jefes de taller, etc. Y, sobre todo, los peones, por supuesto, pero también los obreros cualificados. Un tornero de Alsthom podría ser reemplazado por uno de la Citroën sin que nadie se dé cuenta. (Si un obrero cualificado está apegado a su empresa, es únicamente por medio de la máquina, sobre todo se nota en el caso del fresador).

Las obreras (peones) no tienen ninguna atadura con la empresa.

Capataces: son camaradas con cierto carácter de fraternidad protectora. Una obrera vieja encuentra normal que un capataz de 25 años tenga que guiarla. La participación de las mujeres en la producción industrial seguramente ha facilitado la diferenciación en categorías. Pero el carácter de los capataces cambia, sin duda, con los cambios de la producción. Aquí siempre hay que montar una máquina (sobre todo en este período de pequeños pedidos que la empresa rechazaría en temporadas de más prosperidad). Allí donde hay menos máquinas para montar y más vigilancia, los obreros están más sujetos al jefe.

Competencia entre las obreras.

Cuando tenemos ocasión de intercambiar una mirada con un obrero —ya sea que lo cruzamos en un pasillo, que le preguntamos algo, que lo vemos junto a su máquina—, su primera reacción es siempre la de sonreír. Es encantador. Y es algo que solo pasa en una fábrica.

El director es como el rey de Francia. Delega el lado menos amable de la autoridad a sus subordinados y se reserva para él el costado más agradable.

Sentimiento de ser entregado a una gran maquinaria que desconocemos. No sabemos a qué responde el trabajo que hacemos. No sabemos lo que nos tocará mañana, ni si los salarios disminuirán, ni si seremos despedidos.

Carácter *poco adaptable* de toda gran fábrica. Cantidad formidable de herramientas, maquinaria especializada. Todo ocurre como si hubiera demasiadas pocas máquinas, cuando en verdad hay demasiadas.

El carácter de la técnica y de la organización de las grandes fábricas modernas no está ligado solamente a la *producción en serie*, sino también a la *precisión de las formas*.

¿Qué obrero podría hacer piezas tan precisas como las que hace una máquina? Una máquina-herramienta especializada es muy cara sin una producción masiva.

La parte artesanal de trabajo del obrero. A estudiar.

Ejemplo: un montador de prensa debe saber ajustar el tornillo de manera que la máquina obtenga la transformación deseada, pero no más (ejemplo: mis 100 piezas perdidas). Lo hace tanteando, probando. Pero, a pesar de todo, debe sentir la cosa con la punta de sus dedos.

En resumen, ¿qué debe saber un capataz de prensa?

Le marcan la herramienta en la hoja. [Aunque en ciertos casos hay que verificar la eficacia de la herramienta en función del dibujo, ángulos, etc.]. El del almacén se lo entrega o, si hace falta, le da otra, más apta. El obrero debe: 1° saber a qué máquinas se puede adaptar la herramienta. Una herramienta puede ser compatible con varias máquinas, pero no con todas. Eso depende: 1) de la estructura (aunque por estructura la mayoría son equivalentes); 2) de la fuerza. Me parece que la fuerza necesaria no viene indicada en el papel; es algo que hay que comprobar. Como se hacen siempre más o menos las mismas operaciones, la experiencia manda. *Este es un punto a estudiar más de cerca.* 2° saber adaptar la herramienta a la máquina por medio de un montaje apropiado. ¿Cómo? Hay que estudiarlo. 3° montar el soporte de manera que quede por debajo de la herramienta (es preciso una mirada experimentada) y, llegado el caso, es necesario hacerlo de manera que permita tomar una posición cómoda en el curso del trabajo. 4° apretar el tronillo. Creo que es todo…

También hay que hacer notar que un capataz de prensas se sentiría perdido ante un torno o fresadora, y viceversa. Desde el punto de vista de asegurar el trabajo en la fábrica es, en cierto aspecto, una ventaja: no los podemos reemplazar con gente venida de fuera. Por otro lado, es un inconveniente: si hay muchas prensas no tomaremos a alguien para ponerlo en otro lado. El sistema lleva consigo su propio mal. Y siempre se puede reemplazar por peones especializados.

Cuestiones a estudiar: las *herramientas:* su forma y su eficacia. Estudiarlo primero en las máquinas en las que trabajo.

A estudiar los roles de:

- † peón en la máquina (yo…)
- † peón especializado
- † obrero especializado de la fabricación (¿los hay?)
- † obrero especializado en herramientas
- † capataz
- † encargado del almacén
- † jefe de equipo
- † jefe de taller
- † delineante
- † ingeniero
- † subdirector
- † director

Trasposición y correspondencia: la forma de una herramienta y su acción.

¿Se puede *leer* la acción propia de la herramienta al verla? Probaré.

Preguntar al almacenero.

Hay otras cosas además de las prensas…

Observar: hasta ahora solo he visto dos tipos felices en su trabajo: el obrero que está en el horno y canta todo el día (informarme un poco a propósito de él) y el guarda del almacén de herramientas e insumos.

¿Saber de dónde sale el jefe de equipo?

Observarlo más constantemente para saber lo que hace (dedicar un día a pensar en esto). Sobre todo, me parece que se dedica al papeleo. Casi no vigila el trabajo (muy raras observaciones a los obreros durante su trabajo). Es rarísimo verlo junto a una máquina.

¿Saber de dónde sale el jefe de taller? ¿Qué es lo que hace? Me parece que hace un trabajo mucho más concreto. Fijarme cuánto tiempo pasa en su oficina.

Observaciones sobre el género de atención que reclama el trabajo manual (pero teniendo en cuenta 1° el carácter especial del trabajo que hago, 2° mi temperamento).

"Cuando hagas un parate en el trabajo, arréglate para salir cada tanto…".

"Te hace falta una disciplina de atención nueva: saber pasar de la atención fija a la atención libre de reflexión. Y a la inversa. Sin esa verdadera disciplina, te embrutecerás o estropearás tu trabajo".

Peones especializados: todos hombres. Sin embargo, el encargado del almacén me dijo que hay cortadoras especializadas; pero no he visto a ninguna mujer tocar una máquina a no ser que esté trabajando en ella. Ellas montan sus propias máquinas, aconsejadas, si es necesario, por el capataz. Deben saber leer los dibujos, etc. ¿Cómo aprendieron a montar una máquina? *A dilucidar.*

"Obreras peones en las máquinas". Mujeres. Su único contacto con las máquinas consiste, según parece, en conocer las trampas de cada una, *i. e.*, los peligros de las piezas falladas que tiene cada una. Ellas llegan a darse cuenta de que algo no va bien en tal o cual máquina que les es familiar. Esto para las que tienen años en la fábrica.

Al jefe de taller no le gusta que las obreras que están momentáneamente sin trabajo se reúnan entre muchas a charlar. Seguro que teme que se engendre así algún mal espíritu. Las obreras no piensan asombrarse de cosas de este estilo y no se preguntan el porqué. Su comentario es: "Los jefes están para mandar".

Drama en la fábrica hoy (jueves).[13] Han despedido a una obrera que había fallado 400 piezas. Tuberculosa, con un marido en el paro la mitad del tiempo y con críos (de otro padre, me parece), educados por la familia del padre. Los sentimientos de las otras obreras, mezcla de piedad y de lo que dicen las chicas de la clase: "Se lo merece". Parece que era mala compañera y mala obrera. Comentarios. Había alegado la oscuridad (después de las 6:30 h se apagan todas las lámparas). "Y yo hice tal y tal cosa sin luz". "No debería haber respondido al jefe —ella se había negado a hacer el trabajo—. Y debería haber ido al subdirector: 'Me equivoqué, pero..., etc.'". "Cuando una tiene que ganarse la vida, hay que hacer las cosas". "Cuando hay que ganarse la vida hay que ser más concienzudo (!)".

13. Véase "Diario de fábrica", segunda semana.

Algunas obreras:

- † La vieja que se fue a Rusia en 1905. Nunca "se aburría cuando estaba sola, porque leía por las noches". Tiene admiración por *Schwärmerei*, de Tolstói. (*Resurrección*: "Sublime"; "este hombre entendía lo que es el amor").
- † La que tiene porte de reina y cuyo marido trabaja en Citroën
- † La que tiene 36 años y vive con sus padres
- † La alsaciana

Algunos obreros:

- † El del almacén
- † El antiguo capataz y profesor de violín
- † El rubio con aires de conquistador, peón especializado
- † Jacquot
- † El capataz jefe
- † El gordo grande del norte, capataz
- † El encantador tipo de anteojos (¿capataz jefe de equipos?)
- † El del horno que se la pasa cantando

†

La ignorancia total de eso en lo que trabajamos es excesivamente desmoralizante. No tenemos la sensación de que un producto resulta de los esfuerzos que se brindan. No se sienten de ningún modo del lado de los productores. No tenemos el sentimiento, tampoco, de la relación entre el trabajo y el salario. La actividad parece ser arbitrariamente impuesta y arbitrariamente retribuida. Se tiene una cierta impresión de ser como los niños a los que la madre, para tenerlos tranquilos, les da unas perlas para engarzar a cambio de una bolsa de caramelos.

¿Saber si un obrero está especializado?…

*Preguntas para hacer al guarda del almacén:* ¿en ocasiones inventamos herramientas?

Pregunta: ¿qué repercusiones han tenido sobre el desarrollo de la industria el *Tratado de mecánica* de D'Alambert y la *Mecánica analítica* de Lagrange?

Principio de las máquinas-herramientas. Las herramientas son transformaciones del movimiento. Inútil por tanto que el movimiento que se va a transformar sea impulsado por la mano.

Pregunta: ¿se pueden crear *máquinas automáticas blandas*? ¿Por qué no? Ideal:

1. que solo haya autoridad del *hombre sobre la cosa*, y no del *hombre sobre el hombre*.
2. que todo lo que, en el trabajo, no constituye la traducción de un pensamiento al acto sea confiado a la cosa.

(Que lo *parcelario* sea lo que realiza la máquina...) con una idea universal de las transformaciones de los movimientos...

Que todas las nociones físicas expresen *directamente* realidades técnicas, pero en *forma de relación*. Un ejemplo: potencia.

†

Potencia que puede proporcionar una máquina movida por una correa de trasmisión calculada con antelación según la fuerza de la máquina, depende de:

Número de vueltas por segundo del árbol principal que le proporciona sus movimientos.

$\left(\dfrac{n}{60}\right)$ } Velocidad lineal de la correa.

Radio de la polea montada sobre este árbol a la cual está conectada $d/2$.

Coeficiente de frotamiento (tgω) [¿aumenta cuando el corrimiento varía aumentando?]

Presión (función de la tensión del cable de conducción $t$).     Esfuerzo tangencial,

Arco envuelto sobre una y otra polea (α).

$\dfrac{n}{60}, \pi d, (e^{fa} - 1)$ , e siendo la base de los logaritmos neperianos.

## Diferencia entre fresar, cilindrar, pulir.

†

Visita a Escuela de Artes y Oficios: engranajes, transformaciones del movimiento…

Recomenzar mi trabajo. No dejar Renault muy tarde.

Fresadora: Ritmo ininterrumpido (tener siempre 2.000 piezas hechas y un centenar más a las 7 h).

Ajustar el tornillo. Apartar las piezas fallidas.

Hacer que las piezas caigan en la caja (golpe seco, pero no muy fuerte): Juntar todas las piezas caídas en la ranura. Sacar la viruta todos los días. Contar.

Detenerme a las 6:30 h.

Aprender a hacer más rápidamente el corte de las bandas metálicas (movimientos más continuos).

Hacer más rápido el laminado (poner las piezas más rápido…).

Darse cuenta bien clarito, antes de cada trabajo —o bien en un trabajo totalmente nuevo, al cabo de algún tiempo—, de las dificultades posibles, especialmente de cómo la máquina puede desajustarse y de la lista completa de las faltas que hay que evitar. Cada tanto tiempo repetírselo mentalmente. No aminorar el ritmo por la preocupación de dificultades imaginarias.

Tomar un ritmo bien definido sobre todo por un *movimiento continuo* que vaya de la pieza terminada a la pieza nueva, de la pieza puesta al golpe de pedal.

Esforzarme sistemáticamente en agarrarle la mano a poner y retirar la pieza, especialmente a *emplazarla en el soporte (muy importante).* [Aguantar la pieza con la mano y empujar con el dedo sobre el soporte; nunca agarrar la pieza con la mano sino es para sostenerla].

No olvidar nunca que el SUEÑO es lo más necesario para el trabajo.

Torpezas que hay que evitar de aquí en adelante (releer esta lista dos veces por día).

1. ATIBORRAR LA MÁQUINA (cartones) *puede causar graves accidentes.*
2. NO OBSERVAR MUY DE CERCA LAS PIEZAS… (500 falladas).
3. NO CONSERVAR ALGUNOS MODELOS.

4. PONER LAS PIEZAS AL REVÉS (remaches: fallé dos veces; y casi hago el mismo error varias veces más).
5. *Pedalear con todo el cuerpo.*
6. *Dejar el pie apoyado en el pedal.*
7. DEJAR UNA PIEZA METIDA EN LA MÁQUINA (con riesgo de estropear la herramienta, hecho así en el laminado).
8. PONER MAL LA PIEZA (no en los soportes).
9. *No poner aceite cuando hay que hacerlo.*
10. PONER DOS PIEZAS A LA VEZ.
11. *No fijarse en la posición de las manos del capataz.*
12. *No darme cuenta cuando le sucede algo a la máquina* (caso de los collares con Biol).
13. COLOCAR LA BANDA METÁLICA MÁS ALLÁ DE LOS SOPORTES (con lo que se rompió la herramienta el 6 de marzo).
14. *Pedalear antes de que la pieza haya sido colocada.*
15. *Dar vuelta a una banda metálica ya empezada.*
16. Dejar piezas no mecanizadas.

## FÁBRICAS DE RENAULT (SEÑOR B)

Uno de cada dos buenos obreros es un mal jefe de equipo. (Sería interesante contar la historia de Morillon).

El talento en la organización: uno se pregunta *dónde se nota...* (algo no anda bien).

El director y el ingeniero jefe tienen casi las mismas funciones.

14-18, años de la adaptación de las herramientas para la producción de guerra. Método cartesiano (división de las dificultades).

Jornadas ocupadas por entero en detalles *a propósito de los cuales* se plantean problemas esenciales de organización.

Solo se preocupan de arreglar detalles que: 1° o bien están fuera del dominio de la *responsabilidad* de quien se interesa en él, 2° o bien son cosas demasiado difíciles de aclarar.

Cf. Detœuf. Un subordinado. Viene a exponerle una dificultad, y lo que hace. 9 veces sobre 10. Es aprobarla. La 10ª le hace una sugerencia brillante. El otro se queda contento la mayor parte de las veces… Cf. El caso Tolstói.

Los diagramas, etc. Un *jefe* debe imaginar todo eso sin ningún esfuerzo, es obvio. Encuentra ideas más bien mirando las estadísticas que mirando las cosas (¡notable!).

También hace trabajo de ingeniero, búsqueda de nuevos modelos. Formación del espíritu: análisis químicos. Trabajo principal: concordar operaciones, ritmo… 9/10 operaciones.

Fusión del hierro fundido en las calderas. Colar la fundición en los moldes de arena dura.

Prensa a mano, hidráulica para apretar la arena. 4 máquinas (inventadas en 1927 por un ingeniero egresado de la Escuela de Artes y Oficios).

La arena pasó automáticamente, etc.; después pasa por los rodillos; después, por el conducto en el cual se cuela la fundición. La primera prensa costó 400.000 fr.

Taller de perforación, pulido, muela abrasiva. 1 mujer en la prensa. Algunas mujeres de pie y una en una máquina (?) en la que hay que levantar pesos muy fuertes.

Taller de montaje. Cada obrero entre 2 estanterías donde están todas las piezas en el *orden* debido. Hombres y mujeres, y algunas piezas bastante pesadas…

Taller de esmaltado.

Taller de mecánica (algunos torneros, fresadores, ajustadores) (¿y debería haber alguno más que no vimos?).

*Sr. B.:* director técnico, al principio un simple químico (¿sin diploma? ¿Será posible? Pedir más detalles).

Accidentes: en una jornada de trabajo en la fábrica hay de promedio 1 h perdida.

Disminución vertical estos últimos tiempos.

Fundidores: necesitan anteojos de vidrio triple. A menudo no se los pone. ¿Por qué? B. dice que no es a causa de la cadencia, sino a causa de la incomodidad (?).

Esmaltadores. Caja de vidrio o aspiración para evitar la intoxicación con plomo. Algunos meten la cabeza en la caja.

Despidos por infracciones contra los reglamentos de seguridad.

Los polacos de la fábrica necesitan *recibir órdenes.*

Comisión de seguridad con ingenieros, delineantes, jefes de personal, obreros nombrados por B. (los más inteligentes y los "cabeza mala").

Debe resolver todos los problemas insolubles; sobre todo los detalles; muchos imprevistos... Lo van a buscar... Reúne a los ingenieros una vez por semana.

Promedio de los salarios: hombres, 30-32 fr. Mujeres: 20-21 fr.

M. joven, 27 años. Salido de la central de ingenieros hace 3 años. Ha crecido en la fábrica; es el hijo mayor.

Matemática superior. Gimnasia del espíritu. Irremplazable a su criterio.

Su actitud con el automovilista con el auto averiado. Reacción de su madre y del burgués horrible: "Su motor no anda con vino"; "no le hable al conductor" (!!!)

Señora, señor. El horrible burgués...

¿Hay que ser *duro* para conservar la claridad y la presencia de espíritu, la decisión?

¿Las matemáticas superiores no serán también ellas un medio (cf. Chartier) para "formar la atención matando la reflexión"? ¿Qué papel juega, entre esa gente, la cuestión de la plata?

†

Preguntar a Detœuf. ¿Quién determina las herramientas? ¿La compra de máquinas (siempre el mismo Detœuf)? ¿Y por qué reglas se guía?

Preguntar al tornero. ¿Hay que hacer algún cálculo? Guihéneuf. "Es la experiencia". ¿Y sin embargo está Detœuf?

†

Ritmo ininterrumpido. ¿Puede ir siempre unido con el trabajo manual? La máquina dispensa al pensamiento de la necesidad de intervenir, *por poco que sea*, incluso dispensa de la simple conciencia de las operaciones realizadas; el ritmo se lo impide. (Guihéneuf y sus manivelas…).

†

Visita a Guihéneuf. Biografía: carpintero, 3 años en la escuela profesional donde recibe la influencia de un profesor socialista. Ha recibido asimismo el influjo de la tradición del compañerismo por medio de los viejos obreros. Hizo su "vuelta a Francia" yendo en cada ciudad a la sede de su sindicato. Desde el principio fue sindicalista, no socialista. Siguió los cursos nocturnos instruyéndose en todo lo que se refiere a la fabricación de madera. Movilizado cuando tenía apenas 17 años fue destinado a la aviación y enviado a una escuela. Cuando fue el armisticio continuaba movilizado, lo mandaron a un ministerio en París. Fue licenciado en 1920 y trabajó en las fábricas de la aviación. Fue enviado a Siberia como inspector de una gran fábrica de madera y después pasó a director de una fábrica en la que duplicó la producción sin cambiar las herramientas. Después pasó a ser director de un complejo industrial, siempre siendo miembro del Partido Comunista, al que ingresó en Francia en 1921, siguiendo a Monatte. Mediante la reflexión se disgustó con el régimen soviético, pidió estudiar. Recibió una beca. En pocos meses se traga toda la matemática de 2° grado y pasó el examen de ingreso. Estudia 3 años. Pasa 6 meses como ingeniero en una fábrica de motores de aviones.

Vuelve a Francia en enero de 1934. Sin trabajo. Busca en vano plaza de ingeniero, de corrector, etc. Termina entrando como tornero no habiendo trabajado nunca en el torno, en una sección en la que conocía al encargado, un hombre bruto y vanidoso, en la que trabajó a destajo en un torno no automático, del mismo tipo que las herramientas. Al cabo de 2 días realiza las normas del trabajo. Hace ya casi un año que trabaja allí y no ha tenido ningún golpe duro, pero está cansado y embrutecido.

Informes:

| *Sobre Rusia* | *Sobre el trabajo obrero* | *Sobre la técnica* |
|---|---|---|
| — | — | — |
| Los especialistas del Gosplan adquieren destreza, intuición…, serán difícilmente reemplazables. De hecho, serán irreemplazables dentro de 10 años. | No se puede pensar en otra cosa; de hecho, no se piensa en *nada*. | El rol de las matemáticas. Ventaja de haberlas aprendido. Técnicas muy superiores que *leen* la matemática como un lenguaje a través del cual perciben la realidad directamente. Ej.: comprenden mejor un trabajo técnico en una lengua extranjera (que ignoran), que si conocieran la lengua sin comprender las fórmulas (?). |

†

El *Racine* de Tal. Una idea: en sus tragedias la muerte aparece en todo momento; héroes que, desde el principio, corren a la muerte. La muerte está en ellos (Ifigenia…). Por el contrario, en Homero, en Sófocles, el drama es que son miserables, hombres y mujeres que quisieran vivir y que están sometidos a un destino externo, que los hiere en lo más hondo de sí mismos (Áyax, Edipo, Electra).

Humanidad común: la tragedia de Racine es realmente una tragedia cortesana. Solo el poder puede crear tal desierto en las almas. Poeta *inhumano,* ya que, si tal era la "condición humana", como dice T., todo el mundo estaría muerto.

En Racine lo que siempre queda humillado es el orgullo. (Con qué insolencia y crueldad… Lloras, maldita… Y de un cruel rechazo…). En Homero, en Sófocles, es la soberbia.

Comparar:

> "Andrómaca, sin usted, jamás hubiera besado las rodillas de un maestro".

(eso es la esclavitud del *cortesano,* una servidumbre que no es física; es claro que la Andrómaca de Racine ni lleva agua, ni teje lana. Muy distinto es el modo de humillar de un encargado de taller…).

Fragmento 163. Υ: πρὸς ἄλλης ἱστὸν ὑφαίνοις, καί κεν ὕδωρ φορέοις Μεσσηίδος ἢ Ὑπερείης, πόλλ᾽ ἀεκαζομένη, κρατερὴ δ᾽ ἐπικείσετ᾽ ἀνάγκη [14]

El poder. Sus especies, sus grados, la profunda transformación que opera en las almas. Capitán y marinero (Peisson). Jefe de taller (Mouquet) y obrero…

Otra cosa, en Homero, Aquiles sabe correr, etc. Héctor es domador de caballos. Ulises es un hombre hábil. En Sófocles: Filoctetes sabe hacer algo. A los héroes de Racine solo les queda el poder *puro,* sin ningún otro saber.

---

14. *Ilíada,* VI, 456-458. "Tejerás para otros, y llevarás el agua de Meseis o Hiperión, a pesar tuyo y bajo la presión de una dura necesidad".

Hipólito es un personaje sacrificado porque precisamente él no corre hacia la muerte. No tiene nada de extraño, entonces, que Racine haya tenido una vida privada de las más pacíficas que se conocen. En suma, sus tragedias son frías. No tienen nada de doloroso. Solo es dolorosa la suerte del hombre de corazón que quiere vivir y no puede conseguirlo (Áyax).

(Los personajes de Racine son abstracciones en el sentido de que ya están muertos). [¿Quién era el que escribía que cuando Racine escribe la palabra "muerte", ¿no piensa en la muerte? Nada más cierto. Piénsese en su temor extremo a morir. En cambio, para sus héroes, como muy bien lo ha visto la crítica, la muerte es una distensión. Es necesario no tener más que 25 años para pensar que el que escribe así es un poeta humano].

*Otras cuestiones a proponerme:* Cómo influye en el trabajo "agarrarle la mano" a la máquina. Carácter más o menos consciente de tener esa habilidad. Cfr. El guarda del almacén y, en el polo opuesto, el bruto denso de Léon.

†

Idea universal del trabajo mecánico: combinación de movimientos. Ej.: fresadora. Conviene sacar la idea pura de esos ejemplos bien ordenados...

Chartier solo tiene una idea superficial y primaria del maquinismo.

Analogía entre trabajo y geometría. La física quedaría dividida en dos partes:

1. la de los fenómenos naturales que son objeto de contemplación (astronomía);
2. la física de los fenómenos naturales que son materia y obstáculo del trabajo.

No habría que separar geometría, física y mecánica (práctica).

*Nuevo método para razonar* que sea absolutamente *puro* y, al mismo tiempo, intuitivo y concreto.

Descartes está aún demasiado ligado al silogismo.

Volver a meditar sobre el "conocimiento del tercer género", que hay que relacionar con el teorema de "cuanto más apto es el cuerpo…, más el alma ama a Dios".

†

Saber si hay en la fábrica problemas, dificultades, complicaciones o gastos evitables, de los que *nadie* se ocupa, porque no son de su responsabilidad. ¿Cómo saberlo? ¿Interrogar a Detœuf? Sí, pero difícil que me aclare algo, ya que, por definición, ignora estas cosas.

†

El trabajo puede ser penoso, incluso muy penoso de dos maneras distintas. La pena puede ser sentida como una lucha victoriosa sobre la materia y sobre sí (*horno*), o como una servidumbre degradante (las 1.000 piezas de cobre a 0,45 % de la semana 6ª y 7ª, etc.). Me parece que hay grados intermedios. ¿Dónde radica la diferencia? Creo que el tema del salario tiene su parte. Pero el factor esencial es, ciertamente, la naturaleza de la pena. Estas cosas habría que estudiarlas más de cerca, a fin de discernirlas con claridad y, si es posible, clasificarlas.

†

Una *crítica* de las matemáticas sería relativamente fácil. Habría que hacerla desde un ángulo netamente materialista: los *instrumentos* (signos) han traicionado a los grandes espíritus que fueron Descartes, Lagrange, Gallois y tantos otros. Descartes en la *Regulae* se dio cuenta de que la cuestión de los signos era esencial, no solo su exactitud y precisión, sino también sus cualidades aparentemente secundarias, como la ductilidad, la facilidad, etc. Parecen comportar solo una diferencia de grado, pero en realidad se trata de algo totalmente diferente, y ahí, más que en otros casos, "la cantidad se convierte en cualidad". Pero Descartes se detiene a medio camino, y su *Geometría* es casi la de un vulgar matemático (aunque de un matemático de primer orden). Una crítica minuciosa de los signos no sería difícil, y sería útil. Pero tener una mirada positiva, ese es el gran tema.

Signos y burocracia.

Buscar las condiciones *materiales* de las ideas claras.

Qué fácil (y difícil) sería buscar la alegría en *todos* los contactos que tenemos con el mundo…

†

¿Dónde reside la dificultad del ejercicio del entendimiento? En que solo podemos reflexionar verdaderamente sobre lo particular, mientras que el objeto de la reflexión es, por esencia, lo universal. Ignoramos cómo los griegos resolvieron esta dificultad. Los modernos la resolvieron con signos que *representan lo que es común a varias cosas*; pero esta no es una buena solución. Mi solución consiste en…

[Descartes habría visto el formidable desplazamiento entre *Regulae* y *Geometría*, sin la falta imperdonable de haber redactado esta como un matemático vulgar].

De las dos maneras de comprender una demostración…

†

En TODA operación matemática hay que distinguir dos cosas:

1. ¿Qué se puede saber de los *signos* que vienen dados y de las relaciones mutuas con las leyes convencionales? Habría que llegar a una concepción bastante clara de combinaciones de signos para formar una teoría universal de *todas* las combinaciones de signos tomadas *como tales* (¿teoría de los grupos?).

2. Relación entre las combinaciones de signos y los problemas reales que plantea a naturaleza (esta relación consiste *siempre* en una *analogía*).

Con respecto a las combinaciones de signos tomadas como tales, haría falta un catálogo completo de las dificultades, teniendo en cuenta las que se refieren al tiempo y al espacio.

En cuanto a sus aplicaciones, un estudio lúcido sin duda dejaría entrever que no se apoya tanto en la facultad de representar las cosas que están comprendidas en los signos (cualidad oculta) como en una *analogía de las operaciones*.

*Haría falta una lista de las aplicaciones de las matemáticas.*

No existe una concepción general de la ciencia.

Movimiento perpetuo, ascendente y descendente, de las cosas a los símbolos (a los símbolos cada vez más abstractos), y de los símbolos a las cosas. Ej.: geometría y teoría de los grupos (invariantes...), [continuo-discontinuo].

¿Hacer una lista de las dificultades que comportan los trabajos? Difícil.

¿Y una serie de trabajos? Teniendo la mecánica *la mayor relación* con la matemática.

También *serie de signos* en perpetuo esfuerzo de quienes los crean para darnos sus combinaciones cada vez más análogas a las condiciones *reales* del trabajo humano.

†

Maestro y servidor. Hoy, siervos, *absolutamente* siervos, sin el giro hegeliano. Se debe al amaestramiento de las fuerzas de la naturaleza...

†

En todas las otras formas de esclavitud, la esclavitud está en las circunstancias. Aquí solamente está llevado al trabajo mismo. Efectos de la esclavitud sobre el alma.

†

Lo que cuenta en una vida humana no son los acontecimientos que dominan el curso de los años —o de los meses— o incluso de los días. Es la manera en que un minuto se encadena con el siguiente, y lo que esto le cuesta a cada uno, en su cuerpo, en su corazón, en su alma —y por encima de todo en su ejercicio de la facultad de atención— para efectuar este encadenamiento, minuto tras minuto.

Si escribiera una novela, haría algo totalmente nuevo.

Conrad: unión entre el verdadero marino (el jefe, evidentemente) y su barco. Unión tal que cada orden debe venir por inspiración, sin dudas ni incertidumbres. Esto supone *un régimen de la atención*, muy diferente de la reflexión y del trabajo servil. Preguntas:

1ª ¿Hay una unión semejante entre el obrero y su máquina? (Difícil de saber).

2ª ¿Cuáles son las condiciones de tal unión?

1) En la estructura de la máquina.

2) En la cultura técnica del obrero

3) En la naturaleza de los trabajos.

Esta unión, evidentemente, es condición para una felicidad plena. Y basta para hacer del trabajo un equivalente del arte.

# Cartas a un ingeniero director de fábrica[15]

## (Bourges, enero-junio de 1936)

†

*Bourges, 13 de enero de 1936*

SEÑOR:

NO PUEDO DECIR QUE su respuesta me haya sorprendido. Esperaba otra, pero sin contar demasiado con ella.

No trataré de defender el texto que usted ha rehusado.[16] Si usted fuera católico, no resistiría a la tentación de mostrarle que el espíritu que inspiraba mi artículo, y que lo ha sorprendido, no es otro que el espíritu cristiano puro y simple; no me sería difícil hacerlo. Pero no tengo derecho a usar tales argumentos con usted. Y, por otra parte, no quiero discutir. Usted es el jefe y no tiene por qué dar cuenta de sus decisiones.

Solo quiero decirle que la "tendencia" que a usted le parece inadmisible había sido desarrollada por mí con un designio y un propósito deliberados. Usted me ha dicho

---

15. Este ingeniero había fundado una pequeña revista obrera, *Entre Nous*.

16. Véase el texto a continuación de la carta: "Llamado a los obreros de R.".

—repito sus términos— que es muy difícil educar a los obreros. El primero de los principios pedagógicos es que, para educar a alguien, niño o adulto, primero hay que educarlo a sus propios ojos. Es cien veces más real este principio cuando el principal obstáculo de este desenvolvimiento reside en unas condiciones de vida humillantes.

Este hecho constituye para mí el punto de partida de toda tentativa eficaz de acción entre las masas populares y sobre todo entre los obreros de fábrica. Y comprendo bien que es ese punto de partida lo que usted no admite. Con la esperanza de hacérselo admitir y porque la suerte de ochocientos obreros está en sus manos, yo me violenté para decirle sin reservas lo que mi experiencia me había dejado en el corazón. Tuve que sobreponerme arduamente para decirle estas cosas que apenas se pueden confiar a los iguales y que es intolerable hablar delante de un jefe. Me pareció que le había llegado al corazón. Pero, sin duda, me equivoqué al esperar que una hora de conversación pudiera más que la presión de las ocupaciones cotidianas. Mandar hace difícil ponerse en el lugar de los que obedecen.

A mis ojos, la razón de ser esencial de mi colaboración con su publicación residía en el hecho de que mi experiencia del año pasado quizá me permita escribir para aliviar un poco el peso de las humillaciones que la vida impone día a día a los obreros de R.[17], así como a todos los obreros de las fábricas modernas. No es ese el único objetivo, pero es —estoy convencida de ello— la condición esencial para ampliar sus horizontes. Nada paraliza más el pensamiento que el sentimiento de inferioridad impuesto necesariamente por los ataques diarios de la pobreza, de la subordinación, de la dependencia. Lo primero que hay

17. Renault.

que hacer por ellos es ayudarlos a encontrar o a conservar, según los casos, el sentimiento de su propia dignidad. Sé muy bien cuán difícil es, en esa situación, mantener ese sentimiento, y cuán precioso puede llegar a ser este apoyo moral. Con mi colaboración en su diario esperaba, de todo corazón, aportar un poco de apoyo a los obreros de R.

No creo que usted tenga una idea exacta de lo que es precisamente el espíritu de clase. Me parece que no se puede explicitar de ningún modo por medio de simples palabras pronunciadas o escritas. Este espíritu viene determinado por las condiciones de vida efectivas y suscitado por las humillaciones, los sufrimientos impuestos y la subordinación. La presión inexorable y diaria de la necesidad no cesa de reprimirlo, hasta el punto de convertirlo con frecuencia en servilismo en los caracteres más débiles. Aparte excepcionales momentos que yo creo que no pueden ni provocarse ni evitarse, ni tampoco ser previstos, la presión de la necesidad es siempre sobradamente poderosa para mantener el orden, pues la correlación de fuerzas está demasiado clara. Pero si pensamos en la salud mental de los obreros, este permanente rechazo del espíritu de clase que se incuba siempre sordamente en cierto grado, y va mucho más lejos de lo que sería de desear. Dar alguna vez expresión a este sentimiento —sin demagogia, desde ya—, no sería excitarlo sino, por el contrario, endulzar su amargura. Para los desgraciados, su inferioridad social es infinitamente más pesada de llevar debido a que la encuentran presente en todas partes, como algo que viene dado.

No veo por qué artículos como el mío podrían tener efectos malos al publicarse en su diario. En otros diarios podrían —en último término— parecer tendenciosos, enfrentando a los pobres contra los ricos, a los subordinados contra los jefes, pero siendo publicados en un diario como el suyo solo pueden dar a los obreros el sentimiento de que damos un paso hacia ellos, de que hacemos un esfuerzo por comprenderlos. Y pienso que ellos le estarán agradecidos. Estoy convencida de que, si los obreros de R. pudieran encontrar en su diario artículos escritos verdaderamente para ellos, en donde sean cuidadosamente tratadas sus susceptibilidades —pues la susceptibilidad de los desgraciados está viva, aunque sea muda— resultaría el bien de desarrollar todo lo que puede elevarlos a sus propios ojos; solo resultaría el bien desde todo punto de vista.

En cambio, lo que puede avivar el espíritu de clase son las frases poco felices que, por efecto de una crueldad inconsciente, ponen el acento indirectamente en la inferioridad social de los lectores. Esas frases, poco felices, son numerosas en la colección de su diario. Si usted quiere se las señalaré en la próxima ocasión. Quizá sea imposible tener tacto con esta gente cuando se está, desde hace tanto tiempo, en una situación demasiado distinta a la suya.

Por otra parte, puede que las razones que usted da contra mis dos sugerencias sean justas. Es una cuestión, además, relativamente secundaria.

Le agradezco que me haya enviado los últimos números de su diario.

No iré a verlo en R., por la razón que le di, si es que usted sigue dispuesto a tomarme como obrera. Pero me parece entender que su disposición hacia mí ha cambiado. Tal proyecto, para triunfar, exige un elevado grado de confianza y de comprensión mutua.

Si usted no está dispuesto a emplearme, o si el Sr. M***[18] se opone, volveré ciertamente a R. en cuanto dis-

18. El dueño de la fábrica.

ponga de tiempo, ya que ha querido usted autorizarme tan amablemente a hacerlo. Le avisaré antes.

Reciba, estimado señor, mi más afectuoso saludo.

S. Weil

†

Un llamado a los obreros de R.

Queridos amigos desconocidos que sufren en los talleres de R., vengo a hacerles un llamado. Vengo a pedirles su colaboración para *Entre Nous*.

No necesitamos trabajo suplementario, pensarán ustedes. Ya tenemos bastante, así como estamos. Tienen toda la razón. Y, sin embargo, vengo a pedirles que tomen lápiz y papel y nos hablen un poco de su trabajo.

No se quejen. Lo sé muy bien: cuando se han hecho las ocho horas, uno está harto, estamos hasta aquí, por decirlo con una expresión que dice bien lo que quiere decir. Solo pedimos una cosa: no pensar más en la fábrica hasta la mañana del día siguiente. Es un estado de ánimo natural por el que hay que dejarse llevar. Cuando se está en ese estado de espíritu, lo mejor que podemos hacer es relajarnos: conversar con los compañeros, leer cosas que nos distraigan, compartir un copetín, jugar una partida de cartas, jugar con los hijos.

Pero ¿no hay acaso algunos días en que les pesa no poder expresarse, guardar siempre para uno lo que cada cual lleva en el corazón? Yo me dirijo a los que conocen ese sufrimiento. Quizá algunos de ustedes nunca hayan tenido esos sentimientos, pero cuando se tienen, son un auténtico sufrimiento.

Están en la fábrica solamente para cumplir consignas, entregar las piezas que se ajusten a las órdenes recibidas y recibir, los días de pago, la cantidad de dinero determinada por el número de piezas según las tarifas. Además de eso, ustedes son hombres: piensan, sufren, tienen momentos de alegría también, y seguramente horas agradables. A veces puede que se dejen llevar un poco; otras veces están obligados a hacer esfuerzos tremendos sobre ustedes mismos. Hay cosas que les interesan; otras los aburren. Pero de todo eso no hay nadie a su alrededor que se pueda ocupar. Y ustedes mismos están obligados a no ocuparse de eso. Les piden que hagan piezas, por chirolas.

Esta situación pesa a veces en el corazón, ¿no es cierto? A veces nos da la sensación de que no somos más que una simple máquina de producir.

Esas son las condiciones del trabajo industrial. No es culpa de nadie. Y algunos de ustedes quizá se acomodan a esta situación sin esfuerzo. Depende del temperamento de cada cual. Pero hay caracteres que son sensibles a esas cosas. Para los hombres con ese carácter este estado de cosas es demasiado duro.

Yo querría que *Entre Nous* sirviera para remediar un poco esto, si ustedes me quieren ayudar.

Aquí va lo que les pido. Si una tarde o un domingo, de golpe les hace mal guardarse lo que tienen en el corazón, tomen papel y lápiz. No busquen lindas frases, usen las primeras palabras que les vengan a la cabeza. Y digan qué es para ustedes el trabajo.

Digan si el trabajo los hace sufrir. Cuenten esos sufrimientos, tanto los sufrimientos morales como los físicos. Digan si hay momentos en el trabajo en que ya no pueden más; si en ocasiones, la monotonía del trabajo los desanima;

si los hace sufrir la preocupación constante por trabajar rápido; si sufren por estar siempre bajo las órdenes de los jefes.

Digan también si a veces sienten la alegría del trabajo, el orgullo por el esfuerzo realizado. Si les interesa su tarea. Si algunos días tienen el placer de sentir que la cosa va rápido y que, por consiguiente, van a ganar bien. Si, en ocasiones, pueden pasar varias horas trabajando maquinalmente, casi sin darse cuenta, pensando en otra cosa, perdiéndose en ensueños agradables. Si, a veces, están contentos de ejecutar las tareas que se les encargan sin necesidad de romperse la cabeza.

Digan, en general, si el tiempo que pasan en la fábrica les resulta largo, o si lo encuentran corto. Quizá depende de los días. Entonces traten de explicar exactamente el porqué.

Digan si, cuando van al trabajo, van llenos de ímpetu, o si todas las mañanas piensan: "¡Cuándo llegará la hora de salida!". Si salen con alegría por la tarde, o si salen, agotados, vacíos, abrumados por la jornada de trabajo.

Digan, por último, si en la fábrica se sienten apoyados por el sentimiento reconfortante de estar con otros colegas, o si, por el contrario, se sientes solos.

Pero, sobre todo, digan todo lo que les venga en gana, o todo lo que les pesa en el corazón.

Y cuando hayan terminado de escribir, no valdrá la pena firmar. Y ustedes mismos se arreglarán para que nadie pueda adivinar quién es el que escribe.

Es más, si esta precaución no fuera suficiente, tomaremos otra, si les parece bien. En lugar de enviar lo que hayan escrito a *Entre Nous*, mándenmelo a mí. Yo recopilaré los artículos para esa publicación y los apañaré de manera que no se pueda identificar a nadie. Cortaré un artículo en varios trozos y otras veces pondré juntos trozos de artículos distintos. Y me desenvolveré para que ni siquiera se llegue a saber de qué taller provienen las frases imprudentes. Y aunque se publiquen con esas precauciones, suprimiré, si las hay, las frases que me parezcan peligrosas para ustedes. Estén seguros de que pondré atención. Conozco bien cómo es la situación de un obrero dentro de la fábrica. Por nada del mundo quisiera que, por mi culpa, a alguno de ustedes le sucediera algo malo.

De este modo podrán expresarse libremente, sin tener ninguna preocupación por la prudencia. Ustedes no me conocen. Pero ¿sienten claramente, verdad, que solo deseo servirles, que por nada del mundo quisiera perjudicarlos? No tengo ninguna responsabilidad en la fabricación de las cocinas. Lo único que me interesa es el bienestar físico y moral de los que las fabrican.

Exprésense sinceramente, sin atenuar, sin exagerar nada ni para bien ni para mal. Pienso que decir la verdad sin reservas los aliviará un poco.

Sus camaradas los leerán. Si sienten como ustedes, se sentirán contentos de ver impresas esas cosas que quizá se movían en el fondo de su corazón sin poder traducirlas en palabras. O quizá eran cosas que habrían sabido expresar, pero las callaban por fuerza. Si piensan de otra manera, tomarán la lapicera a su vez para explicarse. De cualquier manera, se comprenderán mejor unos a otros. La camaradería saldrá ganando y eso ya será un gran bien. También sus jefes los leerán. Lo que leerán no siempre les gustará. No importa. No les hará mal escuchar verdades desagradables.

Después de leerlos, los comprenderán mucho mejor. Muchas veces los jefes, que en el fondo son hombres buenos, se muestran duros, simplemente porque no comprenden. Así es la naturaleza humana. Los hombres no saben ponerse en el lugar del otro.

Quizá encuentren la manera de remediar, al menos en parte, algunos sufrimientos que ustedes señalen. Los jefes muestran mucho ingenio en fabricar las cocinas económicas. ¿Quién sabe si no podrían también dar prueba de ingenio en la organización de unas condiciones de trabajo más humanas? Seguramente no les falta buena voluntad. La mejor prueba es que estas líneas aparezcan en *Entre Nous*.

Desgraciadamente, su buena voluntad no basta. Las dificultades son inmensas. En primer lugar, la despiadada ley del rendimiento pesa tanto sobre sus jefes como sobre ustedes. Pesa con un peso sobrehumano sobre toda la actividad industrial. No se puede prescindir de ella. Hay que doblegarse a ella, mientras exista. Entre tanto, lo que se puede hacer provisionalmente es tratar de evitar los obstáculos a fuerza de ingenio, buscar la organización más humana que sea compatible con un rendimiento dado.

Pero veamos lo que complica la cuestión. Ustedes son los que soportan el peso del régimen industrial, y no son ustedes los que pueden resolver o incluso plantear los problemas de organización. Son sus jefes los que tienen la responsabilidad de la organización. Y sus jefes, como todos los hombres, juzgan las cosas desde su punto de vista y no desde el de ustedes. No se dan cuenta de la forma en la que ustedes viven. Ignoran lo que ustedes piensan. Incluso los que han sido obreros se olvidan de estas cosas.

Lo que yo les propongo les permitirá quizá hacerles entender lo que no entienden, y eso sin peligro de humillaciones para ustedes. Por el lado de ellos, quizá se servirán a su vez de *Entre Nous* para dar una respuesta. Quizá los hagan participar de los obstáculos que les imponen las necesidades de la organización industrial.

La gran industria es lo que es. Lo menos que se puede decir es que impone duras condiciones de existencia. Pero no depende ni de ustedes ni de los patrones transformarla en un futuro próximo.

En semejante situación, lo que me parece que sería ideal es que los jefes comprendan cuál es, precisamente, la suerte de los hombres que utilizan como mano de obra. Y necesitamos que su preocupación dominante no sea siempre aumentar el rendimiento al máximo, sino organizar de un modo más humano las condiciones de trabajo, que sean compatibles con el rendimiento indispensable para la existencia de la fábrica.

Por otra parte, los obreros deberían conocer y comprender las necesidades a las cuales está sometida la actividad fabril. Así podrían controlar y apreciar la buena voluntad de los jefes. Perderían el sentimiento de estar sometidos a órdenes arbitrarias y los sufrimientos inevitables serían, quizá, menos amargos de soportar.

Seguramente este ideal no es realizable. Las preocupaciones cotidianas pesan mucho sobre unos y otros. Por otra parte, la relación de jefe a subordinado no es de esas que facilitan la comprensión mutua. Nunca se comprende del todo a aquellos a los que damos órdenes. Nunca se comprende del todo tampoco a aquellos de quienes recibimos órdenes.

Pero lo que podríamos hacer es acercarnos un poco a este ideal. Ahora depende de ustedes probar. Aunque sus cortos artículos no obtengan serias mejoras prácticas, siempre tendrán la satisfacción, al menos, de haber expresado una vez su punto de vista personal.

Entonces, ¿nos hemos entendido? Cuento con recibir pronto muchos artículos.

No quiero terminar sin agradecer de todo corazón al Sr. B. por haberme permitido publicar este llamamiento.

†

*Bourges, 31 de enero de 1936*

Señor:

Su carta suprime todas las razones que me impedían ir a R. Iré, entonces, a verlo, salvo aviso en contra de su parte, el viernes 14 de febrero después de almorzar.

La manera como yo me represento las condiciones morales de vida de los obreros le parece a usted demasiado negra. Qué puedo contestarle, si no es repetirle, por penosa que sea tal confesión, que he tenido que pasar por todos los males del mundo, para no perder el sentimiento de mi dignidad. Hablando con franqueza, casi la pierdo con motivo del primer choque por tan brutal cambio de vida. Y me fue muy penoso recuperarla. Un día me di cuenta de que unas semanas de esta existencia habían bastado para transformarme en dócil bestia de carga, y que recién los domingos retomaba yo, un tanto, la conciencia de mí misma. Entonces me pregunté con horror en qué me convertiría si los azares de la vida me llevaban a trabajar de esa manera, sin descanso semanal. Me juré a mí misma que no abandonaría la condición obrera sin antes haber aprendido a soportarla de forma que se conservara intacto el sentimiento de mi dignidad de ser humano. Y mantuve la palabra. Pero, hasta el último día, sentí que era un sentimiento que debía ser reconquistado siempre, porque las condiciones de la existencia lo borraban y tendían a rebajarme a bestia de carga.

Me sería fácil y cómodo mentirme un poco a mí misma y olvidar todo eso. Me habría sido fácil no sentirlo si hubiese vivido esa experiencia como un simple juego, como un explorador que se va a vivir en poblados lejanos, pero sin olvidar jamás que es un extranjero. Por el contrario, yo descartaba sistemáticamente todo lo que podía recordarme que esta experiencia era una simple experiencia.

Podrá usted dudar de la legitimidad de esta generalización. Yo misma he dudado. Pero me dije que tal vez no eran las condiciones de vida las que eran demasiado duras, si no que me faltaba fuerza de carácter. No obstante, esta no me faltó del todo, ya que he sabido aguantar hasta la fecha que me había fijado desde un principio.

Es verdad que yo era muy inferior en resistencia física a la mayoría de mis camaradas (felizmente para ellos). Y la vida de fábrica es más oprimente cuando pesa sobre el cuerpo veinticuatro horas sobre veinticuatro, como era con frecuencia mi caso, que cuando pesa solamente ocho horas, como en el caso de los más fornidos. Pero otras circunstancias compensaban en gran medida esta desigualdad.

Por cierto, que más de una confidencia o semiconfidencia de obreros ha venido a confirmar mis impresiones.

Queda la cuestión de la diferencia entre R. y las fábricas que he conocido. ¿En qué puede consistir esa diferencia? Dejando de lado la proximidad del campo, ¿estará en las dimensiones? Mi primera fábrica tenía 300 obreros, y el director tenía la impresión de conocer bien a su personal. ¿O estará en las obras sociales? Sea cual fuere su utilidad material, me temo que, moralmente, no hacen sino aumentar la dependencia. ¿Estará en los contactos frecuentes entre superiores e inferiores? Me cuesta pensar que esto pueda reconfortar moralmente a los inferiores. ¿Queda otra cosa por ver? Quisiera poder verlo yo misma.

Lo que me contó usted sobre el silencio observado por todos los que asistían a la última asamblea general de la cooperativa no hace más que confirmar, me parece, mis suposiciones. Usted no fue por temor a quitarles la valentía de hablar —y, a pesar de todo, nadie se animó a hablar—. Los resultados constantes de las elecciones municipales me parecen también significativos de por sí. Por último, no puedo olvidar las miradas de los moldeadores cuando pasaba entre ellos al lado del hijo del patrón.

Para mí, su argumento más poderoso, aunque no tenga absolutamente ninguna relación con la cuestión, es la imposibilidad que usted tendría de creerme sin perder, al mismo tiempo, casi todo estímulo para trabajar. En efecto, yo no me veo para nada a la cabeza de una fábrica, suponiendo que tuviere capacidad para ello. Esta consideración no cambia en nada mi manera de ver, pero me quita en gran medida el deseo de compartirlo con usted. No me determino a decir cosas desmoralizantes con alegría de corazón, créalo. Pero ¿debería yo esconder lo que pienso que es la verdad en este tema?

Hay que perdonarme si pronuncio la palabra "jefe" con demasiada amargura. Es difícil que sea de otra manera cuando se ha estado sometido a una subordinación total, que no olvidamos. Es totalmente exacto que usted había tenido cuidado de darme todas sus razones concernientes a mi artículo y que yo no tenía derecho de expresarme como lo hice sobre este tema.

Usted exagera un poco suponiendo que yo pongo en su cuenta un pasivo aplastante y un activo nulo. Lo que pongo en el pasivo lo pongo en el pasivo de la función más que del hombre. Y en el activo yo sé, al menos, que hay que poner las intenciones. Admito voluntariamente que también hay realizaciones; simplemente estoy convencida de que son muchas menos y de un alcance mucho menor de lo que uno está llevado a creer cuando se ven las cosas desde arriba. Estamos muy mal ubicados arriba para darnos cuenta y abajo para actuar. Pienso que ahí está, de un modo general, una de las causas esenciales de las desgracias humanas. Por eso yo quise ir personalmente abajo, y quizá vuelva allí. Por eso también querría tanto, en alguna empresa, colaborar desde abajo con el que la dirige. Pero debe ser una quimera.

Pienso que no me quedará ninguna amargura personal de nuestras relaciones, al contrario. Para mí, que elegí libremente, y casi sin esperanza, ponerme en la perspectiva de los que están abajo, es reconfortante poder conversar a corazón abierto con un hombre como usted. Eso ayuda a no desesperar de los hombres, pese a las instituciones. La amargura que tengo concierne únicamente a mis camaradas desconocidos de los talleres de R., por quienes debo renunciar a intentar cualquier cosa. Pero solo puedo agarrármela conmigo misma por haberme dejado llevar por esperanzas irrazonables.

En cuanto a usted, no puedo sino agradecerle haber querido prestarse a entrevistas de las que ignoro si podrá sacar algún provecho, pero que, para mí, son preciosas.

Con mis sentimientos más distinguidos.

S. WEIL

✝

Señor:

Creo que lo mejor para nosotros sería alternar las conversaciones escritas con las orales. Sobre todo, porque tengo la impresión de no haber sabido hacerme comprender bien en nuestra última entrevista.

No puedo citarle ningún caso concreto de mal recibimiento por parte de un jefe a una queja legítima de un obrero. ¡Cómo iba yo a arriesgarme a tener esa experiencia! Si me hubiera encontrado con un recibimiento así, soportarlo en silencio —como hubiese hecho probablemente— hubiera sido una humillación mucho más dolorosa que la cosa misma de la que habría ido a quejarme. Replicar, impulsada por la cólera, hubiera significado probablemente tener que buscar enseguida un nuevo trabajo. Por supuesto que no se sabe de antemano si vamos a ser mal recibidos, pero sabemos que es posible, y esa posibilidad basta. Es posible porque un jefe tiene, como cualquier hombre, sus momentos de mal humor. Y, además, porque se tiene el sentimiento de que no es normal, en una fábrica, pretender que nos concedan alguna consideración. Yo le he contado cómo un jefe me obligó durante dos horas a correr el riesgo de ser aplastada por un volante; me hizo sentir, por primera vez, lo que yo valía para él, es decir, nada. Después toda una serie de pequeñas cosas me ha refrescado la memoria a este respecto. Ejemplo: en otra fábrica solo se podía entrar cuando sonaba un timbre, diez minutos antes de la hora. Pero antes del timbre se abría una puerta pequeña dentro del portón. Los jefes que llegaban antes, pasaban por ahí. Las obreras —y yo misma, más de una vez— esperaban afuera pacientemente, adelante de esta puerta abierta, incluso cuando llovía. *Etcétera.*

Claro que uno puede optar por defenderse con firmeza, arriesgándose a cambiar de sección, pero el que toma ese partido tiene muchas posibilidades de un pronto despido, y entonces más vale no meterse por ahí. Actualmente, en la industria, al que no tiene un certificado de capataz o de alguna calificación profesional, le es difícil encontrar una buena colocación. Puede errar de un lado a otro haciendo cálculos, antes de gastar en un boleto de metro; pararse indefinidamente delante de las oficinas de empleo; ser rechazado y volver, a pesar de todo, un día y otro; es una experiencia en la que uno deja gran parte de su orgullo. Al menos es lo que he observado a mi alrededor y, antes que nada, en mí misma. Reconozco que se puede concluir pura y simplemente que no se sabe qué hacer. Me lo he repetido muchas veces a mí misma.

En cualquier caso, estos recuerdos me hacen considerar como algo absolutamente normal la respuesta de su obrero comunista. Debo confesarle que lo que usted me dijo sobre este tema se me quedó en el corazón. Que usted haya dado prueba, en otros tiempos, de valentía hacia los jefes no le da derecho a juzgarlos. No solamente las dificultades económicas no eran comparables, sino que su situación moral era totalmente distinta si, como creo recordar, usted ocupaba en ese momento puestos de más o menos responsabilidad. Yo, en iguales condiciones, e incluso con mayores riesgos, resistiría —pienso—, llegado el caso, a mis jefes universitarios —si se implantara un régimen autoritario cualquiera— con una firmeza muy distinta a la que tendría, en una fábrica, ante un encargado o un director. ¿Por qué? Claramente por una razón análoga a la que, durante la guerra, le era más fácil ser valiente a un oficial que a un soldado; hecho que conocen bien los excombatientes y que yo he señalado más de una vez. En la universidad yo tengo derechos, tengo una dignidad, y una responsabilidad que defender. ¿Qué puedo defender como obrera de fábrica, si cada día debo renunciar a cualquier tipo de derecho en el mismo instante en que marco el reloj de control de entrada? Solo puedo defender mi propia vida. Si tuviera que soportar a la vez la subordinación del esclavo y correr los riesgos del hombre libre, sería demasiado. Forzar a un hombre que se encuentra en tal situación a elegir entre ponerse en peligro o escabullirse, como usted dice, es infligirle una humillación que sería más humano ahorrarle.

Lo que usted me contó a propósito de la reunión de la cooperativa, cuando me decía —con una punta de desprecio, me parece— que nadie se había animado a hablar en ella, me había inspirado análogas reflexiones. ¿No es lamentable esa situación? Nos encontramos sin recursos, bajo el golpe de una fuerza completamente desproporcionada a la que uno tiene, fuerza sobre la que no podemos nada, y por la cual se corre riesgo constante de ser aplastado. Y cuando, con amargura en el corazón, nos decidimos a someternos y a doblegarnos, somos despreciados por nuestra falta de valentía, por los mismos que manejan esta fuerza.

No puedo hablar de estas cosas sin amargura, pero créame que no va dirigida contra usted. Hay ahí una situación de hecho en la que, en definitiva, no sería justo asignarle a usted una responsabilidad más grande que a mí misma, o a otro cualquiera.

Volviendo al tema de la relación con los jefes, yo tenía una regla de conducta personal muy firme. No concibo las relaciones humanas más que en el plano de la igualdad. A partir del momento en que alguien comienza a tratarme como un inferior, a mis ojos ya no hay relación humana posible entre él y yo, y lo trato a mi vez como superior, es decir que yo sufro su poder como sufriría el frío o la lluvia. Quizá un carácter tan malo puede ser excepcional, sin embargo, sea orgullo, sea timidez o sean ambas cosas, siempre he visto que el silencio, en la fábrica, es un fenómeno general. Y tengo ejemplos bien chocantes de eso.

Le propuse poner una caja de sugerencias concerniendo no ya la producción, sino el bienestar de los obreros, porque esta idea me había venido en la fábrica. Tal procedimiento evitaría todo riesgo de humillación; usted me dirá que siempre recibe bien a los obreros, pero ¿quién sabe si usted mismo no tiene momentos fuera de lugar de mal humor o de ironía?; y constituiría una invitación formal de parte de la dirección. Además, con solo ver la caja en el taller, se tendría un poco menos la impresión de que no contamos para nada.

En resumen, he sacado dos lecciones de mi experiencia. La primera, la más amarga e imprevista, es que la opresión, a partir de cierto grado de intensidad, engendra, no una tendencia a la rebelión, sino una tendencia casi irresistible a la más completa sumisión. Pude constatarlo en mí misma, en mí, que, sin embargo, no tengo, como usted ha constatado, un carácter dócil, por eso creo que la experiencia es concluyente. La segunda es que la humanidad se divide en dos categorías: la gente que cuenta para algo y la que no cuenta para nada. Cuando se está en la segunda, se llega a encontrar natural no contar para nada, lo que ciertamente no quiere decir que no se sufra. A mí me parecía lo normal. Así como, a pesar mío, llego a encontrar casi natural en el presente contar para algo. Digo a pesar mío porque me esfuerzo por reaccionar, ya que me da tanta vergüenza contar para algo dentro de una organización social que menosprecia la humanidad. La cuestión, en este momento, es saber si, en las condiciones actuales, se puede conseguir en el marco de la industria que los obreros cuenten y tengan conciencia de contar para algo. A estos efectos, no basta que un jefe se esfuerce por ser bueno con ellos, es necesario algo más.

A mi modo de ver, primero sería necesario que se entienda bien por parte del jefe y los obreros que este estado de cosas, en el que ellos y tantos otros no cuentan para nada, no puede ser considerado como normal; que las cosas no son aceptables tal como están. Ciertamente, en el fondo, cada uno sabe, pero tanto de una parte como de la otra nadie se anima a hacer la más mínima alusión; y sea dicho de paso que cuando un artículo hace alusión a ello no se publica en el diario de la fábrica. También habría que dejar bien sentado que este estado de cosas es debido a necesidades objetivas, que hay que tratar de poner en claro. La encuesta que yo imaginaba debía tener como complemento —no sé si lo puse en el papel que usted tiene en sus manos— las exposiciones suyas sobre los obstáculos a las mejoras reclamadas (organización, rendimiento, etc.). En algunos casos habría que adjuntar artículos escritos de orden más general. La regla para esos intercambios de puntos de vista debería ser la total igualdad entre interlocutores, una franqueza y una claridad completas de una y otra parte. Si se pudiera llegar a eso, ya sería, a mis ojos, un buen resultado. Me parece que cualquier sufrimiento es menos aplastante, y tiene menos posibilidades de degradar, cuando se conoce el mecanismo de las necesidades que lo provocan. Y es un gran consuelo sentirse comprendido y ver cómo, en cierto modo, lo comparten los que no lo sufren. Además, quizá se pueden obtener algunas mejoras.

También estoy convencida de que solo de este lado se puede encontrar un estimulante intelectual para los obreros. Hay que tocar para provocar interés. ¿A qué sentimiento podremos apelar para tocar a esos hombres cuya sensibilidad está todos los días golpeada y comprimida por el servilismo social? Me parece que hay que apelar al sentimiento mismo que tienen de este servilismo. Me puedo equivocar, cierto. Pero lo que me confirma en esta opinión es que, en general, se encuentran solo dos especies de obreros que se instruyen solos: los hombres que ambicionan ascender de grado o los que se rebelan. Espero que esta observación no le de miedo.

Si, por ejemplo, en el curso de estos intercambios de puntos de vista, la ignorancia de los obreros llegara a ser reconocida, de común acuerdo, como constituyendo uno de los obstáculos para una organización más humana, ¿no sería esa la única introducción posible a una serie de artículos de verdadera vulgarización? La búsqueda de un verdadero método de vulgarización, cosa completamente desconocida hasta hoy, es una de mis preocupaciones dominantes, y a este respecto la tentativa que yo le propongo sería, para mí, infinitamente preciosa.

Claro es que todo eso comporta un riesgo. El cardenal Retz decía que el Parlamento de París había provocado la Fronda, levantando el velo que debe cubrir las relaciones entre los derechos del rey y los del pueblo, "derechos que no se concuerdan nunca si no es en silencio". Esta fórmula puede hacerse extensiva a otras formas de dominio. Si usted solo triunfa a medias en esa tentativa, resultaría que los obreros seguirían sin contar para nada, al mismo tiempo que dejarían de encontrarlo como natural lo que sería un mal para todo el mundo. Correr este riesgo sería, sin ninguna duda, para usted, asumir una gran responsabilidad. Pero rechazar ese riesgo sería también asumir una gran responsabilidad. Tal es el inconveniente del poder.

Pero me parece que exagera usted este peligro. Usted parece temer que se modifique la relación de fuerza que somete al obrero a su dominación. Pero eso me parece imposible. Solo hay dos cosas que puedan modificarlo: o la vuelta a una prosperidad económica suficiente para provocar que falte la mano de obra, o una revolución. Los dos parecen del todo improbables en el corto plazo. Y si se produjera un movimiento revolucionario, sería un soplo surgido de golpe en los grandes centros que barrería con todo. Lo que usted pueda hacer o dejar de hacer en R. no tiene ninguna influencia en los fenómenos de tal envergadura. Pero, en la medida en que se puede predecir en esta materia, no se producirá nada parecido, a no ser una guerra desgraciada. Yo, que conozco un poco el interior, el movimiento obrero francés, por una parte, y por otra, las masas obreras de la región parisiense, he adquirido la convicción, bien triste para mí, de que no solamente la capacidad revolucionaria, sino, más en general, la capacidad de acción de la clase obrera francesa son casi nulas. Creo que solo los burgueses pueden hacerse ilusión con este tema. Ya volveremos sobre ello, si usted quiere.

La tentativa que yo propongo se haría por etapas. Y siempre estaría en sus manos, en todo momento, la posibilidad de retirarse del todo y parar la cosa. Los obreros tendrían que someterse, solo que con mayor amargura en el corazón. ¿Qué otra cosa quiere usted que hagan? Pero reconozco que es un riesgo todavía demasiado serio.

Usted sabrá si vale la pena correr el riesgo. Me parece ridículo lanzarse ciegamente. Antes habría que tantear el terreno tirando alguna sonda. En mi espíritu, el artículo que usted ha rechazado debía constituir uno de esos sondeos. Sería demasiado largo exponer por escrito como sería eso.

A propósito del diario, tengo el sentimiento de haber explicado muy mal qué tienen de malo los pasajes que le he reprochado (relatos de comidas opíparas, etc.).

Me voy a servir de una comparación. Los muros de una habitación, incluso pobre y despojada, no tienen nada de penoso para mostrar. Pero si la pieza es una celda de prisión, cada mirada sobre el muro es un sufrimiento. Exactamente igual ocurre con la pobreza, cuando esta está ligada a una subordinación y a una completa dependencia. Como la esclavitud y la libertad son simples ideas, y que son las cosas las que hacen sufrir, cada detalle de la vida cotidiana donde se refleja la pobreza a la que estamos condenados duele; no a causa de la pobreza, sino a causa de la esclavitud. Más o menos como el ruido de cadenas a los cautivos de antes, imagino yo. Por eso, también, hacen mal todas las imágenes del bienestar del que estamos privados, cuando se presentan de manera que recuerdan que estamos privados de él. Porque ese bien tal vez implica también la libertad. La idea de una buena comida en un marco agradable era, para mí, el año pasado, algo doloroso, como la idea de prados y mares para un prisionero, y por las mismas razones. Tenía aspiraciones al lujo que no tuve, ni antes ni después. Podrá suponer que es porque ahora las puedo satisfacer en alguna medida. Pero no; dicho sea entre nosotros: no he cambiado mucho mi manera de vivir desde el año pasado. Me pareció inútil perder los hábitos que, un día u otro, casi seguro, deberé retomar, ya sea por obligación, ya sea voluntariamente, y que puedo mantener sin mucho esfuerzo. El año pasado, la privación más insignificante me recordaba por sí sola, siempre un poco, que yo no contaba para nada, que no tenía derecho de ciudadanía en ningún lado, que estaba en el mundo para someterme y obedecer. Esa es la razón por la cual no es verdad que la relación entre su nivel de vida y el de sus obreros es análoga a la relación entre su nivel de vida y el de un millonario. En un caso hay una diferencia de grado, en el otro, de naturaleza. Y por eso, cuando tenga ocasión de darse un "festín", lo mejor es aprovechar y callarse.

Cierto que, cuando se es pobre y dependiente, siempre se tiene como recurso, si tenemos el alma recia, la valentía y la indiferencia frente a los sufrimientos y privaciones. Era el recurso de los esclavos estoicos. Mas es un recurso que está prohibido a los esclavos de la industria moderna, porque viven de un trabajo cuyo único estímulo —por la sucesión mecánica de movimientos y la rapidez de su ritmo— es el miedo y el incentivo de la plata. Suprimir en sí estos dos sentimientos a fuerza de estoicismo es ponerse fuera de estado de trabajar al ritmo exigido. Lo más sencillo, entonces, para sufrir lo menos posible, será poner el alma por debajo de estos dos sentimientos, pero eso sería degradante. Si se quiere conservar la dignidad ante sí mismo, debemos abocarnos a las luchas diarias contra nosotros mismos, a un perpetuo desgarramiento, a un perpetuo sentimiento de humillación, a sufrimientos morales extenuantes. Porque debemos abajarnos sin cesar, para satisfacer las exigencias de la producción industrial, y levantarnos, para no perder la propia estima, y así siempre. Eso es lo horrible de la forma moderna de opresión social; la bondad o brutalidad de un jefe no pueden cambiar gran cosa. Me parece que usted se podrá dar cuenta claramente de que lo que acabo de decir se aplica a cualquier ser humano que esté en esa situación, sea quien sea.

¿Qué hacer entonces, dirá usted? Una vez más, creo que hacer sentir a esos hombres que los comprendemos ya sería reconfortante para los mejores de ellos. La cuestión es saber si, de hecho, entre los obreros que trabajan actualmente en R. hay quienes tengan la suficiente elevación de corazón y de espíritu para que se les pueda conmover de la manera que imagino. Usted no tiene manera de darse cuenta de eso a través de las relaciones de jefe a subordinado. Yo creo que podría saberlo mediante los sondeos que le decía. Pero, a estos efectos, sería bueno que el diario no me cierre sus puertas…

Creo haberle dicho todo lo que tenía para decirle. A usted le toca ahora reflexionar. El poder y la decisión están enteramente en sus manos. Solo puedo ponerme a su disposición, llegado el caso. Fíjese que me pongo toda entera, pues estoy lista a someterme de nuevo, cuerpo y alma, por un espacio de tiempo indeterminado, al monstruoso engranaje de la producción industrial. En este asunto yo me pondré en juego tanto como usted, esto será, para usted, una garantía de seriedad.

Solo una cosa quiero añadir. Crea de verdad que, si usted se niega categóricamente a comprometerse en la vía que yo le sugiero, lo comprenderé perfectamente y no dejaré de estar completamente convencida de su buena voluntad. Y le estaré siempre agradecida infinitamente de haber querido conversar conmigo a corazón abierto.

No me animo a hablarle de otra nueva entrevista; temo abusar. Y, sin embargo, para instruirme, todavía tengo preguntas para hacerle (especialmente sobre sus primeros estudios de química y sobre la adaptación de las herramientas industriales durante la guerra). Por lo demás, dudo de nuevo, por las mismas razones que antes, de verlo en la fábrica. Le dejo que usted arregle este tema.

Reciba un afectuoso saludo,

S. Weil

*P. S.:* No tengo derecho a pedirle esto, pero para mí sería un placer seguir recibiendo *Entre Nous.*

†

*Bourges, 16 de marzo de 1936*

Señor:

Tengo que pedirle perdón por atosigarlo así con mis cartas. Debe pensar que soy, me temo, cada vez más venenosa… Pero me obsesiona su fábrica y me gustaría terminar con esta preocupación.

Me digo que quizá mi posición, entre usted y las organizaciones obreras, no le parezca clara. Que si en el curso de nuestras entrevistas usted tiene confianza en mí —así lo siento—, me supondrá, más o menos, con toda suerte de prejuicios. Si es así, haría mal en no decírmelo de manera contundente, y en no interpelarme de modo fuerte. No hay confianza verdadera ni afecto verdadero sin esa franqueza un tanto brutal. De todas formas, le debo una explicación de mi posición en materia social y política.

Deseo de todo corazón una transformación tan radical como sea posible del régimen actual en el sentido de una mayor igualdad en la relación de fuerzas.

No creo de ningún modo que lo que llamamos en nuestros días revolución pueda llevarnos a eso. Antes y después de una revolución que se pretende obrera, los obreros de la R. seguirán obedeciendo pasivamente, hasta tanto la producción siga fundándose sobre la obediencia pasiva. Que el director de R. esté bajo las órdenes de un administrador delegado representante de algunos capitalistas, o bajo las órdenes de un *"trust* de Estado" pretendidamente socialista, la única diferencia estará en que la fábrica, por su lado, estará en manos diferentes, y, por otro lado, la policía, la marina, las prisiones, etc. estarán en las mismas manos. La desigualdad en la relación de fuerzas no habrá disminuido, sino que se habrá acentuado.

Esta consideración, sin embargo, no me lleva a estar *contra* los llamados partidos revolucionarios. Hoy en día, todas las agrupaciones políticas que cuentan tienden por igual a la acentuación de la opresión y a la intervención del Estado en todos los instrumentos de poder. Algunos llaman a esto revolución obrera; otros, fascismo; otros, defensa nacional. Sea cual fuere la etiqueta, dos factores dominan todo: por una parte, la subordinación y la dependencia implicadas por las formas modernas de la técnica y de la organización económica, y, por otra parte, la guerra. Todos los que quieren una "racionalización" creciente, por un lado, y los que quieren preparar la guerra, por otro, son iguales a mis ojos.

En lo que concierne a las fábricas, la cuestión que me preocupa, totalmente independiente del régimen político, es la del paso progresivo de la subordinación total a cierta mezcla de subordinación y de colaboración. Siendo lo ideal, claro está, la colaboración pura.

Al devolverme mi artículo, usted me reprocha excitar cierto espíritu de clase, por oposición al espíritu de colaboración que usted quisiera que reinara en la comunidad de R. Por espíritu de clase usted entiende, supongo yo, espíritu de rebelión. Pero yo no deseo nada semejante. Entendámonos, cuando las víctimas de la opresión social se rebelan de hecho, todas mis simpatías van hacia ellos, aunque no con esperanza. Cuando un movimiento de rebelión consigue un éxito parcial, me alegro. Pero yo no deseo, de ningún modo, suscitar el espíritu de revuelta, y eso menos por interés hacia el orden, que por interés moral hacia los oprimidos. Sé demasiado bien que, cuando estamos bajo el peso de una acuciante necesidad, si nos rebelamos por un momento, al siguiente caemos de rodillas. La aceptación de los sufrimientos físicos y morales inevitables, en la precisa medida en que son inevitables, es la única manera de conservar la dignidad. Pero aceptación y sumisión son dos cosas muy distintas.

El espíritu que yo quiero suscitar es, precisamente, este espíritu de colaboración que usted me contraponía. Se trata de un espíritu que supone una efectiva colaboración. Nada de eso percibo en la actualidad en R., sino al contrario, una total subordinación. Por esa razón había escrito ese artículo —que para mí debía ser el primero de una serie— de manera que podía dar la impresión de ser un aliento camuflado a la revuelta; ya que, para hacer pasar a los hombres de una subordinación total a un grado cualquiera de colaboración, es necesario, me parece, comenzar por hacerles levantar la cabeza.

Me pregunto si usted se da cuenta del poder que ejerce. Poder más propio de un dios que de un hombre. ¿Pensó alguna vez lo que significa para un obrero que usted lo despida? Me figuro que lo más corriente será que deba irse del pueblo para encontrar trabajo. Pasará por lugares donde no tiene ningún derecho a ninguna ayuda. Si la mala suerte —cosa demasiado probable en las actuales circunstancias— prolongara vanamente su carrera errante, de oficina de empleo en oficina de empleo, bajará escalón a escalón, abandonado por Dios y por los hombres, absolutamente privado de todo recurso, un descenso que —si alguna empresa no le tira la limosna de un trabajo— lo llevará, primero, a una caída sin fondo y, al fin, a una muerte lenta. Y eso sin que ni el orgullo, ni la valentía, ni la inteligencia puedan defenderlo. Usted sabe que no exagero, ¿verdad? Tal es el precio que podemos llegar a pagar, siempre que la mala suerte se interponga, si tenemos la desgracia de ser juzgados por usted, por una u otra razón, como indeseables en R.

En cuanto a los que se quedan en R., son casi todos peones. Ellos no tienen que colaborar en la fábrica; solo tienen que obedecer, obedecer y nada más que obedecer, desde el momento en que el que fichan al entrar, hasta el momento en el que fichan para salir. Afuera de la fábrica se encuentran en medio de cosas que están hechas para ellos, pero que han sido hechas por usted. Y lo mismo pasa con la cooperativa que, de hecho, no controlan.

Lejos de mí reprocharle este poder, ya que ha sido puesto en sus manos. Y usted lo ejerce, estoy segura de eso, con la mayor generosidad posible —teniendo en cuenta, por una parte, la obsesión por el rendimiento y, por otra, el grado inevitable de incomprensión—. Pero no es menos cierto que siempre y por todos lados solo hay subordinación.

Lo que usted hace por los obreros lo hace gratuita y generosamente, y ellos estarán siempre agradecidos. Ellos no hacen nada que no sea por obligación o por el incentivo del dinero. Todos sus gestos les son dictados; el único terreno en el que pueden poner algo de ellos mismos es en la cantidad de trabajo, y a su esfuerzo corresponde solo una cantidad suplementaria de dinero. Nunca tendrán derecho a una recompensa moral por parte de otro o de ellos mismos: agradecimientos, elogios o, simplemente, sentirse satisfecho con uno mismo. Ese es uno de los peores factores de depresión moral en la industria moderna. Yo lo sentía todos los días, y estoy segura de que a muchos les pasa lo mismo. (Además, añadiría este punto al cuestionario si es que usted lo va a utilizar).

Se preguntará cuáles son las formas concretas de colaboración que tengo pensadas. Solo tengo asomos de ideas a este respecto, pero confío en que se podrá llegar a algo más completo estudiando el tema en concreto.

Solo me queda dejarlo con sus propias reflexiones. Tiene usted, por así decir, todo el tiempo que quiera para decidir, siempre que uno de estos días no venga una guerra o una dictadura "totalitaria" a quitarnos todo poder de decisión en todos los ámbitos.

Tengo ciertos remordimientos con relación a usted. En el caso, al fin y al cabo, probable de que nuestros intercambios de puntos de vista quedaran sin efecto, yo no habría hecho nada más que comunicarle mis preocupaciones dolorosas. Este pensamiento me apena. Usted es relativamente feliz, y para mí la felicidad es algo precioso y digno de respeto. No quiero trasmitir inútilmente a mi alrededor la amargura imborrable que me dejó mi experiencia.

CON MI MAYOR AFECTO.

S. WEIL

*P. S.:* Me duele haber olvidado un tema en nuestra última conversación. Lo apunto aquí solo para estar segura de que, llegado el caso, no lo volveré a olvidar. Me pareció entender, según lo que usted contaba, que está prohibido hablar en la fábrica bajo pena de multa. ¿De verdad es así? Si fuera el caso tendría mucho que decirle sobre la dura coacción que constituye para un obrero tal reglamento, y más en general, sobre el principio de que durante el trabajo no se puede perder ni un minuto.

†

*Martes, 30 de marzo*

Señor:

Gracias por su invitación. Desgraciadamente hay que postergar la entrevista tres semanas. Imposible acercarme esta semana. Estoy físicamente aplastada. Apenas tengo fuerza para dar la clase. Después, quince días de vacaciones que no pasaré en Bourges. Espero estar relativamente en forma a la vuelta. Para fijar ideas, ¿le parece bien que, salvo aviso en contra de ambas partes, vaya a verlo el lunes 20 de abril?

En suma, me parece que el único obstáculo serio para tomarme como obrera es cierta falta de confianza. Los obstáculos materiales de los que me habló son obstáculos superables. Esto es lo que quiero decir. Usted piensa acertadamente que yo no considero a los obreros de R. como un terreno de experimentación. Me sentiría tan desgraciada como usted si un intento de mejorar su suerte terminara agravándola. Así que, si trabajando en R., yo sintiera, por emplear sus palabras, que la ejecución de mis proyectos pudiera poner en peligro la necesaria serenidad, sería la primera en renunciar. Sobre eso, estamos de acuerdo. El punto delicado es la apreciación de la situación moral de los obreros.

En este tema usted no se fiaría de mí. Es legítimo y lo entiendo. Además, me doy cuenta de que yo misma soy la causa, en cierta medida, de esa falta de confianza, por haberle escrito con mucha torpeza y expresado mis ideas de forma muy brutal. Pero lo hice a sabiendas. Soy incapaz de usar artificios para hablar con la gente que aprecio.

Si va a París, no deje de ver el último filme de Charles.[19] Él expresa, por fin, algo de lo que yo siento. No crea que las preocupaciones sociales me hacen perder alegría de vivir. Sobre todo, en esta época del año no olvido que "Cristo ha resucitado". (Hablo en metáfora, se entiende). Espero que así sea para todos los habitantes de R.

CORDIALMENTE,
S. WEIL

Como no nos veremos de aquí a un cierto tiempo, quiero decirle en una palabra que las anécdotas y reflexiones sobre la vida de la fábrica contenidas en mis cartas le han dado de mí, a juzgar por la respuesta, una opinión más mala de la que merezco. Aparentemente es imposible darme a entender. Espero que el filme de Charles lo consiga mejor que lo que yo pueda decirle.

Si yo, que soy vagamente considerada como alguien

19. Se refiere a Charles Chaplin.

que sabe expresarse, no llego a hacerme entender por usted, a pesar de su buena voluntad, uno se pregunta qué procedimiento podrá llevar a que se entiendan la mayoría de los obreros y patrones.

Una palabra también para la división del trabajo que cuenta con su aprobación, que asigna a uno la tarea de usar la garlopa y a otro la de pensar cómo ensamblarla. Esa es la cuestión fundamental y lo único que nos separa esencialmente. He observado, entre los seres frustrados entre los que he vivido, que siempre —y no recuerdo ninguna excepción— la elevación del pensamiento —la facultad de comprender y formar ideas generales— iba a la par con la generosidad del corazón. Dicho de otra manera, lo que rebaja la inteligencia degrada a todo el hombre.

Pongo por escrito otra observación para que pueda meditarla. Yo, en mi calidad de obrera, estaba en condiciones doblemente inferiores, expuesta a sentir mi dignidad herida no solo por los jefes, sino también por los obreros, por el hecho de ser mujer. Vea que, por mi parte, no tenía ninguna susceptibilidad con el tipo de bromas que se acostumbra a hacer en las fábricas. He constatado, no tanto en la fábrica como a lo largo de mis vueltas de desempleada errante, en las que me había obligado a no desaprovechar ninguna ocasión de entrar en conversación, que casi siempre los obreros capaces de hablar con una mujer sin herirla eran obreros especializados, y los que la tratan como un juguete son peones. Le dejo a usted que saque las conclusiones.

En mi opinión, el trabajo debe tender, en toda la medida de sus posibilidades materiales, a constituir una educación. ¿Qué pensar de una clase en la que se ponen ejercicios de naturaleza radicalmente distinta para los alumnos malos que para los buenos?

Con relación a las desigualdades naturales, a mi criterio, desde el punto de vista moral, la organización social es buena mientras tienda a atenuar esas desigualdades (elevando, no rebajando, se entiende), mala en la medida en que tienda a agravarlas, y odiosa cuando crea compartimentos estancos.

†

Señor:[20]

He vuelto a reflexionar sobre lo que usted me dijo. Aquí van mis conclusiones. Va a creer que mi carácter es muy irresoluto, pero simplemente es que soy lenta. Y pido perdón por no haber llegado inmediatamente a una decisión definitiva, como debería haber hecho.

Aquí van. Dadas las posibilidades que usted quiere facilitarme de conocer su fábrica de modo inmediato y amplio, no sería razonable de mi parte sacrificarlas en aras de un proyecto quizá irrealizable. Solo podría trabajar en su fábrica en condiciones aceptables en el caso, poco probable, de que en un futuro próximo hubiera una plaza libre y ninguna demanda de trabajo en R. Incluso si usted me inscribiera en la lista, y me hiciera pasar cuando me tocara el turno, los obreros lo encontrarían anormal, ya que en R. hay mujeres que están en espera de ser empleadas. Adivinarían que usted me conoce y yo no podría dar explicaciones cabales; sería extremadamente difícil establecer relaciones de confiada camaradería con ellas. De este modo, sin postergar del todo mi primitivo proyecto, que, de todas maneras, queda en un futuro indeterminado, acepto su propuesta de consagrar una jornada a la fábrica. Ulteriormente le propondré una fecha.

20. Carta sin fecha (¿abril de 1936?).

En cuanto al Sr. M.[21], dejo a su criterio decidir si vale la pena proponerle inmediatamente una autorización de principio, advirtiendo que mi proyecto está sometido a condiciones que hacen poco probable su ejecución, al menos próximamente; o si es mejor no decir nada, hasta el día que se presente para mí la oportunidad concreta de trabajar en R. La ventaja que tendría para mí saber de antemano su respuesta sería saber a qué atenerme, en caso de decir que no, no me detendría en mis investigaciones en R. con ideas premeditadas. En el caso contrario, trataría de que no me vean los obreros cuando vaya a visitar la fábrica. Por otra parte, no vale la pena hablar de un proyecto tan vago. Haga usted lo que le parezca. Una vez más me disculpo por haber cambiado tanto de idea.

Permítame recordarle que le pido que, en cualquier caso, no hable con el Sr. M. sobre mi experiencia en las fábricas parisinas, ni con nadie más.

He pensado en lo que usted me dijo sobre la manera como se efectúa la selección de los obreros para los despidos. Ya sé que su metodología es la única defendible desde el punto de vista de la empresa. Pero póngase usted por un momento en el otro punto de vista, el de abajo. ¡Qué poder les da a sus jefes de servicio esta responsabilidad de designar, entre los obreros polacos, los que hay que echar por ser los menos útiles! No los conozco, ignoro cómo usan ese poder. Pero sí puedo figurarme la situación de esos obreros polacos que temen que, un día u otro, pueda usted tener que despedir a algunos de ellos ante el jefe de servicio que ese día esté encargado de designar a tal y cual como menos útil que sus camaradas. ¡Cómo deben temblar ante él y temer serle poco gratos! ¿Me juzgará usted todavía como

21. El propietario de la fábrica.

ultrasensible si le digo que me imagino perfectamente la situación y que me hace sufrir? Imagínese usted en esa situación, con mujer e hijos a su cargo, y pregúntese en qué medida sería capaz de conservar su dignidad.

¿No habría modo de establecer —dándolo a conocer, se entiende— otro criterio que no esté sujeto a la arbitrariedad?: cargas familiares, ancianidad, sorteo, ¿o combinación de las tres? Quizá esto comportaría graves inconvenientes, no lo sé. Pero le suplico que considere las ventajas morales que resultarían para estos desgraciados, puestos en dolorosa inseguridad por culpa del gobierno francés.

Lo que me choca, como verá, no es la subordinación en sí misma, sino ciertas formas de subordinación que comportan consecuencias morales intolerables. Por ejemplo, cuando las circunstancias son tales que la subordinación implica no solo la necesidad de obedecer, sino también el cuidado constante de no desagradar, me parece difícil de soportar. Por otro lado, no puedo soportar las formas de subordinación en que la inteligencia, la ingeniosidad, la voluntad, la conciencia profesional solo tienen que intervenir para preparar las órdenes del jefe, y en donde la ejecución exige solamente una sumisión pasiva en la que ni el espíritu ni el corazón tienen parte; de manera que el subordinado juega casi el papel de una cosa manejada por la inteligencia de otro. Tal era mi situación como obrera.

Al contrario, cuando las órdenes confieren una responsabilidad al que las ejecuta, exigen de su parte la virtud de valentía, voluntad, conciencia e inteligencia, que definen el valor humano, implican cierta confianza mutua entre el jefe y el subordinado, y apenas soportan el poder arbitrario en manos del jefe. La subordinación es, entonces, algo bello y honorable.

Dicho sea de paso, yo habría quedado muy agradecida al jefe que me hubiera asignado un día una tarea penosa, sucia, peligrosa y mal retribuida, pero que hubiera implicado de su parte cierta confianza en mí. Yo habría obedecido, ese día, de todo corazón. Y estoy segura de que muchos obreros son como yo. Ahí hay un recurso moral que no se utiliza.

Pero basta sobre esto. Le escribiré en cuanto pueda diciéndole qué día vendré a R. Imposible expresarle lo agradecida que estoy por las facilidades que me procura a fin de comprender lo que es una fábrica.

Con toda cordialidad,
S. Weil

*P. S.:* ¿Podría mandarme los números de su diario aparecidos después del número 30? Mi colección termina ahí. Pero yo me sentiría muy mal si alguno padeciera una reprimenda por mi culpa.

†

Señor:[22]
Hubiera querido responder antes. Hasta ahora no he tenido la posibilidad de fijar una fecha. ¿Le va bien si voy a verlo el jueves 30 de abril a la hora habitual? Si la respuesta es sí, no es necesario que me lo diga. La proposición que me hace de pasar un día entero en R. para ver todo de más cerca es la que más podía alegrarme; pienso que es necesaria una entrevista previa para fijar el programa. También le agradezco que me proporcione así el medio para darme cuenta de todo mejor. Ciertamente,

22. Carta sin fecha (¿abril de 1936?).

solo pido poner a prueba mis ideas, en contacto con los hechos, en todos los campos, y crea que, a mis ojos, la probidad intelectual es siempre el primer deber.

Quisiera, para abreviar mis explicaciones orales, saber que usted está persuadido de haber interpretado mal algunas de mis reacciones. La hostilidad sistemática hacia los superiores, la envidia ante los más favorecidos, el odio a la disciplina, el descontento perpetuo, todos esos sentimientos mezquinos son absolutamente extraños a mi carácter. Profeso el mayor respeto a la disciplina en el trabajo y desprecio al que no sabe obedecer. Sé muy bien que toda organización implica dar y recibir órdenes. Pero hay órdenes y órdenes. Yo, como obrera, he padecido una subordinación que me fue intolerable, y eso que yo siempre, o casi siempre, he obedecido estrictamente, llegando penosamente a una especie de resignación. No tengo que justificarme, para emplear sus palabras, de haber sentido un sufrimiento intolerable, en esta situación. Solo tengo que tratar de determinar sus causas. Todo lo que podría llegar a reprocharme en este asunto sería equivocarme en esta determinación, cosa siempre posible. Pero lo que no consentiría nunca sería en juzgar como conveniente para uno de mis semejantes, sea quien sea, algo que yo juzgue moralmente intolerable para mí. Por diferentes que sean los hombres, mi sentimiento de la dignidad humana permanece siempre el mismo, ya se trate de mí o de cualquier hombre, aunque entre él y yo pudieran establecerse, en otros aspectos, relaciones de superioridad o inferioridad. Sobre esto, jamás nada en el mundo me hará cambiar, al menos así lo espero. En todo lo demás solo quiero librarme de ideas preconcebidas susceptibles de falsear mi juicio.

Una de sus frases me ha hecho soñar durante mucho tiempo; es aquella en la que usted me habla de organizar, un día, contactos más cercanos entre la fábrica y yo. ¿Pensaba usted en algo concreto al hablar así? Si es así, espero que me lo diga. Me pregunto si querrá usted, por pura generosidad hacia mí, darme los medios para aprender, completar, precisar, rectificar mis puntos de vista demasiado sumarios y, sin duda, parcialmente falsos, sobre la organización industrial; ¿o bien piensa usted que yo pueda eventualmente serle útil de forma distinta a la que le he sugerido? Por mi parte no tengo, hasta el presente, motivo alguno para confiar en mi propia capacidad; pero si usted tiene algún método para ponerla a prueba, en interés de la población obrera y partiendo de alguna idea sobre la cual, a pesar de nuestras divergencias, estemos de acuerdo; esto merecería, por mi parte, mucha atención.

Hablaremos de ello, y de muchas otras cosas el jueves, si usted quiere. Si prefiere el viernes, me lo dice y me conformaré con ello.

CORDIALMENTE,
S. WEIL

†

Señor:[23]
Todavía no puedo fijar una fecha. Pero, mientras espero, quedé tan tocada por la generosidad que tiene conmigo —al recibirme, al responder a mis preguntas, al abrirme la puerta de su fábrica— que he resuelto hacerle el artículo para que así se recupere un poco del tiempo

23. Sin fecha (¿abril-mayo de 1936?).

que le saco. No obstante, me pregunto con inquietud si podré llegar a escribir sometiéndome a los límites impuestos; se trata, evidentemente, de escribir con mucha prudencia. Por suerte me ha vuelto a la memoria un antiguo proyecto que me gusta mucho, el de hacer que las obras maestras de la poesía griega (que amo apasionadamente) sean accesibles a las masas populares. Sentí el año pasado que la gran poesía griega estaría cien veces más próxima del pueblo —si este la pudiera conocer— que la literatura francesa clásica y moderna.

Empecé por *Antígona*. Si tuve éxito con mi deseo, esta debe interesar y conmover a todo el mundo, desde el director hasta el último peón: y debe poder penetrar allí adentro pisando fuerte, pero sin tener nunca sensación de condescendencia, de que se ha hecho un esfuerzo para ponerla a su alcance. Es así como yo entiendo la vulgarización. Pero no sé si lo he conseguido.

*Antígona* no tiene nada de una historia moral para niños buenos. Confío, de todos modos, en que no encontrará usted a Sófocles subversivo. Si le gusta ese artículo —porque si no, es que no sé escribir—, podría hacer toda una serie, a base de otras tragedias de Sófocles y de la *Ilíada*. Homero y Sófocles formulan cosas punzantes, profundamente humanas; se trata solamente de expresarlas y presentarlas de forma que sean accesibles a todos.

Pienso con cierta satisfacción que, si escribo estos artículos y los leen, los peones más iletrados de R. sabrán más literatura griega que el 99 % de los secundarios, ¡y me quedo corta!

Por otro lado, recién cuando se acerque el verano tendré el tiempo suficiente para encarar este trabajo.

Hasta pronto, espero.

Con toda cordialidad,
S. Weil

Espero que se las arregle para publicar
esto en un solo número.

†

Fragmento de carta[24]

Señor:

En principio espero ir en 15 días. Le escribiré para
confirmar.

Como seudónimo en el escrito sobre *Antígona* puede poner "Cleanto" (el nombre de un griego que com-
binaba el estudio de la filosofía estoica con el oficio de
aguatero). Yo firmaría si no fuera por el asunto del posible
empleo.

Si cree que me ha costado un esfuerzo presentar
*Antígona* tal como lo he hecho, hace mal en darme las
gracias: no se agradece a la gente por las dificultades en
que se la pone. Pero este no es el caso, o por lo menos no
es exactamente igual. Encuentro mucho más bello exponer el drama en toda su desnudez. Quizá en otros textos
consiga esbozar, en pocas palabras, posibles aplicaciones
a la vida de hoy; espero que no le parezcan inaceptables.

Lo que, en cambio, me ha resultado penoso fue el
hecho mismo de escribir teniendo siempre presente en el
pensamiento la pregunta: ¿puede pasar esto? Esto no me
había ocurrido nunca, y son muy pocas las consideraciones capaces de hacerme tomar una decisión. La pluma se

---

24. Sin fecha (¿abril-mayo 1936?).

resiste a este género de sujeciones cuando se ha aprendido a manejarla convenientemente. A pesar de todo, seguiré.

Tengo una gran ambición, en la cual no me atrevo casi a pensar, por lo difícil que es de realizar: consistiría en escribir, después de esta serie de escritos, otra sobre la creación por parte de los griegos de la ciencia moderna, comprensible e interesante para cualquier peón. Es una historia maravillosa, y generalmente ignorada, incluso por la gente culta.

No me ha comprendido usted en lo de los despidos. No es la arbitrariedad misma lo que quisiera ver limitada. Cuando se trata de una medida tan cruel —no es a usted a quien se dirige este reproche—, ya de por sí la elección me parece hasta cierto punto indiferente. Lo que encuentro incompatible con la dignidad humana es el temor a desagradar, engendrado en los subordinados, por creer que se elige al que será despedido, cosa que puede ser arbitraria. La norma más absurda en sí misma, pero que fuese fija, ya sería un progreso en este sentido. O, mejor aún, la organización de un control cualquiera que permitiese a los obreros darse cuenta de que la elección no es arbitraria. Seguramente es usted único juez en este asunto. En todo caso, ¿cómo podría yo no considerar oprimidos a los hombres que se encuentran en esta situación moral? Esto no implica necesariamente que usted sea un opresor.

†

Señor:[25]

He esperado día tras día poder fijar una fecha para escribirle. No pude hacerlo hasta hora porque no me sentía del todo bien en este tiempo. Y pasar toda una jornada visitando una fábrica es cansador, y se aprovecha solo si se puede llegar a la tarde con lucidez y presencia de espíritu.

Iré, como convenido, el viernes 12 de junio a las 7:40 h, salvo aviso en contrario. Le llevaré un nuevo escrito sobre una tragedia de Sófocles. Pero solo se lo dejaré si puede encontrar disposiciones tipográficas satisfactorias. Porque para *Antígona* tengo unos cuantos reproches bastante serios con respecto a las disposiciones tipográficas.

Pensándolo bien, no visitaré el alojamiento de los obreros. No puedo creer que una visita de este género deje de herir; y me harían falta consideraciones de mucho peso para arriesgarme a herir a gente que, cuando se la hiere, debe callarse e incluso sonreír.

Claro que, cuando digo que hay peligro de herir, en el fondo estoy convencida de que los obreros se sienten efectivamente heridos por cosas de este tipo, por poco que hayan guardado su orgullo. Supóngase que un visitante curioso desee conocer las condiciones de vida no solo de los obreros, sino también del director, y que el Sr. M., a este efecto, le haga visitar la casa de usted. Se me hace difícil creer que usted encontrara eso como algo normal. No veo diferencia alguna entre los dos casos.

He observado con placer que parece surgir cierta colaboración obrera en su periódico, a propósito del problema de los *croissants*. El artículo de la obrera que pide

25. Sin fecha (¿abril-mayo 1936?).

que los suprima me ha impresionado mucho. Espero que me dé usted más informes sobre ella.

CON TODA CORDIALIDAD.
S. WEIL

P. S.: Estoy también muy interesada por saber la respuesta a aquella carta en que pide algunos artículos sobre la organización de la fábrica.

†

*Miércoles, 10 de junio de 1936*

Señor:

Tengo necesidad de ir a París mañana y pasado, para ver a unos amigos que están de paso. Por tanto, hay que postergar esta visita. Será por algo: sería incapaz en este momento de encontrarme con sus obreros sin ir hacia ellos para felicitarlos calurosamente.

Supongo que no duda usted de los sentimientos de la alegría y de liberación indecible que ha dado este maravilloso movimiento de huelga. Las consecuencias serán las que sean. Pero no pueden hacer desaparecer el valor de estas bellas jornadas alegres y fraternales, ni el alivio que han experimentado los obreros al ver a los que los dominan doblegarse ante ellos.

Le escribo todo esto para que no existan equívocos entre nosotros. Si yo felicitara a sus obreros por su victoria usted encontraría que abuso de su hospitalidad. Es mejor esperar a que las cosas se asienten. Si es que después de estas líneas consiente aún en recibirme.

CON TODA CORDIALIDAD,
S. WEIL

†

Respuesta del Sr. B.

13.6.36

Señorita:

Si, por hipótesis, los acontecimientos que ahora tanto la alegran hubieran evolucionado en sentido inverso, no creo que, aunque mis reacciones fueran en sentido único, hubiera yo sentido "sentimientos de alegría y de liberación indecibles" por ver a los obreros doblegarse ante los patrones.[26]

Por lo menos estoy seguro de que me habría sido imposible enviarle testimonio de ello.

Señorita, acepte mi pesar, se lo ruego, por no poder expresarle, sin mentir, otros sentimientos que los de cortesía.

†

Señor:[27]

Me escribe usted exactamente como si me hubiera faltado elegancia moral hasta el extremo de triunfar sobre vencidos y oprimidos. Le aseguro que, si estuviese usted en prisión, o en la calle, o exilado, o le sucediera cualquier cosa de este tipo, no solo me abstendría de cualquier manifestación de alegría, sino que le aseguro que no sentiría alegría en absoluto. Pero, hasta nueva orden, es usted director de R., ¿no es así? Y los obreros continúan trabajando a

26. En esta y en la carta anterior se refiere a los acontecimientos sociales que tuvieron lugar en Francia en junio de 1936. [N. del T.]

27. Sin fecha, junio de 1936.

sus órdenes. Incluso con los nuevos salarios continúa usted ganando algo más que un peón, me imagino yo. A fin de cuentas, nada ha cambiado. En cuanto al futuro, nadie sabe lo que nos traerá, ni si la victoria obrera actual constituye a fin de cuentas una etapa hacia un régimen totalitario comunista, o hacia un régimen totalitario fascista, o (lo que yo, sin creer, espero) hacia un régimen no totalitario.

Créame —y sobre todo no imagine que hablo irónicamente— que este movimiento de huelga me ha producido una alegría pura (alegría demasiado pronto reemplazada por la angustia que no me deja desde la época, ya lejana, en que comprendí hacia qué catástrofes nos dirigimos), para beneficio tanto de los obreros como de los patronos. No considero, en este momento, el interés material. Quizá las consecuencias de esta huelga serán a fin de cuentas nefastas para el interés material de unos y de otros —¡quién sabe!—, sino que pienso en el interés moral, en la salvación del alma. Pienso que es bueno para los oprimidos haber podido afirmar su existencia durante algunos días, levantar la cabeza, imponer su voluntad, obtener ventajas debidas a otra cosa distinta que a una condescendiente generosidad. Y pienso que es igualmente bueno para los jefes —para salvar el alma— haber debido doblegarse a su turno, por una vez en su vida, ante la fuerza, y sufrir una humillación. Estoy contenta por ellos.

¿Qué debería haber hecho yo? ¿No sentir esta alegría? Pero si la juzgo legítima. En ningún momento me he hecho ilusiones sobre las posibles consecuencias del movimiento; no hice nada para suscitarlo ni para prolongarlo. Lo menos que podía hacer era compartir la alegría, pura y profunda, que animaba a mis camaradas de esclavitud. ¿No debí expresarle a usted esta alegría? Pero comprenda usted nuestra respectiva situación. Las cordiales relaciones que existen entre usted y yo implicarían, de mi parte, la peor hipocresía si le dejara creer, por un solo instante, que comportan el más mínimo matiz de benevolencia hacia la fuerza opresiva que usted representa y maneja en su esfera, como subordinado inmediato del patrón. Sería fácil y ventajoso para mí dejarlo en ese error. Al expresarme con una franqueza brutal que, en la práctica, solo puede traer malas consecuencias, no hago más que testimoniar mi afecto por usted.

En definitiva, depende de usted el reanudar o no las relaciones que existían entre nosotros antes de los acontecimientos actuales. En uno y otro caso no olvidaré que le debo, en el plano intelectual, una visión algo más clara sobre ciertos problemas que me preocupan.

S. Weil

*P. S.:* Debo pedirle un favor, que espero quiera hacerme, en cualquier caso. Me parece que al fin me decidiré a escribir algo sobre el trabajo industrial. ¿Puede usted devolverme las cartas en que le hablé de la condición obrera? En ellas he anotado hechos, impresiones e ideas, que quizá ya no las guarde en la memoria. Gracias por adelantado.

Espero, también, que ningún cambio de sus sentimientos para conmigo le haga olvidar que me prometió guardar secreto absoluto sobre mi experiencia en las fábricas.

# 8

## La vida y el paro de los obreros metalúrgicos (desde el trabajo)[28]

10 junio 1936

¡POR FIN SE RESPIRA! Hay huelga de los metalúrgicos. El público que ve todo esto desde fuera no entiende casi nada. ¿Qué pasa, qué pasa? ¿Un movimiento revolucionario? Sin embargo, todo está en calma. ¿Un movimiento reivindicativo? Pero ¿por qué tan profundo, tan general, tan fuerte y tan repentino?

Cuando se tienen ciertas imágenes grabadas en el alma, en el corazón y en la misma carne, se comprende. Se comprende todo en seguida. No tengo más que dejar que fluyan los recuerdos.

Un taller, en cualquier parte de las afueras de París, un día de primavera, durante estos primeros calores que

28. Artículo publicado con el seudónimo de S. Galois en *La Révolution Prolétarienne* del 10 de junio de 1936 y en *Cahiers de "Terre Libre"* del 15 de julio de 1936.

son tan agobiantes para los que trabajan duramente. El aire estaba cargado de olores de pintura y barnices. Era mi primera jornada en aquella fábrica. El día anterior me había parecido acogedora: al final de toda una jornada dedicada a andar por la calle a grandes trancos, presentar inútiles certificados, en una oficina de colocación, tuvieron piedad de mí. ¿Cómo reprimir, entonces, en un primer momento, un sentimiento de gratitud? Al fin estoy aquí, junto a una máquina. Cortar cincuenta piezas..., colocarlas una a una en la máquina, de un lado, no de otro..., manejar cada vez una palanca..., sacar la pieza..., poner otra..., otra... y otra más... No voy demasiado aprisa. La fatiga se deja sentir. Es preciso forzarme a mí misma, impedir que un instante de descanso separe un movimiento del movimiento siguiente. Más aprisa, aún más aprisa. Hasta que surge el imprevisto. Y es este: he colocado una pieza del otro lado. ¿Quién sabe si es la primera? Es preciso que me fije más. "Esta pieza está bien colocada; esta también". ¿Cómo he trabajado los últimos diez minutos? No voy con la suficiente rapidez. Me fuerzo a mí misma más aún. Poco a poco la monotonía del trabajo me invita a dormir. Durante algún instante estuve a punto de olvidarlo todo. De pronto, un despertar brusco. ¿Pero qué estoy haciendo? Esto no puede suceder más. No debo soñar. Debo esforzarme más aún. Si supiera, por lo menos, cuántas piezas debo hacer. Miro a mi alrededor. Nadie levanta jamás la cabeza, nadie sonríe, nadie dice nada. Estoy sola. Hago 400 piezas por hora. ¿Cómo saber si es bastante? Si estuviera informada al menos de que puedo mantener este ritmo. Sonó la sirena del mediodía, ¡al fin! Todo el mundo se precipita hacia el reloj de control, a los vestuarios, a la calle. Hay que ir a comer. Afortunadamente, aún tengo algo de plata. Pero es preciso tener previsión. ¡Quién sabe si voy a continuar aquí! ¡Si no estaré en el paro dentro de poco, días y días! Por lo tanto, debo meterme en uno de estos lúgubres fonduchos que existen alrededor de las fábricas, que por otra parte también son caros. Algunos platos parecen bastante tentadores, pero son otros los que debo escoger, los más baratos. Incluso comer cuesta un esfuerzo aquí. Este almuerzo no es un descanso. ¿Qué hora es? Quedan pocos minutos de ocio. No debo descuidarme, ya que fichar con un minuto de retraso significa trabajar una hora sin cobrar. El tiempo transcurre, debo entrar. Aquí está mi máquina, mis piezas: debo comenzar de nuevo. Ir más de prisa. Me siento desfallecer de fatiga y de desaliento. ¿Qué hora es? Aún faltan dos horas para salir. ¿Cómo podré resistir? Pero se acerca el contramaestre: "¿Cuántas haces? ¿100 por hora? Es necesario que hagas 800. Sin no alcanzas ese número, no te mantendré aquí. Si a partir de ahora haces 800, continuarás trabajando". Habla sin levantar la voz. ¿Para qué ha de gritar si cualquiera de sus palabras ya basta para provocar angustia? ¿Qué respuesta doy? Callaré y me esforzaré más aún. A cada segundo, venceré este disgusto y este desánimo que me paralizan. Más de prisa. Debo doblar el ritmo. ¿Cuántas hice en esta hora? 650 piezas. Toca la sirena. Fichar el contador de horas de trabajo, vestirme, salir de la fábrica con el cuerpo vacío de toda energía vital, el espíritu vacío de ideas, el corazón disgustado, lleno de rabia silenciosa, y encima con un sentimiento de impotencia y de sumisión. Porque la única esperanza para el día siguiente es que yo quiera dejar transcurrir aún otro día parecido. Respecto a los demás días que seguirán, es algo que aún está lejano. La imaginación se niega a recorrer un número tan grande de minutos tristes.

Al día siguiente se me hace el gran favor de dejarme volver a la misma máquina, a pesar de no haber llegado la víspera a las 800 piezas exigidas. Pero es preciso que las haga esta mañana. Por tanto, debo ir más aprisa. Viene el contramaestre. ¿Qué me dice? "Para". Me paro. ¿Qué me va a ocurrir? ¿Me echan ya a la calle? Espero la orden. En lugar de una orden, recibo una áspera reprimenda, siempre en el mismo tono, así: "Cuando se te manda que pares, deberás ponerte inmediatamente de pie para ir a otra máquina. Aquí no se duerme". ¿Qué hacer? Me callo y obedezco de inmediato. Voy con rapidez a la máquina que me señalan y hago dócilmente los gestos que se me indican. Ningún gesto de impaciencia: cualquier gesto se traduce en lentitud o torpeza. Irritarse está bien para los que mandan, pero está prohibido para los que obedecen. Una pieza. Otra pieza. ¿Hago ya bastantes? Deprisa. He echado a perder una pieza. ¡Cuidado! Ojo, pierdo el ritmo. Debo ir más de prisa. Rápido, más rápido.

¿Qué más recuerdos aún? Me afluyen demasiado en tropel. Mujeres esperando delante de la puerta de la fábrica. No se puede entrar hasta que faltan diez minutos para la hora. Y cuando se vive lejos es preciso venir veinte minutos antes, para no arriesgarse a entrar con un minuto de retraso. Hay una portezuela abierta, pero oficialmente está "cerrada". Llueve a torrentes. Las mujeres están bajo la lluvia, delante de una puerta abierta. ¿Qué cosa más natural que tratar de entrar cuando llueve, cuando la puerta de la casa está abierta? Pero esto, tan natural, ni se concibe cuando se está delante de la fábrica, porque está prohibido. Ninguna casa ajena podrá ser más ajena que la fábrica en la cual gastamos cotidianamente nuestras fuerzas durante ocho horas.

Escena de despido. Se me echa de una fábrica donde he trabajado durante un mes, sin que se me haya hecho ninguna observación. Y, en consecuencia, me pagan por todos los días del mes. ¿Qué hay, entonces, contra mí? Nadie se ha dignado decírmelo. Vuelvo a la hora de la salida. Veo al jefe de taller, le pido educadamente una explicación. Recibo como respuesta: "No tengo por qué darte explicaciones", y a continuación se va. ¿Qué puedo hacer? ¿Armar un escándalo? Correría el riesgo de no ser contratada en ningún otro trabajo. No, me voy rápidamente y empiezo a recorrer las calles y a pararme ante las oficinas de empleo. Y a medida que pasan las semanas siento crecer en el hueco del estómago una sensación que se instala de forma permanente, y de la que es imposible decir en qué medida está hecha de angustia y de hambre.

¿Qué más? Un vestuario de fábrica, en medio de una semana de riguroso invierno. No hay calefacción. Después de haber trabajado junto a un horno entramos allí. Retrocedemos como si estuviéramos frente a un baño helado. Pero es preciso entrar y permanecer allí diez minutos. Hay que meter dentro del agua helada las manos cubiertas de cortes, a veces en carne viva, y frotar vigorosamente con serrín para sacar un poco el aceite y el polvo negro. Esto, dos veces al día. Por supuesto hay sufrimientos más duros para soportar, ¡pero estos son tan inútiles! ¿Quejarse a la dirección? Nadie piensa en ello, ni un solo instante: "Se ríen de nosotros". Esto será así o no, pero, en todo caso, es la impresión que nos dan. Nadie quiere arriesgarse a que lo rechacen. Mejor sufrirlo en silencio. Es menos doloroso.

Conversaciones, en la fábrica. Un día una obrera lleva al vestuario a un chico de 9 años. Empiezan las bromas: "¿Lo quieres hacer trabajar?". La mujer responde: "Eso quisiera yo, que pudiera trabajar". Tiene dos chicos y el marido enfermo a su cargo. Gana de 3 a 4 francos por hora, y espera el momento en que podrá meter al niño en una fábrica para que lleve unos centavos a casa. El caso de otra compañera, también casada, a la que se pregunta por su familia: "¿Tienen hijos?". "No, por suerte. Es decir, tuvimos uno, pero se murió". Otra habla de un marido enfermo, que tenía a su cargo desde hace ocho años: "Afortunadamente ha muerto". Es hermoso tener sentimientos, pero la vida es demasiado dura...

Escenas de pago. Se desfila como un rebaño ante la ventanilla, bajo la vigilancia de los encargados. Nadie sabe lo que se cobrará; sería preciso hacer cada día cálculos tan complicados que nadie los efectúa, y por ello, con frecuencia, la paga es arbitraria. Y es imposible, por otro lado, privarse de la sensación de que el poco dinero que se nos entrega a través de la ventanilla no es una limosna.

El hambre. Cuando se ganan 3 francos por hora, o incluso 4, o un poco más, es suficiente un golpe duro, una interrupción del trabajo, una herida, para tener que trabajar durante una semana padeciendo hambre. No ya la subalimentación que puede producirse permanentemente, incluso sin ningún golpe duro, sino el hambre. El hambre unida a este trabajo físico es una sensación penetrante. Es preciso trabajar mucho más rápido que de costumbre, ya que, si no, estaremos también sin comer la semana próxima. Y, por encima de todo, se corre el riesgo de hacernos retar por producción insuficiente. Incluso de ser despedido. Para ello no será excusa decir que se tiene hambre. Se tiene hambre, pero es preciso, cuando menos, satisfacer las exigencias de esta gente que puede, en un instante, condenarnos a tener más hambre todavía. Cuando ya no se puede más, es preciso aún esforzarse más, esforzarse siempre. Al salir de la fábrica, encerrarse rápidamente en casa para evitar la tentación de comer, y esperar la hora del sueño que será regularmente turbado, porque incluso en la noche se tiene hambre. Al día siguiente se siente el hambre más fuerte aún. Todos estos esfuerzos tendrán su contrapartida: unos pocos billetes y algunas monedas que se recibirán a través de una ventanilla. ¿Qué otra cosa se puede pedir? No se tiene derecho a nada. Uno está allí para obedecer y callarse. Uno está en el mundo para obedecer y callarse.

Contar centavo a centavo. Durante ocho horas de trabajo se cuenta centavo a centavo. ¿Cuánto voy a ganar por estas piezas que estoy haciendo? ¿Cuánto gané en esta hora? ¿Y en la próxima hora? Saliendo de la fábrica todavía uno cuenta cada centavo. Se tiene tal necesidad de distenderse que todas las tiendas nos atraen. ¿Puedo tomarme un café? Pero cuesta 10 centavos. Ya tomé uno ayer. ¡Me queda tan poca plata para el resto de la quincena! ¿Y estas cerezas? Cuestan demasiado dinero. Y vas al mercado: ¿cuánto cuestan estas papas? Doscientos metros más adelante cuestan dos centavos menos. Y hay que imponerle esa distancia de doscientos metros a un cuerpo que se niega a caminar. Los centavos resultan una obsesión. Por su culpa nunca se puede olvidar la sujeción a la fábrica. Jamás uno se distiende. Porque si uno comete una locura —una locura a escala de unos pocos francos— padecerá hambre. Esto no puede ocurrir con frecuencia, se acabaría por trabajar menos de prisa, y por un círculo vicioso el hambre engendraría más hambre. No es conveniente dejarse atrapar en este círculo. Lleva al agotamiento, a la enfermedad, a la muerte. Porque cuando ya no se puede producir más rápido, no se tiene derecho a vivir. ¿No ven a los hombres de 40 años rechazados en todas partes, en todas las oficinas de empleo, cualesquiera que sean sus certificados? A los 40 años se está considerado como incapaz. Malditos los incapaces.

La fatiga. La fatiga agobiante, amarga y por momentos dolorosa hasta tal punto de que se desearía la muerte. Todo el mundo en todas las situaciones sabe lo que es estar cansado, pero para esta fatiga sería preciso un nombre distinto. Hombres vigorosos, en la flor de la edad, se caen de cansancio en el asiento del metro. No después de un golpe duro, sino después de una jornada de trabajo normal. Una jornada siempre igual a la del día siguiente, y a la del otro. Bajando por la escalera del subte, al salir de la fábrica, hay una angustia que acapara el pensamiento. ¿Encontraré un asiento vacío? Sería demasiado duro quedarse parado. Pero a menudo hay que permanecer así. ¡Cuidado, entonces, de que el exceso de cansancio no te impida dormir! Y al día siguiente es preciso cansarse un poco más.

El miedo. Raros son los momentos de la jornada en que el corazón no está un poco comprimido por una angustia cualquiera. Por la mañana, la angustia del día que sucede. En el subte hacia Billancourt a las 6:30 de la mañana, se ven los rostros contraídos por la angustia. A no ser que uno vaya con tiempo por delante, tiene miedo del reloj de control. En el trabajo, tiene el miedo de no ir demasiado de prisa; miedo a equivocarse en las piezas, forzando la velocidad, ya que la rapidez produce una forma de alienación, parecida a la embriaguez, que anula la atención. El miedo de todos los pequeños accidentes que pueden convertir en defectuosas las piezas o romper una herramienta. De manera general, miedo a las reprimendas. Uno se expondría a cualquier sufrimiento antes que a una reprimenda. La menor reprimenda es una pura humillación, que no nos animamos a responder. Y ¡cuántas cosas pueden conducir a una reprimenda! La máquina mal arreglada por el mecánico, una herramienta de acero defectuosa, piezas imposibles de colocar bien; cualquier cosa da lugar a un gran reto. Uno va a buscar al encargado por el taller para obtener una ficha de trabajo y es rechazado. Si lo espera en un despacho, otra reprimenda. Uno se queja de un trabajo demasiado duro o de un ritmo imposible de seguir, y de pronto se da cuenta de que está ocupando una plaza que centenares de parados aceptarían a ciegas. Por esto, para atreverse a quejarse, es preciso verdaderamente no aguantar más. Estar roído por la angustia, por la angustia de sentir que uno se agota, que envejece, y que pronto no servirá para nada. Ante tal perspectiva, ¿qué hacer? ¿Pedir un lugar menos duro? En verdad, uno tiene que desear fundamentalmente no perder el lugar que tiene. Si se queja, corre el riesgo de que lo echen a la calle. Es preciso morderse la lengua. Aguantarse. Como un nadador en el agua. Pensar únicamente en nadar siempre, hasta la muerte. Ningún barco nos recogerá. Si uno se hunde, se ahogará y nadie se dará cuenta. Al fin y al cabo, ¿de quién se trata? Visto de una forma económica, es una simple unidad de trabajo. No cuenta. Apenas si existe.

La sumisión. No hacer nada, incluso lo más pequeño que signifique una iniciativa. Cada acción es, simplemente, la ejecución de una orden. Siempre maniobras concretas. En una máquina, para una serie de piezas, se indican unos seis movimientos simples, a los cuales es preciso sujetarse a toda costa. ¿Hasta cuándo? Hasta que se reciba orden de hacer otra cosa. ¿Cuánto durará esta serie de piezas? Hasta que el jefe entregue otra serie. ¿Cuánto tiempo deberá permanecer uno en esta máquina? Hasta que el jefe dé la orden de pasar a otra. Uno está en todo momento en disposición de recibir una orden. No existe ninguna cosa dejada a la iniciativa personal. Dado que no es natural que un hombre se convierta en cosa, y como no hay forma de sujeción tan tangible, ni látigo, ni cadenas, es preciso doblegarse uno mismo a esta pasividad. ¡Cómo desearía uno poder dejar su alma en una caja o en el reloj de control y recogerla a la salida! Pero no es posible. El alma nos acompaña al taller. Y será preciso hacerla callar toda la jornada. A la salida uno tiene la sensación de no tenerla ya, de tan cansado que está, o si la tiene aún, con qué dolor por la tarde hace examen de lo que ha sido durante ocho horas y de lo que será durante ocho horas más al día siguiente, y al siguiente del siguiente…

¿Qué más? La importancia extraordinaria que adquiere la benevolencia o la hostilidad de los superiores inmediatos, cronometradores, jefes de equipo, encargados. Los que te encargan a su gusto el trabajo "bueno" o "malo", los que pueden a su arbitrio ayudar o gritarte en los momentos difíciles. La perpetua necesidad de no desagradar. La necesidad de responder a palabras brutales sin ningún asomo de mal humor, incluso con indiferencia, cuando se trata de un encargado. ¿Más aún? El "trabajo malo", mal cronometrado, en el que uno se "desloma" para no perder el trabajo bueno, porque entonces correríamos el riesgo de hacernos retar por lentitud en la producción, ya que el cronometrador del trabajo nunca se equivoca. Si esto ocurriera con frecuencia, uno se expondría a ser despedido. Ya que, aún afanándose, apenas se gana algo, porque se trata de un mal trabajo. ¿Qué más? Creo que basta con esto. Es suficiente para mostrar lo que es la vida aquí, y si uno se somete a ella es, como dice Homero de los esclavos, "bien a pesar suyo, y bajo la presión de una dura necesidad".

†

Tan pronto como se sintió que la presión disminuía, el sufrimiento, la humillación, el resentimiento y la amargura que se habían acumulado silenciosamente a lo largo de los años proporcionaron la fuerza suficiente para aflojar la opresión. Es la historia del paro. No hay más.

Los burgueses inteligentes creían que la huelga había sido provocada por los comunistas para obstaculizar al nuevo gobierno. Yo misma oí a un obrero inteligente decir que, al principio, la huelga había sido provocada por la patronal para poner en aprietos al mismo gobierno. Fue una reunión divertida. Pero no era necesaria ninguna provocación. Estábamos doblegados bajo el yugo. En cuanto el yugo se aflojó, levantamos la cabeza. Y eso fue todo.

¿Cómo ocurrió eso? ¡Ah! Muy sencillamente. La unidad sindical no fue un factor decisivo. Por supuesto, es una ficha importante, pero desempeña un papel mucho más importante en otras empresas que en el caso de los trabajadores de la metalurgia de la región de París, que hace un año solo contaban con unos pocos miles de afiliados sindicales. El factor decisivo, hay que decirlo, fue el gobierno del Frente Popular. Lo primero es que, ¡por fin!, se pudo hacer una huelga sin policía ni guardias móviles. Eso implicaba a todas las empresas. Lo principal era que casi todas las fábricas de ingeniería trabajaban para el Estado, y dependían de él para cerrar sus presupuestos. Todos los trabajadores lo saben. Cuando el Partido Socialista llegó al poder, cada trabajador sintió que, ante el patrón, ya no era el más débil. La reacción fue inmediata.

¿Por qué los trabajadores no esperaron a la formación del nuevo gobierno? En mi opinión, no hay que buscar ahí maniobras maquiavélicas. Tampoco debemos precipitar la conclusión de que la clase obrera desconfía de los partidos o del poder estatal. Nos daría después muchas desilusiones. Por supuesto, es reconfortante constatar que los trabajadores quieren llevar ellos mismos sus negocios antes que confiárselas al gobierno. Pero creo que no fue este estado de ánimo el que determinó el paro. En primer lugar, no tuvimos la fuerza para esperar. Cualquiera que haya sufrido sabe que cuando crees que te van a aliviar de un sufrimiento demasiado largo y duro, los últimos días de espera son intolerables. Pero el factor esencial reside en otra parte. La opinión pública, la patronal y el propio Léon Blum y todos aquellos que son ajenos a esta vida de esclavitud son incapaces de comprender lo que fue decisivo en este asunto. Y es que se trata de algo que va mucho más allá que cualquier reivindicación particular, por importante que sea. Si el gobierno hubiera podido obtener una satisfacción plena y completa mediante simples conversaciones, habríamos sido mucho menos felices. Ahora, después de meses y años de doblegarnos, aguantar y soportarlo todo en silencio, se trata de que nos atrevamos por fin a levantarnos. Ponernos de pie. Hablar claro. Sentirnos hombres, por unos días. Independientemente de las reivindicaciones, esta huelga es una alegría en sí misma. Pura alegría. Alegría sin mezcla.

Sí, una alegría. He ido a ver a las compañeras de una fábrica que está parada, donde yo había trabajado hace algunos meses. He pasado algunas horas con ellas. He tenido la alegría de entrar en la fábrica con la amable autorización de un obrero que guarda la entrada. Me han recibido con multitud de sonrisas y palabras de fraterna bienvenida. He sentido cómo se encuentra una acompañada entre las amigas en estos talleres, donde cada uno se sentía completamente solo con su máquina cuando yo trabajaba allí. Alegría de recorrer libremente estas naves donde la persona estaba pegada a su máquina, y alegría de formar grupos, de charlar, de romper la monotonía. Alegría de escuchar, en lugar del ruido sin piedad de las máquinas, símbolo demasiado patente de la dura necesidad bajo la cual se nos doblegaba, la música, los cantos y las risas. Alegría de pasearse en medio de las máquinas a las cuales una ha entregado durante tantas y tantas horas su mejor sustancia vital. Viendo que están calladas, que no te sacan los dedos ni te hacen mal. Alegría de pasar delante de los jefes con la frente bien alta. Ha cesado la necesidad de luchar en todo momento, para conservar la dignidad ante los propios ojos, ante la tendencia casi instintiva de someterse en cuerpo y alma. Alegría de ver a los encargados obligados a hacer saludos cordiales por necesidad, de verlos obligados a dar la mano, y renunciar completamente a dar órdenes. Alegría de verlos esperar dócilmente la ocasión para obtener el bono de trabajo que les acordó el comité de huelga. Alegría de expresar lo que hay en el corazón de todo el mundo, jefes y camaradas, en aquellos mismos lugares donde, meses antes, dos obreros trabajaban el uno junto al otro, sin que ninguno supiese lo que pensaba el vecino. Alegría de vivir entre las máquinas mudas, al ritmo de la vida humana —el ritmo que corresponde a la respiración, a los latidos del corazón, a los movimientos naturales del organismo humano—, y no al ritmo impuesto por el cronometrador. Seguramente, dentro de pocos días comenzará de nuevo la vida dura. Pero ahora no piensan en ello, están como los soldados de permiso, durante la guerra. Y después, lo que venga, ¡qué remedio!; ya se afrontará como hasta ahora se ha venido haciendo. En fin, por primera vez, y para siempre, flotarán alrededor de las pesadas máquinas otros recuerdos distintos de los juicios, de la sujeción y la sumisión; recuerdos que darán un poco de ánimo al corazón, que dejarán un poco de calor humano en medio de todo este metal.

Uno se relaja por completo. No se tiene esa energía ferozmente tensa, es determinación mezclada con ansiedad que tan a menudo se ve en los paros. Se está decidido, por supuesto, pero sin ansiedad. Somos felices. Se cantan canciones, pero no "La Internacional", ni la "Jeune Garde", sino canciones, sencillamente, y está bien. Algunos hacen bromas, de las que nos reímos por el placer de escucharnos reír. No somos malos. Estamos demasiado contentos. Por supuesto, estamos encantados de hacer sentir a los patrones que no son los más fuertes. Es su turno. Es bueno para ellos. Pero no somos crueles. Estamos demasiado contentos. Estamos seguros de que los jefes cederán. Creemos que habrá otro golpe al cabo de unos meses, pero estamos preparados. Se dice que, si algunos patrones cierran sus fábricas, el Estado se hará cargo de ellas. Nadie se pregunta, ni por un momento, si será capaz de gestionarlas en las condiciones deseadas. Para cualquier francés, el Estado es una fuente inagotable de riqueza. A nadie se le ocurre la idea de negociar con la patronal, de llegar a un compromiso. Uno quiere obtener lo que pide. Deseamos las cosas que pedimos, pero sobre todo porque después de doblegarnos durante tanto tiempo, ahora que levantamos la cabeza, no queremos ceder. No queremos que nos engañen, que nos tomen por tontos. Después de haber cumplido pasivamente tantas órdenes, da gusto poder, por una vez, dar órdenes a aquellos de quienes las recibíamos. Pero lo mejor de todo es que nos sentimos como hermanos…

¿Y qué hay de las reivindicaciones? En primer lugar, hay que señalar un hecho muy comprensible pero muy grave. Los trabajadores van a la huelga, pero dejan a los militantes el estudio de los detalles de las reivindicaciones. La pasividad contraída diariamente a lo largo de años y años no se supera en unos días, ni siquiera en unos días tan hermosos. Y cuando nos hemos evadido por unos días de la esclavitud, no es momento de tener el valor para estudiar las condiciones de coacción bajo las que uno se ha doblegado día tras día, y bajo las que se volverá a doblegar. No se puede pensar en esto todo el tiempo. La fuerza humana es limitada. Entonces nos contentamos con disfrutar plenamente, sin prejuicios, de la sensación de que por fin contamos para algo; de que sufriremos menos; de que tendremos vacaciones pagadas —se habla de esto con ojos brillantes, es una reivindicación que nunca más se arrancará del corazón de la clase obrera—; de que habrá mejores salarios y se podrá decir algo en la fábrica, y de que todo esto no simplemente se obtuvo, sino que se habrá impuesto. Por una vez, nos dejamos arrullar por estos dulces pensamientos, y no los miramos más de cerca.

Este movimiento plantea, empero, graves problemas. El problema central, en mi opinión, es la relación entre las reivindicaciones materiales y las exigencias morales. Hay que mirar las cosas de frente. ¿Los salarios que se exigen superan las posibilidades de las empresas en el marco del sistema actual? Y si es así, ¿qué debemos hacer al respecto? No se trata solo de la industria metalúrgica, ya que, como es lógico, el movimiento reivindicativo se generalizó. ¿Estamos asistiendo a una nacionalización progresiva de la economía bajo la presión de las reivindicaciones obreras, a un avance hacia una economía de Estado y un régimen totalitario? ¿O a un recrudecimiento del desempleo? ¿O a un retroceso de los trabajadores, obligados una vez más a agachar la cabeza bajo la presión de la necesidad económica? En cualquiera de estos casos, este hermoso movimiento tendría un triste desenlace.

Por mi lado, veo otra posibilidad. Pero es difícil hablar de ello públicamente en un momento como este. En medio de un movimiento de protesta, es difícil sugerir que se limiten voluntariamente las reivindicaciones. Es una lástima. Todo el mundo tiene que asumir su responsabilidad. Creo que este sería un buen momento, si supiéramos aprovecharlo, para poner en marcha el primer embrión de un control obrero. Los patrones no pueden conceder satisfacciones ilimitadas, se entiende; al menos ya no deberían ser los únicos jueces de lo que pueden o dicen que pueden hacer. Siempre que la patronal invoque la necesidad de equilibrar el presupuesto como motivo de resistencia, los trabajadores deberían crear un comité de auditoría formado por algunos de ellos, un representante sindical, un técnico miembro de una organización obrera. ¿Por qué, cuando la diferencia entre sus reivindicaciones y las ofertas del empresario sea grande, no aceptarían reducir considerablemente sus reivindicaciones hasta que la situación de la empresa mejore, bajo supervisión de un control sindical permanente? ¿Por qué no incluir incluso en el convenio colectivo, para las empresas al borde de la quiebra, una posible derogación de las cláusulas salariales, bajo la misma condición? Entonces, por primera vez, tras un movimiento obrero, se produciría un cambio duradero en la relación de fuerzas. Este punto merece una seria reflexión por parte de los militantes responsables.

También hay que considerar otro problema, que afecta sobre todo a los talleres mecánicos. Se trata del impacto de las nuevas condiciones salariales en la vida cotidiana del taller. En primer lugar, ¿la desigualdad entre categorías se mantendrá en su totalidad o se reducirá? Sería deplorable mantenerla. Borrarla sería un alivio, un avance prodigioso en la mejora de las relaciones entre los trabajadores. Si uno se siente solo en una fábrica, y se siente muy solo, es en gran parte por el obstáculo a la camaradería que crean las pequeñas desigualdades, grandes en relación con esos salarios exiguos. Los que ganan un poco menos tienen envidia de los que ganan un poco más. Los que ganan un poco más desprecian a los que ganan un poco menos. Así son las cosas. No para todos, pero sí para muchos. Puede que aún no seamos capaces de establecer la igualdad, pero al menos podemos reducir considerablemente las diferencias. Hay que hacerlo. Pero lo que me parece más grave es esto: que haya un salario mínimo para cada categoría, pero que perdure el trabajo a destajo. ¿Qué ocurrirá, entonces, en el caso de los "bonos perdidos", de las piezas falladas? O sea, ¿qué pasará cuando el salario calculado en función de las piezas producidas sea inferior al salario mínimo? El patrón compensará la diferencia, por supuesto. El cansancio, la falta de atención, la desgracia de encontrarse con un "mal trabajo" o de trabajar en una máquina defectuosa ya no se castigarán automáticamente con una reducción casi ilimitada del salario. Ya no veremos más a una obrera ganar 12 francos al día porque haya tenido que esperar cuatro o cinco horas a que alguien termine de arreglar su máquina. Muy bien. Pero es de temer que ese castigo injusto de un salario irrisorio sea sustituido por un castigo más despiadado: el despido. El jefe sabrá a qué trabajadores les tuvo que subir el salario para cumplir la cláusula del contrato; sabrá qué trabajadores permanecieron la mayor parte del tiempo por debajo del mínimo. ¿Se puede impedir que los despida por rendimiento insuficiente? ¿Pueden llegar tan lejos los poderes del delegado sindical? Me parece casi imposible, sean cuales sean los términos del convenio colectivo. Así pues, es de temer que la mejora de los salarios vaya acompañada de un nuevo empeoramiento de las condiciones morales del trabajo, de un aumento del terror en la vida cotidiana del taller, de un empeoramiento de la cadencia del trabajo que ya ahora está quebrando el cuerpo, el corazón y la mente. Hace ya veinte años que una ley despiadada parece hacer todo lo posible para aumentar el ritmo de trabajo.

No querría, por mi parte, terminar con una nota triste. Los activistas tienen una terrible responsabilidad hoy en día. Nadie sabe cómo seguirán las cosas. Se puede temer que vengan catástrofes. Pero ningún temor borra la alegría de ver con la cabeza levantada, quienes siempre, por definición, la agachan. No tienen esperanzas ilimitadas, aunque desde afuera supongamos lo que supongamos. Ni siquiera sería exacto hablar de esperanzas, en general. Son muy conscientes de que, a pesar de las mejoras conseguidas, el peso de la opresión social, por un momento descartado, volverá a caer sobre ellos. Saben que se encontrarán bajo una dominación dura, seca y desconsiderada. Pero lo que no tiene límites es la felicidad presente. Por una vez se han impuesto. Por fin han hecho sentir a sus amos que existen. Ser sometido por la fuerza es duro; dar a entender que se está dispuesto a someterse es demasiado. Hoy en día, nadie puede ignorar el hecho de que aquellos a quienes se asignó en esta tierra el papel de doblegarse, someterse y permanecer en silencio se doblegan, se someten y permanecen en silencio solo en la medida en que no pueden hacer otra cosa. ¿Qué pasará? ¿Veremos, por fin, una mejora efectiva y duradera de las condiciones de trabajo en la industria? El tiempo lo dirá, pero no debemos esperar al futuro, hay que hacer que suceda.

# 9

## Carta abierta a un sindicalista

Posterior a junio de 1936

CAMARADA, ERES UNO DE los cuatro millones que se afiliaron a nuestra organización sindical. Junio de 1936 es un hito en tu vida. ¿Te acuerdas de antes de esa época? Fue hace ya mucho tiempo. Duele recordar. Pero no debes olvidar. ¿Te acuerdas? Solo teníamos un derecho: el derecho a callar. A veces, mientras estabas en el trabajo, en tu máquina, el asco, el cansancio, la rebeldía henchían tu corazón; a un metro de ti, un compañero sufría el mismo dolor, sentía el mismo rencor, la misma amargura, pero no te atrevías a intercambiar las palabras que podrían haberlo aliviado, porque tenías miedo.

¿Recuerdas ahora lo asustados que estábamos, lo avergonzados que estábamos, lo mucho que sufríamos? Había quienes no se animaban a admitir cuánto ganaban, tanta vergüenza les daba ganar tan poco. Los que eran demasiado débiles o demasiado viejos para seguir el ritmo del trabajo tampoco se atrevían a admitirlo. ¿Recuerdas lo obsesionados que estábamos con el ritmo de trabajo? Nunca se llegaba a hacer lo suficiente; siempre había que esforzarse para hacer unas piezas más, para ganar unos centavos más. Cuando, esforzándote, conseguías ir más rápido, el cronometrador aumentaba las metas. Así que te esforzabas más, intentabas superar a tus compañeros, sentías celos de los demás, trabajabas hasta la extenuación.

¿Recuerdas las salidas nocturnas? Los días en que habíamos tenido un "mal trabajo". Salíamos con la mirada apagada, vacía, agotada y con las últimas fuerzas que nos quedaban entrábamos en el metro, mirando ansiosamente a ver si quedaba algún asiento libre. Si lo había, dormitabas en el banco. Si no, luchabas por mantenerte en pie. Ya no tenías fuerzas para andar, para hablar, para leer, para jugar con tus hijos, para vivir. Solo servías para irte a la cama. No habías ganado mucho esforzándote en un "mal trabajo". Habíamos ganado muy poco trabajando hasta la extenuación en un "mal trabajo"; nos decíamos que, si seguíamos así, la quincena no daría para mucho más, que tendríamos que privarnos de nuevo, contando los centavos, negándonos todo lo que pudiera aligerar un poco las cosas, hacernos olvidar.

¿Te acuerdas de los jefes, de cómo los que tenían un carácter brutal podían permitirse todo tipo de insolencias? ¿Recuerdas cómo casi nunca nos atrevíamos a replicar, cómo llegamos a pensar que era casi natural ser tratados como ganado? Los ricos nunca comprenderán cuánto dolor tiene que devorar en silencio un corazón humano antes de llegar a ese punto. Cuando te atrevías a levantar la voz porque un trabajo era demasiado duro, o mal pagado, o con demasiadas horas extras, ¿recuerdas con qué brutalidad te decían: "Es esto o la puerta"? Y, muy a menudo, te callabas, lo aceptabas, cedías, porque sabías que era verdad, que era eso o la puerta. Sabías que no había nada que impidiera que te echaran a la calle como a una herramienta gastada. Y por mucho que te sometieras, muchas veces, te echaban igual. Nadie decía nada. Era normal. Lo único que te quedaba por hacer era pasar hambre en silencio, corriendo de una fábrica a otra, esperando parado y con frío, bajo la lluvia, afuera de las oficinas de empleo. ¿Te acuerdas de todo eso? ¿Recuerdas todas las pequeñas humillaciones que impregnaban tu vida, que te hacían sentir frío en el corazón, como la humedad impregna el cuerpo cuando no tienes calor?

Aunque las cosas han cambiado un poco, no olvidemos el pasado. En todos estos recuerdos, en toda esta amargura, es donde debes sacar tu fuerza, tu ideal, tu razón de vivir. Los ricos y poderosos a menudo encuentran en su orgullo su razón de vivir; los oprimidos deben encontrarla en su vergüenza. Su parte sigue siendo la mejor, porque su causa es la de la justicia. Al defenderse, defienden la dignidad humana pisoteada. No lo olvides nunca, recuerda todos los días que tienes tu libreta de sindicalista en el bolsillo porque en la fábrica no te trataron como se debe tratar a un hombre y ya estás harto.

Sobre todo, recuerda, durante estos años de sufrimiento tan duros, lo que más te hacía sufrir. Quizá no te hayas dado cuenta, pero si lo piensas un momento, sentirás que es verdad. Sufriste sobre todo porque cuando te infligieron una humillación o una injusticia, estabas solo, desarmado, no había nada que te defendiera. Cuando un jefe te maltrataba o te gritaba injustamente, cuando te daban un trabajo que superaba tus fuerzas, cuando te obligaban a trabajar a un ritmo imposible de seguir, cuando te pagaban una miseria, cuando te echaban a la calle, cuando se negaban a contratarte porque no tenías los certificados necesarios o porque tenías más de 40 años, cuando te quitaban el subsidio por desempleo, no podías hacer nada, ni siquiera podías quejarte. A nadie le interesó, todos pensaron que era completamente natural. Tus compañeros no se atrevieron a apoyarte, tenían miedo de verse comprometidos si protestaban. Cuando te echaban de una empresa, a veces tu mejor amigo se avergonzaba de que lo vieran contigo en la puerta de la fábrica. Los camaradas estaban en silencio, apenas sentían lástima por ti, estaban demasiado absortos en sus propias preocupaciones, en sus propios sufrimientos.

¡Qué solos nos sentíamos! ¿Te acuerdas? Tan solos que sentíamos frío en el corazón. Solo, desarmado, indefenso, abandonado. A merced de los patrones, los jefes, la gente rica y poderosa que podría salirse con la suya en todo. Sin derechos, mientras ellos tenían todos los derechos. La opinión pública era indiferente. Se consideraba natural que un jefe fuera el dueño absoluto de su fábrica. Dueño de las máquinas de acero que no sufren; dueño también de las máquinas de carne, que sufrían, pero que tenían que callar su sufrimiento para no sufrir más todavía. Eras una de esas máquinas de carne. Observabas cada día que, en la sociedad capitalista, solo quienes tenían dinero en el bolsillo podían aparentar ser hombres y exigir respeto. Si hubieras reclamado que te trataran con respeto, nos hubiéramos reído. Incluso entre camaradas, a menudo nos tratábamos unos a otros con la misma dureza y brutalidad con que nos trataban nuestros superiores. Ciudadano de una gran ciudad, obrero de una gran fábrica, estabas tan solo, tan impotente y sin apoyo como un hombre en el desierto, abandonado a las fuerzas de la naturaleza. La sociedad era tan indiferente a los hombres sin dinero como lo son el viento, la arena y el sol. Eras más una cosa que un hombre en la vida social. Y a veces, cuando la cosa se ponía demasiado difícil, incluso olvidabas que eras un hombre.

Y eso es lo que cambió desde de junio. No hemos eliminado la pobreza ni la injusticia. Pero ya no estás solo. No siempre puedes hacer valer tus derechos; pero hay una gran organización que los reconoce, que los proclama, que puede alzar su voz y hacerse escuchar. Desde junio, no hay un solo francés que ignore que los trabajadores no están satisfechos, que se sienten oprimidos, que no aceptan su destino. Algunos dicen que estás equivocado, otros dicen que tienes razón. Pero todos están preocupados por tu destino, piensan en ti, temen o desean tu rebelión. Una injusticia cometida contra ti puede, en determinadas circunstancias, perturbar la vida social. Has adquirido importancia. Pero no olvidemos de donde viene esta importancia. Incluso si el sindicato ha ganado en tu fábrica, incluso si ahora puedes salirte con la tuya en muchas cosas, no imagines que "eso ocurrió". Reclama la dignidad propia de todo hombre, pero no te llenes de orgullo por tus nuevos derechos. Tu fuerza no está en ti mismo. Si la gran organización sindical que los protege decayera, empezarían a sufrir las mismas humillaciones que antes, se verían obligados a la misma sumisión, al mismo silencio, volverían a encontrarse siempre cediendo, aguantando, sin animarse a alzar la voz. Si empiezas a ser tratado como un hombre, se lo debes al sindicato. En el futuro solo merecerás ser tratado como un hombre si sabes ser un buen sindicalista.

¿Qué significa ser un buen sindicalista? Es mucho más quizá de lo que te imaginas. Tener el carnet, los sellos no es nada. Ejecutar fielmente las decisiones del sindicato, luchar cuando hay lucha, sufrir cuando es necesario todavía no es suficiente. No creas que el sindicato es simplemente una asociación de intereses. Los sindicatos patronales son asociaciones de intereses; los sindicatos obreros son otra cosa. El sindicalismo es un ideal en el que hay que pensar todos los días, en el que hay que tener siempre los ojos puestos. Ser sindicalista es una forma de vivir, significa conformarse en todo lo que se hace al ideal sindicalista. El obrero sindicalista debe comportarse durante todos los minutos que pasa en la fábrica de manera diferente al obrero no sindicalizado. Cuando no tenías derechos, podías no reconocerte ningún deber. Ahora eres alguien, tienes una fuerza, has recibido beneficios; y a cambio has adquirido responsabilidades. Nada en tu vida de miseria te ha preparado para afrontar estas responsabilidades. Ahora debes trabajar para ser capaz de asumirlas; sin esto, los beneficios recién adquiridos se desvanecerán un día como un sueño. Solo se conservan los derechos si uno es capaz de ejercerlos adecuadamente.

# 10

## Cartas a Auguste Detœuf

1936-1937

ESTIMADO SEÑOR:

ME REPROCHO NO SABER cómo hacerme entender plenamente por usted, ciertamente por mi culpa. Si mi proyecto pudiera cumplirse un día —el proyecto de trabajar con usted como obrera por un tiempo indeterminado, para colaborar con usted desde ese puesto en intentos de reformas— será necesario que antes se haya establecido una comprensión plena.

Me impactó lo que usted me dijo el otro día, que la dignidad es algo interno que no depende de los gestos externos. Es absolutamente cierto que se pueden soportar en silencio y sin reaccionar muchas injusticias, ultrajes, órdenes arbitrarias sin que la dignidad desaparezca, al contrario. Basta tener un alma fuerte. De modo que, si le digo, por ejemplo, que el primer choque de esta vida de obrera me ha convertido durante un tiempo en una especie de bestia de carga, que he recobrado poco a poco el sentimiento de mi dignidad solo al precio de esfuerzos cotidianos y de sufrimientos morales agotadores, usted tiene derecho a concluir que soy yo quien carece de firmeza. Por otra parte, si me callara —lo que me gustaría mucho más—, ¿qué sentido tendría haber vivido esta experiencia?

Tampoco podré hacerme entender mientras me atribuya, como evidentemente hace, una cierta repugnancia ya sea al trabajo manual en sí mismo, ya sea a la disciplina y obediencia en sí mismas. Siempre he tenido, por el contrario, una fuerte inclinación hacia el trabajo manual (aunque no soy buena en este sentido, es cierto) y sobre todo para las tareas más difíciles. Mucho antes de trabajar en la fábrica, había aprendido a trabajar en el campo: heno, cosecha, trilla, recolectar papas (desde las 7 de la mañana hasta las 10 de la noche...), y a pesar de las fatigas abrumadoras había encontrado allí alegrías puras y profundas. Créame también que soy capaz de someterme con alegría y con la máxima buena voluntad a toda disciplina necesaria para la eficacia del trabajo, siempre que sea una disciplina humana.

Llamo humana a toda disciplina que recurra en gran medida a la buena voluntad, a la energía y a la inteligencia de quien obedece. Entré a la fábrica con una buena voluntad ridícula, y bien pronto me di cuenta de que no estaba en mi lugar. Solo me pedían lo que se podía obtener por la coacción brutal.

La obediencia que practiqué se definía por los siguientes caracteres. Primero, reduce el tiempo a la dimensión de algunos segundos. Lo que define en todo ser humano la relación entre el cuerpo y el espíritu, es decir, que el cuerpo vive en el momento presente, y que el espíritu domina, recorre y orienta el tiempo, es lo que definió en aquella época la relación que tuve con mis jefes. Tenía que limitar constantemente mi atención a la acción que realizaba. No tenía que coordinar con otros, sino solo repetir lo mismo, hasta el momento en que una nueva orden viniera a imponerme otra acción. Es un hecho bien conocido que, cuando el sentimiento del tiempo se limita a la espera de un futuro sobre el cual no se puede actuar, el coraje desaparece. En segundo lugar, la obediencia compromete a todo el ser humano; en su propia esfera, una orden orienta la actividad, para mí una orden podía trastornar profundamente el cuerpo y el alma, porque yo estaba —como muchos otros— casi continuamente al límite de mis fuerzas. Una orden podía caer sobre mí en un momento de agotamiento, y obligarme, forzarme hasta la desesperación. Un jefe puede imponer métodos de trabajo, herramientas defectuosas o una cadencia, que quita todo tipo de interés a las horas pasadas fuera de la fábrica, por el exceso de fatiga. Las pequeñas diferencias salariales también pueden afectar a la vida en algunas situaciones. En estas condiciones, se depende tanto de los jefes que no se puede no temerles, y —otra confesión dolorosa— hace falta un esfuerzo perpetuo para no caer en el servilismo. En tercer lugar, esta disciplina apela, como motivos, solo al interés en su forma más sórdida —la del dinero— y al miedo. Si damos un lugar importante a estos motivos, nos degradamos. Si los eliminamos, si nos volvemos indiferentes al dinero y a las discusiones, al mismo tiempo nos volvemos incapaces de obedecer con la pasividad total requerida y de realizar una y otra vez las mismas acciones del trabajo al ritmo impuesto; incapacidad rápidamente castigada con el hambre. A veces he pensado que sería mejor verse obligado a obedecer desde fuera, por ejemplo, con azotes, que tener que doblegarse uno mismo reprimiendo lo mejor de cada uno.

En esta situación, la grandeza de alma que permite despreciar las injusticias y las humillaciones es casi imposible de ejercitar. Por el contrario, muchas cosas aparentemente insignificantes —el control del horario, la necesidad de presentar el documento de identidad a la entrada de la fábrica (en Renault), el modo de pagar, pequeñas reprimendas— son profundamente humillantes, porque nos recuerdan y nos hacen tomar conciencia de la situación en la que nos encontramos. Lo mismo ocurre con la privación y el hambre.

La única manera de evitar el sufrimiento es hundirse en la inconsciencia. Es una tentación a la que muchos sucumben, de una forma u otra, y a la que yo he sucumbido a menudo. Es posible mantener la lucidez, la conciencia y la dignidad propias del ser humano, pero eso supone condenarse a superar la desesperación día a día. Al menos eso es lo que sentí.

El movimiento actual es con base en la desesperación. Por eso no puede ser razonable. A pesar de sus buenas intenciones, hasta ahora ustedes no han intentado nada para liberar a los que están bajo su mando de esta desesperación. Así que no te corresponde a ti culpar a este movimiento de lo irrazonable que tenga. Por eso, el otro día me acaloré un poco en la discusión —de lo que luego me arrepentí—, aunque estoy completamente de acuerdo con usted sobre la gravedad de los peligros que hay que temer. Para mí también, básicamente, es desesperación lo que me hace sentir una alegría pura al ver finalmente a mis compañeros levantar la cabeza de una vez por todas, sin ninguna consideración de las posibles consecuencias.

Sin embargo, creo que, si las cosas van bien, es decir, si los obreros vuelven a trabajar dentro de un plazo relativamente corto, y con la sensación de haber conseguido una victoria, la situación será favorable dentro de algún tiempo para intentar reformas en las fábricas. Primero hay que darles tiempo para que pierdan el sentimiento de la fugacidad de su fuerza, para que dejen la idea de que les tiene miedo, y para que recuperen el hábito de la sumisión y del silencio. Después de lo cual quizá podrán establecer directamente entre ellos y ustedes relaciones de confianza, esenciales a toda acción, haciéndoles sentir que los comprenden —si es que consigo hacérselo comprender—, lo que presupone, evidentemente, que no me equivoco al pensar que yo misma los he comprendido.

En cuanto a la situación actual, si los trabajadores vuelven a trabajar con salarios no mucho más altos que los que tenían, esto solo puede suceder de dos maneras. O sentirán que están cediendo a la fuerza y volverán al trabajo humillados y desesperados. O bien se les concederá una compensación moral, y solo hay una posible: poder comprobar que los bajos salarios son resultado de la necesidad, y no de la mala voluntad del empresario. Es casi imposible, lo sé muy bien. En todo caso, los patrones, si fueran prudentes, deberían hacer todo lo posible para que las satisfacciones que conceden a los obreros den la impresión de una victoria. En su actual estado mental, no podrían soportar el sentimiento de derrota.

Probablemente regresaré a París el miércoles por la noche. Me encantaría ir a su casa el jueves o viernes por la mañana, antes de las 9 en punto, siempre y cuando no moleste y crea que sería útil que hablemos. Me conozco a mí misma; sé que una vez pasado este período de excitación, ya no me atreveré a ir así a su casa, por miedo a molestar, y, por su parte, quizá volverá a ser arrastrado por la corriente de las ocupaciones diarias para posponer ciertos problemas.

Si voy a molestarlo en lo más mínimo, hágamelo saber, o simplemente no nos veamos. Sé muy bien que tiene otras cosas que hacer además de hablar.

Acepte, le ruego mi saludo más sincero.

S. Weil

*P. S.:* Supongo que ha visto *Tiempos Modernos*, ¿no? La máquina de comer es el símbolo más bello y verdadero de la situación de los trabajadores en la fábrica.

†

*Viernes*

Querido señor:

Esta mañana logré ingresar en la Renault, por engaño, a pesar de la severidad del servicio de seguridad. Pensé que sería útil comunicarle mis impresiones.

1° Los trabajadores no están al corriente de las conversaciones en curso. No se les informa de nada. Creen que Renault se niega a aceptar el convenio colectivo. Una trabajadora me decía: "He oído que se han arreglado en cuanto a los salarios, pero no quieren aceptar el contrato colectivo". Un trabajador me dijo: "Creo que por nosotros lo habrían arreglado hace 3 días, pero como los de la dirección lo prolongaron, nosotros lo prolongamos a su vez. Y así sucesivamente". Por desgracia, les parece natural no saber nada. Están tan acostumbrados...

2º Es evidente que estamos hartos. Algunos, aunque exaltados, lo admiten abiertamente.

3º Hay un ambiente extraordinario de desconfianza y recelo. Existe un ceremonial peculiar: los que salen y no vuelven, los que se ausentan sin autorización, son condenados a la infamia escribiendo sus nombres en una pizarra en un taller (costumbre rusa), colgando su efigie y organizan un entierro burlesco en su honor. Casi con toda seguridad, cuando se reanude el trabajo, exigirán su despido. Además, había poca camaradería en el ambiente. Silencio general.

4º Hace 3 días (me parece) se creó un sindicato "profesional" de supervisores (¡de cronometradores para arriba!), por iniciativa de la Croix de Feu, según dicen. Los trabajadores dicen que fue disuelto al día siguiente y que el 97 % de los supervisores y técnicos se afiliaron a la CGT.

Solo la compañía de seguros Renault —que ocupa los locales de Renault y forma parte de la empresa— está en huelga, pero sin banderas en la puerta, y exhibe dos ejemplares de un escrito en el que niega la disolución del sindicato, anuncia que tiene 3.500 afiliados, que se han creado sindicatos similares en Citroën, Fiat, etc., y que empezará a reclutar sindicalistas inmediatamente entre los trabajadores. Todo ello a pocos metros de los edificios en los que ondeaban las banderas rojas. A nadie pareció importarle romper esos papeles o incluso desmentirlos.

Conclusión: ahora es seguro que debe estarse tramando algo. Pero ¿por parte de quién? Maurice Thorez pronunció un discurso en el que pedía claramente que se pusiera fin a la huelga.

He llegado a preguntarme si los cuadros subalternos del Partido Comunista han escapado a la dirección del partido y han caído en manos de no se sabe quién. Porque está muy claro que todo se sigue haciendo en nombre del Partido Comunista ("La Internacional", pancartas, hoces y martillos, etc. en abundancia), aunque se rumorea que Costes ha sido mal recibido.

Sigo manteniendo mi idea, tal vez utópica, de que hay una única salida que no sea el Estado totalitario. Si la clase obrera impone su fuerza brutalmente, debe asumir las responsabilidades correspondientes. Es inaceptable y, en última instancia, imposible que una categoría social irresponsable imponga sus deseos por la fuerza y que los dirigentes, únicos responsables, se vean obligados a ceder. Lo que hay que hacer es escoger entre dos alternativas: o bien un cierto reparto de responsabilidades, o bien un restablecimiento brusco de la jerarquía, que sin duda no se produciría sin derramamiento de sangre.

Me imagino perfectamente a un director de empresa diciendo a sus obreros, una vez reincorporados al trabajo (si las cosas se arreglan provisionalmente del mejor modo posible): nos hicieron entrar en una nueva era. Han querido poner fin al sufrimiento que las necesidades de la producción industrial les imponían desde hacía años. Querían demostrar su fuerza. Todo eso está muy bien. Pero el resultado es una situación en la que, si pretenden hacer valer la fuerza de sus reivindicaciones ante las empresas industriales, deben ser capaces de hacer frente a las responsabilidades de las nuevas condiciones que han creado. Queremos ayudar a las empresas a adaptarse a esta nueva relación de fuerzas. Para ello, fomentaremos la organización en la fábrica de círculos de estudio técnicos, económicos y sociales. Facilitaremos locales para estos círculos; les autorizaremos a convocar a los técnicos de la fábrica, por una parte, y a los técnicos y economistas miembros de las organizaciones sindicales, por otra, para dar conferencias; organizaremos visitas a la fábrica con explicaciones técnicas y fomentaremos la creación de boletines de divulgación; todo ello para que los trabajadores, y más particularmente los representantes de los trabajadores, comprendan en qué consiste la organización y la gestión de una empresa industrial.

Es una idea audaz, sin duda, y quizá peligrosa. Pero ¿qué no es peligroso en este momento? El entusiasmo de los trabajadores lo hará posible. En cualquier caso, le insto a que la considere.

Así, yo concibo la cuestión de la autoridad en un plano netamente teórico: por una parte, los jefes deben mandar, sin duda, y los subordinados, obedecer. Los subordinados, empero, no deben sentirse abandonados en cuerpo y alma a una dominación arbitraria, y para ello no solo deben colaborar en la elaboración de las órdenes, sino también ser capaces de darse cuenta de hasta qué punto estas corresponden a una necesidad.

Todo eso es el futuro. La situación actual puede resumirse así:

1° La patronal ha otorgado concesiones indudablemente satisfactorias, sobre todo porque los obreros se conformaron con menos.

2° El Partido Comunista se ha posicionado oficialmente (aunque con rodeos) a favor de la reanudación del trabajo, y además sé de fuente fidedigna que, en ciertos sindicatos, militantes comunistas han trabajado eficazmente para impedir el paro (servicios públicos).

3° Los trabajadores de Renault y sin duda de otras fábricas no saben nada de las conversaciones en curso; por tanto, no son ellos los que actúan para impedir el acuerdo.

He escrito a Roy (que hoy está ausente de París) para darle esta información, y también se la he transmitido a un militante responsable de la Unión de Sindicatos del Sena, un camarada serio que le ha prestado la debida atención.

Todo lo que digo se refiere a la situación actual, porque el rechazo del acuerdo concluido entre la patronal y la CGT (un aumento de entre el 15 % y el 7 %) parece haber sido totalmente espontáneo.

UN SALUDO CORDIAL,
S. WEIL

Mañana por la noche seguramente vuelva a París por 24 horas. Es muy penoso y angustiante tener que quedarse en provincia en esta situación.

### a. Carta de Simone Weil[29]

Querido amigo:

En el tren, oí hablar a dos patrones, de nivel medio al parecer (viajaban en segunda clase, asiento rojo), uno, al parecer, de provincias, y el otro que se desplazaba entre

29. *Nouveaux Cahiers*, 15 de diciembre de 1937. Correspondencia entre S. Weil y A. Detœuf.

provincias y la región de París, el primero en el sector textil, el segundo en el textil y la metalurgia; canoso, algo corpulento, aire muy respetable; el segundo desempeñaba un papel en el sindicato patronal de la industria metalúrgica de París. Sus palabras me parecieron tan notables que las transcribí al llegar a casa. Ahí van (con algunos comentarios):

"Ya estamos otra vez con el control de la contratación y del despido. En las minas crearon comités paritarios, sí, con representantes de los trabajadores al lado del patrón. ¿Se dan cuenta? ¿Ya no se va a poder contratar y despedir cuando uno quiera? —Oh, esto es, definitivamente, una violación de la libertad. —¡Es el no va más! —Sí, tiene razón; como decía antes usted, lo hacen tan bien que nos dan mucho asco, *tanto asco que ya no aceptamos pedidos, aunque los tengamos.* —Perfectamente. —Votamos casi unánimemente a favor de una resolución diciendo que no queremos el control, que preferimos cerrar las plantas. Si hiciéramos lo mismo en todas partes, tendrían que ceder. —¡Oh! Si se aprobara la ley, tendríamos que cerrar todas las plantas. —Sí, no tenemos nada que perder…".

Paréntesis: es extraño que los hombres que están bien alimentados, bien vestidos, bien abrigados, que viajan cómodamente en segunda clase, crean que no tienen nada que perder. Si sus tácticas, que eran las de los jefes rusos en 1917, provocaran un trastorno social que los obligara a vagar sin recursos, sin pasaportes, sin permisos de trabajo, hacia un país extranjero, entonces se darían cuenta de que tenían mucho que perder. Ahora podrían buscar información de aquellos que, habiendo ocupado puestos equivalentes al suyo en Rusia, todavía hoy trabajan como peones miserablemente en Renault.

"—Sí, ¡qué! ¡No tenemos nada que perder! —Nada. —Y entonces, al final, seríamos como un capitán de barco que no tiene nada más que decir, que lo único que puede hacer es encerrarse en su camarote mientras la tripulación está en el puente.

"…El patrón es un ser odiado. Odiado por todos. Y, sin embargo, es él quien mantiene a todos con vida. Qué extraña injusticia. Sí, es odiado por todos. —En el pasado, al menos, había consideración. Recuerdo, en mi juventud… —Pero eso se acabó. —Sí, incluso donde hay buen control… —¡Ay! Los bastardos hicieron lo que pudieron para traernos aquí. *Pero la pagarán*".

Esta última palabra, en un tono de odio concentrado. Sin querer ser alarmista, hay que decir que tales conversaciones solo pueden tener lugar en una atmósfera que no es la de la paz civil.

"… No nos damos cuenta en absoluto, pero el río de la vida social fluye de las arcas de la patronal. Si todos cerraran al mismo tiempo, ¿quién podría hacer algo al respecto? Se llegará a eso, y entonces la gente lo entenderá. La patronal se equivocó al tener miedo. Solo tenían que decir: 'Nosotros tenemos las palancas de control'. Y habrían impuesto su voluntad".

Los habríamos sorprendido si les hubiéramos dicho que su plan no es más que el equivalente patronal de la huelga general, que probablemente no tienen palabras suficientes para expresar su desaprobación. Si la patronal puede legítimamente convocar una huelga de este tipo para tener derecho a contratar o despedir a quien le plazca, ¿por qué los trabajadores no iban a poder convocar una huelga general para tener derecho a no ser rechazados o despedidos por capricho? En los oscuros años de 1934-1935, realmente no tenían mucho que perder.

Es más, estos dos bravo caballeros ni siquiera parecen imaginar que, si todos los empresarios cerraran juntos, reabriríamos las fábricas sin pedirles la llave y las haríamos funcionar sin ellos. El ejemplo de Rusia sugiere que los años siguientes no serían agradables para nadie, ciertamente no para ellos.

"… Sí, después de todo, no tenemos nada que perder. —¡Oh! No, nada en absoluto; mejor reventar. —Sí, si vamos a estallar, mejor hacerlo con estilo. —Tengo el presentimiento de que esta será la batalla del Marne de los patrones. Están completamente acorralados, veremos".

Aquí el tren se detuvo poniendo fin a la conversación. La evocación de la batalla del Marne también evoca más una guerra civil que simples conflictos sociales. Estos recuerdos militares, estas palabras: "estallar", "no tenemos nada que perder", repetidas hasta la saciedad, sonaban más bien cómicas viniendo de estos señores correctos, panzudos y bien alimentados, que tenían, en alto grado, ese aspecto acomodado, calmo y tranquilizador que es el del francés medio.

Esta no es más que una conversación particular. Pero creo que una conversación, en un lugar casi público, entre dos personas —y obviamente así fue— que no brillaban por su originalidad, solo puede tener lugar si una atmósfera generalizada lo permite. De manera que una sola conversación de este género sea concluyente. Creo que es bueno poner esto en el *dossier* que podríamos armar a raíz del artículo de Detœuf: "Sabotaje patronal y sabotaje obrero". En principio estaba de acuerdo con

Detœuf. Sigo creyendo que tenía razón, pero más para el período ya pasado que para el momento presente. O, mejor dicho, y sin exagerar, creo que la situación se está desarrollando de tal manera que cada día tiene menos razón. En todo caso, lo que debemos señalar es que circulan ideas de sabotaje; que, en algunas personas, el disgusto ha provocado el equivalente patronal a un paro. Al menos eso es lo que escuché decir en sus propios términos; garantizo la autenticidad de las frases que trasmito.

Puede publicar esta carta en *Nouveaux Cahiers*. (Para eso la escribo).

Atentamente.
S. Weil

P. S.: La paradoja de la situación actual: los patrones, porque creen que no tienen nada que perder, adoptan el vocabulario y la actitud revolucionaria. Los trabajadores, porque creen que tienen algo muy importante que perder, adoptan el vocabulario y la actitud conservadora.

†

### b. Respuesta de A. Detœuf

Mi querida amiga:

La conversación que usted relata es muy interesante. Sin generalizar tanto como usted lo hace, creo que refleja un estado mental muy común. Pero no me inspira los mismos pensamientos que a usted. Razona usted con el alma que se identifica, con ternura y espíritu de justicia, con el alma del trabajador, cuando se trata de comprender a los patrones, que quizá son antiguos obreros, pero que ciertamente hace mucho tiempo que son patrones.

¿Quiere que dejemos de lado lo que hay de grotesco y de ordinario en tener sobrepeso y estar bien alimentado? Es esta una desgracia que los dos industriales que usted conoció y yo compartimos con los representantes de la clase obrera, e incluso con los obreros, quienes no por ello juzgan que todo es felicidad en el mejor de los mundos posibles. Si insisto en este punto, ciertamente secundario en su opinión, es porque en verdad, en la presentación objetiva de la conversación que usted escuchó y en los comentarios de lógica despiadada que la acompañan, este carácter pintoresco, físico, habla por sí solo a la imaginación y, por lo tanto, me parece, le quita la serenidad necesaria al juicio.

Así que olvidemos, si no le importa, el aspecto físico de los dos patrones. ¿Qué resultado tiene su conversación? Sin duda, están exasperados. Creen que no tienen nada que perder, están dispuestos a cerrar sus fábricas para resistir una ley de contratación que les privaría de ciertas prerrogativas que consideran esenciales para su gestión. Un paro general de la patronal les parecería una insurrección patriótica.

Les dice usted que tienen mucho más que perder de lo que creen, que están considerando utilizar un medio de acción que desaprueban en sus empleados, que sus fábricas funcionarán bien sin ellos. Y usted concluye que la tendencia al sabotaje por parte de los empleadores está aumentando.

Y en todo esto hay una parte de verdad. Pero, en mi opinión, esa parte de verdad no puede conducir, en el futuro inmediato, a nada práctico, a nada mejor.

Póngase en el lugar de sus dos patrones. Estos hombres creían que eran todopoderosos en su empresa;

arriesgaron el dinero que tenían; probablemente trabajaron mucho y duro, con graves preocupaciones; lucharon durante años contra todo: competidores, proveedores, clientes y empleados. Fueron entrenados para ver el mundo como lleno de enemigos, con los que no se puede contar. Solo cuentan con unos pocos empleados excepcionales, cuya devoción, la mayor parte del tiempo, encontraban natural. Sienten que nunca le han pedido nada a nadie, que solo quieren que los dejen en paz. Que los dejen arreglarse solos. Arreglarse, es cierto, avasallando unas veces a uno, otras veces aplastando a otro. Pero sin remordimientos, sin sombra de preocupación, ya que aplican la regla común; juegan el juego; nadie les enseñó que existe la solidaridad social que nadie practica a su alrededor. Están seguros de que han cumplido con su deber, tratando de ganar dinero, y aceptando la idea adicional de que, al salvar el pellejo, que es su principal razón de actuar, están enriqueciendo a la comunidad y prestando un servicio a la nación. Están aún más convencidos de ello porque han visto gente que gana más dinero que ellos actuando como simples comisionistas, intermediarios, especulando y a veces malversando fondos, sin ser castigados.

A esto se suma el hecho de que los últimos años de este régimen los han convencido de que solo las amenazas y la violencia tienen éxito; que gritando más fuerte, mostrándose indisciplinados frente al Estado, afirmando que se pretende eludir las leyes, se asegura no solo la impunidad, sino también el éxito, a condición de ser suficientemente numerosos. ¡Y querría usted que fuesen ellos los que mantuvieran la preocupación de no crear dificultades al gobierno, a un gobierno apoyado por un partido que tiene el programa de desposeerlos de todo!

No digo aquí que sus razones sean válidas, que sus sentimientos sean correctos. Solo le pido que tenga en cuenta que, a menos que estén por encima de la humanidad, difícilmente pueden pensar de otra manera.

Cuando hablan de "estallar", cuando dicen que "no tienen nada que perder", en parte exageran. Buscan a la vez encontrar en sus compañeros el apoyo que siempre les ha faltado y convencerlos de que tienen más energía y espíritu colectivo del que en realidad tienen. Pero realmente lo creen. Y aquí hay que hacer un esfuerzo de imaginación para darse cuenta de que estos hombres no tienen tanta imaginación como se les atribuye. No tener nada que perder significa para ellos abandonar su negocio, su razón de ser, su entorno social, todo lo que para ellos es la existencia. No conocen el hambre, ni se la imaginan; no conocen el exilio, ni se lo imaginan; pero conocen el caso de la quiebra, de la ruina, de la degradación, de los hijos que no se pueden establecer como se entiende que debe establecerse una familia. Y la destrucción de las condiciones habituales de su existencia es, para ellos, la destrucción de su existencia. Imagínese que le dijeran: seguirás comiendo bien, estando abrigado, te cuidarán, pero serás un idiota y todos te considerarán como un inútil. ¿No diría: "No tengo nada que perder"? Lo que para usted es su actividad mental, lo que para usted son sus emociones sociales, morales y estéticas, para ellos está ligado todo a su fábrica, a una fábrica que siempre ha funcionado de una determinada manera y que solo pueden imaginarla de esa manera. Dejo deliberadamente de lado todo lo que pueda haber de bello, de noble o desinteresado en ellos. Porque también hay eso, pero para descubrirlo habría que haber sentido simpatía por ellos durante largo tiempo.

Concédame, entonces, que sus dos patrones no pueden pensar de otra manera, y pasemos a un segundo punto. ¿Son inútiles, y, como usted dice, se prescindirá de ellos? No creo ni una cosa ni a otras. Si es relativamente fácil sustituir al dirigente de una gran empresa por un funcionario, el pequeño patrón solo puede ser sustituido por un patrón. Entregada a funcionarios públicos, su empresa dejaría de andar en poco tiempo. Toda su actividad, todo su ingenio, su adaptación diaria a una situación siempre cambiante, toda esta acción que exige decisiones, riesgos, responsabilidades permanentes, es lo contrario de la acción del asalariado, sobre todo del asalariado de una colectividad. De todas las dificultades que ha encontrado la economía comunista rusa, las que vienen de la supresión del pequeño comercio y de la pequeña industria, de la artesanía son las más graves: dificultades que no ha superado y no superará. Sea cual fuere la nueva economía que se contemple, el pequeño y mediano empresariado permanecerá. Usted cree que esos patrones no entienden la situación. No la entenderán de un día para otro, pero pueden aprender a entenderla. Llevan dieciocho meses y han aprendido mucho más de lo que se cree.

Así que no cometa el mismo error que el patrón. Él quiere hacer cosas que usted considera absurdas, pero usted necesita de él. Si quiere que no lo haga, tiene que intentar calmarlo. Son necesarias ciertas precauciones para contratar y despedir personal: deben tomarse esas precauciones, pero reducirse al *strict minimum* indispensable. En particular, ¿es realmente a las pequeñas empresas a las que se debe dirigir el esfuerzo regulatorio para la protección de las masas obreras? No lo creo. Si en la gran industria la contratación se realiza correctamente, ¿no cree usted que el juego natural de la oferta y la demanda conducirá a una contratación correcta en la pequeña industria? Si se quiere regular demasiado a las empresas, se crea una burocracia excesiva, un control poco práctico y una fricción constante. No es mediante la acción directa, sino mediante la acción indirecta como se debe educar a los pequeños y medianos empresarios. Estos están acostumbrados a adaptarse a lo que impone la fuerza de las cosas. Si hoy protestan, es porque tienen ante sí la fuerza de hombres, hombres que no eligieron, hombres a los que consideran tiranos.

No intente imponerles su voluntad a los patrones con reglas que no entienden. No lo lograría. Por una parte, no podrá sustituirlos, no solo porque el Estado fracasará miserablemente en ese intento, sino además porque nunca se atreverá a emprenderlo. Las masas trabajadoras están concentradas, es cierto, pero representan solo una cuarta parte de este país. No pueden imponer su voluntad. Por haber faltado a la moderación en sus reivindicaciones salariales, por falta de experiencia, gran parte del país las desautoriza ahora, si no con palabras, al menos de corazón. En Francia nunca se planteará la explotación de las pequeñas empresas por parte del Estado. Y, por otra parte, si renuncian a la explotación directa, tengan por seguro que sus múltiples, diversas y necesariamente inhumanas reglamentaciones serán esquivadas, burladas con rapidez, y caerán en desuso.

Sus jefes están exasperados. Sin llegar, esté segura de ello, a olvidar su interés personal, que en gran medida se confunde con el interés general. No considero que una huelga general esté descartada contra las amenazas de una legislación más estrecha en materia de contratos de empleo, porque son medidas que afectan directamente a cada uno en lo que cree que son sus obras vivas. Pero esto es solo una muestra. Lo que da miedo no es esto, sino el espíritu con el que se aplicará la legislación, que puede ser burocrática, puede ser quisquillosa, puede ser antieconómica, puede incluso ser antisocial; una legislación que no será entendida por algunos de aquellos a quienes se aplicará. Necesitamos una legislación que se entienda y que, por tanto, no transforme completamente el régimen actual; que prevenga abusos sin pretender regular el ejercicio normal de la autoridad patronal. Y eso es posible. Pero es necesario quererlo y no dejarse arrastrar para crear desorden, con el pretexto de establecer un poco de orden; exasperar a una parte, quizá la más activa de la economía, con el pretexto de establecer la paz social; promulgar, con un gobierno tan débil como el que tenemos, leyes que este gobierno, desde el principio, será incapaz de aplicar.

Hay que aceptar que hay gente con sobrepeso y que no siempre razona con justicia, para que, en vez unos pocos desempleados que reciben una ayuda mínima, no haya un pueblo entero muriendo de hambre y expuesto a todo tipo de aventuras.

A. Detœuf

# 11

## Observaciones sobre las enseñanzas que se deben sacar de los conflictos del norte[30]

### ¿1936-1937?

## LA CUESTIÓN DE LA DISCIPLINA, DE LA CALIDAD Y DEL RENDIMIENTO

EXISTE TANTO MAYOR INTERÉS en examinar seriamente esta cuestión, por cuanto ella se sitúa más o menos en una forma parecida en toda la industria francesa. En el norte, dicho problema se ha convertido rápidamente en el objetivo esencial de los conflictos. Los patrones han luchado por las sanciones con extraordinario tesón, como si defendieran la causa de la autoridad en Francia entera; los obreros lo han hecho con el sentimiento de defender las conquistas morales de junio para toda la clase obrera francesa. Sería absurdo considerar, como se ha creído hasta ahora en las declaraciones oficiales, que las quejas de los patrones son completamente falsas, porque

30. Informe a la CGT al regreso de una misión.

no lo son. Son ciertamente exageradas, pero contienen una parte innegable de verdad.

Es fácil entender el planteamiento del problema. Antes de junio, las fábricas vivían bajo el régimen del terror. Ese terror conducía fatalmente a los empresarios, incluso a los mejores, a soluciones fáciles. El nombramiento de encargados se había convertido en cosa indiferente; no necesitaban hacerse respetar, porque todos se rendía ante ellos; con frecuencia tampoco tenían necesidad de competencia técnica, porque lo que se perseguía era conseguir la disminución del costo a través del aumento del ritmo de trabajo y de la reducción del salario. Toda la organización del trabajo se había montado de tal manera que apelara, en los obreros, a los móviles más bajos: el miedo, el deseo de ser bien vistos, la obsesión por el centavo, los celos entre compañeros. El mes de junio de 1936, en cambio, aportó a la clase obrera una transformación moral que suprimió todas las condiciones sobre las cuales se fundamentaba la organización de las fábricas. Hubiera sido preciso proceder a una reorganización, pero los patrones no lo hicieron.

El movimiento de junio fue, ante todo, una reacción de desahogo, y este aflojamiento de las ataduras todavía dura. El miedo, las envidias, la carrera por las primas han desaparecido en un alto porcentaje, después de que, en el curso de los años que habían precedido a junio, la conciencia profesional y el amor al trabajo habían sido debilitados considerablemente entre los obreros, a causa de la descalificación progresiva del trabajo, y de la opresión inhumana que implantaba el odio a la fábrica en el corazón de los obreros. Frente a este desahogo general, los empresarios se quedaron paralizados, porque no supieron comprender. Han continuado haciendo funcionar las fábricas conforme a los hábitos adquiridos; la única innovación, puramente negativa y fruto del temor, consistió en suprimir prácticamente las sanciones, en mayor o menor medida en algunos lugares; totalmente en otros. A partir de este momento, era inevitable que existiera un cierto juego de transmisión entre la evolución de la autoridad patronal y una cierta fluctuación de la producción.

Asimismo, se ha producido a partir de junio una transformación psicológica, tanto en el sector obrero como en el empresarial. Se trata de un hecho de importancia capital. La lucha de clases no es simplemente una función de intereses, sino que la manera como se desarrolla depende también en gran parte del estado de espíritu que reina en tal o cual medio social.

En el sector obrero, la naturaleza misma del trabajo parece haber cambiado, en mayor o menor medida, según las fábricas. En los papeles, el trabajo a destajo se mantiene, pero todo ocurre en cierta medida como si no existiera. En todo caso, el ritmo del trabajo ha perdido su carácter obsesivo y los obreros tienen tendencia a volver a un ritmo natural. Desde el punto de vista sindicalista, que es el que compartimos nosotros, existe de manera indiscutible un progreso moral, tanto mayor cuanto que el aumento de la camaradería ha contribuido a este cambio, suprimiendo entre los obreros el deseo de aventajar a los otros. Pero al mismo tiempo, a favor de la relajación de la disciplina, ha podido desarrollarse en ciertos lugares la mentalidad del obrero que ha encontrado una "forma de hacer la plancha". Así, desde el punto de vista sindical, más grave que la disminución de la productividad, lo que innegablemente ocurre en ciertas fábricas es una disminución de la calidad del trabajo, debido al hecho de que los controladores y vigilantes no sufren la presión patronal en el mismo grado, y en cambio se han vuelto más sensibles a sus camaradas, haciendo la "vista gorda" sobre las piezas defectuosas. En cuanto a la disciplina, los obreros han conocido el poder de desobedecer y de él se han aprovechado cada tanto. De manera especial se comprueba resistencia a obedecer a los encargados no adheridos a la CGT. En algunos puntos, particularmente en Maubege, los encargados han perdido casi por completo el poder de cambiar de lugar a los obreros. Ha habido muchos casos de desobediencia, ante los cuales la dirección ha tenido que inclinarse; y, asimismo, en las horas de trabajo, casos frecuentes de reuniones de algunos, por equipos o por talleres, por motivos insignificantes.

Los encargados y capataces, acostumbrados a mandar brutalmente y que nunca antes de junio habían tenido la necesidad de persuadir, se han encontrado de pronto desorientados, entre los obreros y la dirección, ante la cual eran responsables, pero que no los apoyaba: su situación se ha vuelto moralmente dificilísima. Por eso, se han pasado poco a poco, en su mayor parte, sobre todo en Lille, al campo antiobrero, aun cuando hubieran tenido el carnet de la CGT. En Lille, se ha observado que hacia el mes de octubre comenzaron a volver las formas autoritarias de antes. En cuanto a los patrones y a los empresarios, hasta ahora aplicaron el *laisser faire*, soportando todo fácilmente y sin decir nada; pero los agravios y rencores se acumularon en su espíritu, y el día en que, para culmen de todo, estalló una huelga, sin objetivo aparente, se los vio decididos a quebrar el sindicato a cualquier precio. A partir de este momento, el conflicto ha tenido por objetivo las propias conquistas de junio, que por un lado se trataba de conservar y, por otro, de destruir, cuando hasta ahora nadie las había puesto en entredicho. Y los empresarios, viendo cómo la pobreza agotaba poco a poco a los huelguistas, adquirieron mayor conciencia de su poder, cosa que habían perdido desde junio.

La desafección de los técnicos con relación al movimiento obrero ha sido una de las causas principales para que el empresariado haya retomado confianza en su propia fuerza. Esta progresiva desafección, que ya se preveía a partir de junio, como imposible de evitar totalmente, ha tomado proporciones desastrosas para el movimiento sindical. Los empresarios ya no tienen miedo, como en junio, de que la fábrica funcione sin ellos. La experiencia se hizo en Lille. En una fábrica de 450 obreros en que el patrón se había planteado el *lock-out*, con motivo de que los obreros no querían aceptar el despido del delegado principal, el patrón abandonó la fábrica; los técnicos y oficinistas, todos ellos sindicados a la CGT, lo siguieron, y los obreros, habiendo intentado hacer funcionar ellos solos la fábrica durante dos días, desistieron. Una experiencia de este tipo modifica, de forma decisiva, el balance de fuerzas.

## PAPEL DE LOS OBREROS DELEGADOS

Los obreros delegados han ocupado la primera fila en esta evolución. Elegidos para velar por la aplicación de las leyes sociales, rápidamente se han convertido en un poder dentro de las fábricas, apartándose muchísimo de su misión teórica. La causa debe buscarse, por un lado, en el pánico que tenían los patrones a partir de junio, que les ha conducido, en ocasiones, a una actitud cercana a la abdicación, y, por otro lado, en el cúmulo de atribuciones propias del delegado, así como de otras funciones sindicales jamás previstas por ningún texto. Los delegados han ido apareciendo poco a poco ante los obreros como una emanación de la autoridad sindical, y los obreros, acostumbrados durante años a la obediencia pasiva, al estar poco entrenados en la práctica de la democracia sindical, se han acostumbrado a recibir sus órdenes.

La asamblea de delegados de una fábrica reemplaza así, de hecho, a la asamblea general, por una parte, y de otra a los organismos propiamente sindicales. Ha sido así como en Maubeuge los delegados de fábrica, estando reunidos para examinar los medios de imponer al patrón la conclusión del convenio colectivo, propusieron una disminución general de la producción en la asamblea de delegados; al día siguiente, ocurrió que uno de los delegados de esta fábrica tomó por su cuenta la decisión de ordenar al equipo la disminución del ritmo de trabajo. En Lille, cuando la junta sindical decidió la generalización de la huelga, convocó a los delegados para transmitirles la orden. Un delegado que ordena el paro al sector que representa es secundado inmediatamente. De esta manera, los delegados tienen un doble poder: uno frente a los patrones, puesto que pueden apoyar todas las reclamaciones, aun las más pequeñas y más absurdas, a través de la amenaza de paro; otro, frente a los obreros, porque pueden apoyar o no la petición de tal o cual obrero, impedir o no que se le imponga una sanción, e incluso, en algún caso, pedir su despido.

Algunos hechos concretos ocurridos en Maubeuge pueden dar una idea de los abusos que se están produciendo. En una fábrica, los delegados expulsan a un sindicalista cristiano; el director lo hace volver a su lugar habitual, y los delegados, para vengarse del director, le prohíben a tal o cual equipo realizar trabajos urgentes. No se tomaron sanciones. En otra parte, un equipo había cantado "La Internacional" al paso de unos visitantes y el delegado, llamado a la oficina para dar explicaciones, pone en marcha un paro antes de ir. Sin penalización. En otro lugar, los delegados ordenan una huelga continua sin consultar al sindicato. En otro lugar, los delegados están en huelga para conseguir el despido de los miembros de los sindicatos cristianos. En otro lugar, varios delegados llevaron a los obreros a copar un taller durante el horario laboral para expulsar de la fábrica a otro delegado, miembro de la CGT, al que acusaron de estar vendido a la dirección. Los delegados también deciden el ritmo de trabajo, a veces bajándolo por debajo del ritmo de trabajo normal, a veces aumentándolo hasta el punto de que los trabajadores no pueden seguirlo.

Incluso cuando los abusos no llegan tan lejos, los delegados a menudo tienden a exagerar la importancia de su papel más allá de lo que es útil. Recogen casi indistintamente quejas legítimas o absurdas, relevantes o insignificantes, acosan a la dirección y a los directivos, a menudo con amenazas de huelga, y crean en los dirigentes, ya de por sí muy agobiados por preocupaciones exclusivamente técnicas, un estado de nerviosismo insostenible. Cabe preguntarse también si esto es una simple torpeza o si no es a veces una táctica consciente, como parece indicar una frase pronunciada una vez por un delegado obrero de otra región, que se jactaba de acosar a su capataz de taller todos los días, sin tregua, y sin darle la posibilidad de recuperar el control. Por otra parte, el poder que poseen los delegados ya ha creado una cierta separación entre ellos y los trabajadores de base. La camaradería se mezcla con un matiz de condescendencia, y a menudo los trabajadores los tratan un poco como a superiores jerárquicos. Esta separación se acentúa aún más porque los delegados con frecuencia se olvidan de informar sobre sus acciones. Finalmente, como son prácticamente irresponsables, porque son elegidos por un año, y como de hecho usurpan funciones sindicales propias, naturalmente llegan a dominar el sindicato. Tienen la capacidad de ejercer una presión considerable sobre los trabajadores sindicalizados y no sindicalizados, y son ellos quienes realmente determinan la acción sindical, porque pueden provocar enfrentamientos, conflictos, paros casi a voluntad.

## CONCLUSIÓN

Todas estas observaciones se refieren al norte de Francia, pero sin duda hay un estado de cosas más o menos generalizado, que se reproduce en distintos grados en casi todos los rincones de Francia. Es importante, pues, extraer algunas conclusiones prácticas para la acción sindical.

1° El estado de exasperación contenida y silenciosa en el que se encuentran casi en todas partes un cierto número de dirigentes, directores de fábrica y patrones hace que *cualquier paro sea en este momento extremadamente peligroso.* Donde los patrones y gerentes todavía están decididos a soportar muchas cosas para evitar una huelga, puede suceder que una vez comenzada la huelga de repente lleguen a la feroz resolución de quebrar el sindicato, incluso a riesgo de hundir su fábrica. Pero cuando un patrón llega a este punto, todavía tiene el poder de destruir el sindicato infligiendo el sufrimiento del hambre a los trabajadores. Solo el temor a la expropiación puede frenarlo. Pero ese miedo que sentíamos en junio ya no existe, por una parte, porque sabemos que el gobierno no requisa las fábricas, y por otra, porque los patrones aciertan cada vez más al separar a los técnicos de los obreros. Incluso un paro aparentemente exitoso, si dura mucho tiempo, puede ser desastroso para el sindicato, como vimos en Sautter-Harlé y como corremos el riesgo de ver en el norte. Porque el empresario, tras la vuelta al trabajo, siempre puede proceder a despidos masivos, sin que los trabajadores, agotados por la huelga, tengan fuerzas para reaccionar.

Todos estos peligros son aún mayores cuando se trata de huelgas sin un objetivo preciso, como fue el caso de Lille, Pompey y Maubeuge, huelgas que dan a los empresarios y al público la impresión de una agitación ciega en la que se puede temer todo y que hay que quebrar a toda costa.

La ley sobre el arbitraje obligatorio es, pues, en las condiciones actuales, un recurso precioso para la clase obrera, y la acción sindical en este momento debe tender esencialmente a utilizarla.

2° *Restablecer la subordinación normal de los delegados al sindicato se ha convertido casi en una cuestión de vida o muerte para nuestro movimiento sindical.* Se pueden recomendar varios medios para este fin. Parece necesario emplearlos todos, incluso los más enérgicos.

La solución más eficaz sería instituir sanciones sindicales. La cgt podría decretar públicamente que cuando un delegado solicite el despido de un trabajador, o dé órdenes sobre el trabajo, u ordene un paro o una huelga de ir más lentamente, sin decisión previa y debidamente tomada por el sindicato, exigirá de manera automática la dimisión de ese delegado. Como alternativa, se podría exigir a los delegados que presenten un informe mensual al sindicato, enumerando brevemente todos sus tratos con la dirección, y todos los miembros del sindicato podrían tener acceso a dicho informe. Por una parte, se podrían difundir ampliamente entre los delegados y entre todos los trabajadores textos que indicaran clara y enérgicamente los límites del papel y del poder de los delegados. Por otra parte, informar a los empleadores que los delegados están subordinados a la CGT y que, como tal, la organización sindical, en sus distintos niveles, es el árbitro natural de todos los conflictos entre empleadores y delegados de los trabajadores. Por último, la separación moral que tiende a crearse entre delegados y trabajadores de base parece indicar la urgente necesidad de decidir que *los delegados que cumplen un año en su función no son reelegibles*.

3° La CGT no puede ignorar el problema de la disciplina y el rendimiento del trabajo. No tenemos por qué vacilar en reconocer que el problema se plantea; no somos nosotros los culpables de que esto ocurra. En los años pasados, la clase obrera no se formó por el movimiento sindical, cuya influencia fue obstaculizada por todos los medios. Tiene la impronta que los patrones han dejado en ella a través del régimen y las costumbres establecidas en las fábricas. Si los patrones han decidido establecer en las fábricas un régimen de trabajo tal que cualquier progreso moral de la clase obrera debe inevitablemente perturbar la producción, ellos son plenamente responsables de eso. Esta es la prueba más contundente del mal que hicieron en el tiempo en que eran los amos.

Sin embargo, la CGT, si bien no es responsable del pasado, sí lo es del futuro por el poder que ha adquirido. La industria francesa se enfrenta a un problema que no es específico de un departamento o una empresa, sino que se encuentra en todas partes en distintos grados. Los jefes no son capaces de resolver este problema, porque ni siquiera pudieron comprender los datos. La CGT tiene una oportunidad única de demostrar su capacidad abordando este problema en su conjunto, a nivel nacional. Probablemente incluso exista una necesidad vital de que nuestro movimiento obrero alcance una solución.

Antes de junio, había un cierto orden y disciplina en las fábricas, basado en la esclavitud; la esclavitud ha desaparecido en gran medida. El orden vinculado a la esclavitud desapareció con ella. Solo podemos dar la bienvenida a esto. Pero la industria no puede vivir sin orden. Se plantea, pues, la cuestión de un nuevo orden, compatible con las libertades recién adquiridas, con el sentimiento renovado de dignidad obrera y de camaradería. La situación actual, que reproduce exactamente la anticuada organización del trabajo con menos sanciones, es inestable y está cargada de potenciales conflictos. Por una parte, los patrones, sintiéndose privados de toda influencia sobre sus propias fábricas, ya no se atreven a tomar sanciones, tratan por todos los medios de recuperar algo de la autoridad perdida y se exasperan si no lo consiguen. Por otra parte, estos intentos mantienen a los obreros en alerta continua y en una sorda efervescencia. Además, la ausencia de sanciones no puede seguir, sin peligro grave y real para la producción. Y ni siquiera está en el interés moral de la clase obrera que los trabajadores se sientan irresponsables en el desempeño de su trabajo. Debemos pues conseguir disciplina, orden y sanciones que no restablezcan las prácticas de gestión arbitrarias anteriores a junio.

La CGT puede apoyarse, por una parte, en la autoridad moral que tiene ante los trabajadores y, por otra, en el hecho de que en las circunstancias actuales existe hasta cierto punto una coincidencia entre los intereses de los patrones y los del movimiento obrero. La estabilización de las conquistas de junio es un mal menor para los empresarios preocupados por el interés inmediato de sus empresas, comparado con el desorden y las amenazas vagas que sienten pesar sobre ellas. Para nosotros esta estabilización es una necesidad vital para el período actual.

En estas condiciones, ¿no sería de interés para la CGT adoptar las siguientes medidas?:

1° Estudiar en los sindicatos, en las federaciones, en la oficina confederal el tema de un nuevo orden, de una nueva disciplina en las empresas industriales.

2° Invitar por un lado a todas las secciones sindicales, y a todos los patrones y empleadores, por otro lado, a transmitir a la oficina confederal informes sobre las dificultades que se refieren a cuestiones de orden, disciplina, rendimiento, calidad del trabajo, teniendo estos informes por objeto, tanto proporcionar los elementos de un estudio de conjunto, como dar a la Oficina Confederal la posibilidad de emitir, cuando sea necesario, un dictamen motivado.

3° Invitar a la Confederación General de la Producción Francesa a estudiar con la CGT tanto el problema del nuevo orden en su conjunto cuanto los casos particulares que presenten cierta gravedad.

# 12

## Principios de un proyecto para un nuevo régimen interno en las empresas industriales

### ¿1936-1937?

NOS ENCONTRAMOS EN ESTE momento en un estado de equilibrio social inestable que hay que transformar, si fuera posible, para el próximo período, en un equilibrio estable. A pesar de la oposición existente entre los objetivos y las aspiraciones de ambas clases, esta transformación es actualmente conforme al interés de ambas partes. La clase obrera tiene un interés vital en asimilar sus recientes conquistas, en fortalecerlas, en implantarlas sólidamente en las costumbres. Solo unos pocos fanáticos irresponsables —por lo demás sin influencia— pueden desear en el período actual apresurar la marcha hacia delante. Los patrones, preocupados por el futuro próximo de sus empresas, también tienen interés en esta consolidación. No podrían volver al estado de cosas de hace un año, a costa de una lucha encarnizada que causaría muchos daños, arruinaría muchas empresas y quizá daría paso a la guerra civil, con un 50 % de chance de llegar a la desposesión definitiva de la patronal. Por otra parte, un orden nuevo, aun cuando conlleve algunas concesiones importantes, sería mucho mejor para los patrones que el desorden actual que, *según ellos,* reina en buen número de empresas, y están exasperados por la incertidumbre. Dentro de estos límites precisos y sobre esta base, se puede concebir, para un cierto período de tiempo, una colaboración constructiva entre los elementos serios y responsables de la clase obrera y la patronal.

La elaboración de un nuevo régimen interno de las empresas plantea un problema cuyos datos vienen determinados en parte por el régimen actual, pero que, en su esencia, está vinculado a la existencia de la gran industria, independientemente del régimen social. Consiste en establecer un cierto equilibrio, en el marco de cada empresa, entre los derechos que pueden legítimamente reivindicar los trabajadores, como seres humanos, y el interés material de la producción. Este equilibrio solo se establecería automáticamente si hubiera una coincidencia perfecta en las medidas que se adopten con vistas a estos dos objetivos; coincidencia que es inconcebible en cualquier hipótesis. De hecho, este equilibrio solo puede basarse en un compromiso. La existencia actual del régimen capitalista solo interviene en los datos del problema para dar un significado determinado a la noción de interés de la producción. Este interés, en el sistema actual, se mide en cada empresa en dinero y se define según las leyes de la economía capitalista. Los patrones, por las ventajas personales que persiguen, pero más aún por su función, representan necesariamente el interés de la producción así definido. Naturalmente, tienden a hacer de este interés la única regla de la organización empresarial. Lo han conseguido casi por completo, teniendo en cuenta, naturalmente, la dignidad y los derechos humanos. En este sentido se hicieron importantes avances en junio pasado.

Se trata ahora de cristalizar este progreso en un nuevo régimen, que sirva a la producción en una amplia medida compatible con el estado de ánimo actual de los trabajadores, con el sentimiento renovado de dignidad y de fraternidad obrera, con las ventajas morales adquiridas. La dirección que debe tomar ese intento está indicada por la naturaleza misma del problema. Los patrones, en su misión de defender la producción de la empresa, han visto debilitarse las armas que tenían a su disposición contra los obreros: el terror, la excitación de pequeñas envidias, la apelación al más sórdido interés personal. Lo que se ha perdido por este lado hay que intentar recuperarlo por el lado de los motivos superiores a los que los empresarios apelaron tan raramente: la autoestima profesional, el amor al trabajo, el interés por la tarea bien realizada, el sentimiento de responsabilidad.

En segundo lugar, los trabajadores deben sentirse conectados a la producción por algo más que la preocupación obsesiva de ganar unos centavos extras, bajando unos minutos del tiempo asignado. Deben ser capaces de poner en juego las facultades que ningún ser humano normal puede reprimir, sin sufrir y degradarse: la iniciativa, la investigación, la elección de los métodos más eficaces, la responsabilidad, la comprensión del trabajo a realizar y de los métodos a utilizar. Esto solo será posible si se cumple la primera condición. El sentimiento de inferioridad no favorece el desarrollo de las facultades humanas.

Las siguientes indicaciones responden a esta doble preocupación:

## DISCIPLINA DEL TRABAJO

La disciplina del trabajo ya no debe ser unilateral, sino basarse en la noción de obligaciones recíprocas. Solo bajo esta condición se puede aceptar y no simplemente soportar. La dirección de una empresa es responsable de su equipamiento y de su producción: como tal, su autoridad debe ejercerse sin trabas, dentro de ciertos límites bien definidos. Pero no se debe confiar a la dirección la responsabilidad de la parte viva de una empresa. Esta responsabilidad debe recaer en la sección sindical, y debe tener poder, también dentro de límites bien definidos, para proteger a los seres humanos involucrados en la producción. La disciplina de una empresa debe basarse en la coexistencia de estos dos poderes.

La sección sindical debe imponer el respeto a la vida y la salud de los trabajadores. Todo trabajador debe poder recurrir ante ella si recibe una orden que ponga en peligro su salud o su vida; o si se le obliga a realizar un trabajo insalubre o demasiado pesado para sus fuerzas físicas, o a un ritmo que implica riesgo de accidentes graves, o seguir un método de trabajo peligroso. El sindicato debe ser capaz, en tales casos, en circunstancias graves, de cubrir con su autoridad la negativa a obedecer que esté seriamente motivada. Por último, debe poder hacer que se cumplan los dispositivos de seguridad y las medidas de higiene que considere necesarias y, en general, evitar que el ritmo de trabajo alcance una velocidad peligrosa o agotadora. En el caso de que la dirección impugne la justicia de sus decisiones, deberá estar obligada a presentar un dictamen motivado por médicos o técnicos cualificados elegidos en función de las circunstancias.

La dirección debe tener plena autoridad, dentro de los límites determinados por los derechos de la sección sindical, para garantizar el material, la calidad y cantidad del trabajo y la ejecución de las órdenes. Debe tener poder absoluto para mover a los obreros dentro de la empresa. Con la única condición de que se le prohibirá, cuando un trabajador sufra un descenso de categoría como resultado del traslado, poner en su lugar a otro trabajador contratado fuera o tomado de una categoría inferior.

Estas dos autoridades deben apoyarse mutuamente, si es necesario, con sanciones. La gerencia puede tomar medidas por negligencia, mala conducta, desempeño deficiente o negativa a obedecer. La sección sindical a su vez debe poder adoptar sanciones, ya sea contra la dirección o contra los supervisores, en el caso de que sus decisiones, adoptadas en el marco indicado antes y debidamente justificadas, no se hayan ejecutado y se haya producido un daño real o un peligro grave.

El modo de aplicación de las sanciones podría determinarse de la siguiente manera. La persona amenazada con una sanción siempre podrá recurrir ante una comisión tripartita (trabajadores, técnicos, patrones) que funcione para un grupo de empresas; y si esta comisión no fuere unánime, se recurrirá a un perito designado permanentemente por las federaciones de trabajadores o de empleadores o, en su defecto, por el gobierno. Una sanción confirmada sería automáticamente incrementada de forma significativa; una sanción no confirmada resultaría en una multa para la parte que la propuso.

Las sanciones serían, por una parte, para todo el personal asalariado: degradación temporal o definitiva, suspensión, despido. Por otra parte, para el mando y la dirección: censura, multas y prohibición definitiva de ejercer el mando industrial, en caso de faltas muy graves, en particular las que conllevan muerte.

En ningún caso podrán ser objeto de sanciones los actos cometidos durante un paro, ni tampoco el paro en sí mismo. Si durante una huelga se produce violencia, se trata de un asunto penal, pero las condenas en el tribunal penal no deben poner fin al contrato de trabajo, salvo en el caso de penas de prisión largas, sin suspensión.

## LICENCIAMIENTOS

Las actuales condiciones del funcionamiento de las empresas no permiten que se quite a los empresarios la posibilidad de despedir a un obrero, ya sea por reorganización técnica de la empresa o por falta de trabajo. Pero también hay que admitir que el respeto a la vida humana debe limitar el poder de tomar una medida tan grave, que corre el riesgo de destruir una existencia.

Se puede aceptar el siguiente compromiso: el patrón que despide a un trabajador tiene el deber de buscarle, antes, un puesto en otra empresa. Podrá adoptar medidas de despido sin rendir cuentas a nadie, excepto en los tres casos siguientes:

1° Si el trabajador despedido es dirigente sindical.

2° Si el empleador que lo despide le proporciona un puesto inaceptable por causas graves.

3° Si el patrón lo despide sin poder ofrecerle otro puesto.

En cada uno de estos tres casos, el obrero despedido puede obligar al empleador a someter la medida de despido al control de peritos designados por el gobierno y la CGT. Estos expertos examinarán, en particular, si el despido no habría podido evitarse mediante la distribución del tiempo de trabajo. Si convienen en que el despido no está justificado, el empresario deberá, previo dictamen motivado, readmitir al trabajador de que se trate.

Cuando un patrón ha despedido a un obrero, ya no podrá volver a contratar a nadie, para ese mismo puesto, ni como peón, sin haberle llamado antes. La sección sindical deberá tener las facultades necesarias para supervisar la aplicación de esta norma.

## FORMACIÓN PROFESIONAL

La formación profesional de los trabajadores ha sido completamente descuidada por los empleadores en los últimos años. Esto dio lugar a la situación en la que nos encontramos ahora. El valor profesional de la clase obrera francesa se ha visto disminuido por esta negligencia. La CGT está dispuesta a estudiar con el CGPFF y el Gobierno la cuestión de la formación profesional de jóvenes y adultos, así como la reconversión profesional de los desempleados.

## RÉGIMEN DE TRABAJO

Paralelamente a la organización general de la formación profesional, es necesario que las empresas vayan tomando medidas para que los obreros presten interés a su trabajo, más allá del afán de lucro.

Los trabajadores no deben ignorar lo que están haciendo, mecanizar una pieza sin saber dónde irá. Debemos darles la sensación de verdad de que están colaborando con una tarea, darles la noción de trabajo coordinado. Quizá lo mejor sería organizar visitas a la fábrica los días sábado, por equipos, con permiso para que los obreros traigan a sus familias, y bajo la guía de un técnico cualificado capaz de hacer una presentación sencilla e interesante. También sería bueno informar a los trabajadores de todas las innovaciones, nuevas producciones, cambios de métodos, mejoras técnicas. Debemos darles la sensación de que la empresa está viva y que ellos participan en esa vida. Para eso, la dirección y la sección sindical deberán colaborar de forma continua.

También debemos buscar otras formas de estimular sus iniciativas que no sean las bonificaciones tradicionales. Sería razonable que los obreros también obtengan una recompensa permanente por las sugerencias que conllevan un beneficio permanente para la fábrica. Podemos imaginar todo tipo de modalidades. Por ejemplo, sugerencias interesantes para reducir la cadencia de producción; o mejoras en las medidas de higiene en los talleres; eliminación total del trabajo a destajo, sustituyéndolo por el trabajo por hora, al precio medio por hora, para los talleres que demuestren actividad intelectual en este ámbito, etc. Búsqueda de métodos de trabajo y de remuneración que puedan estimular mayores motivaciones de los trabajadores sin perjudicar el rendimiento global, y darles máxima libertad sin perjudicar el orden; la dirección y la sección sindical también deben colaborar de forma permanente. En este campo solo la experiencia decide y las iniciativas más audaces son las mejores. La sección sindical de una empresa debe poder exigir siempre la prueba de métodos que hayan dado buenos resultados en empresas similares.

# 13

## La racionalización[31]

23 de febrero de 1937

LA PALABRA "RACIONALIZACIÓN" ES bastante vaga. Se refiere a ciertos métodos de organización industrial, más o menos racionales, que prevalecen actualmente en las fábricas, bajo diversas formas. De hecho, existen varios métodos de racionalización y cada líder empresarial los aplica a su manera. Pero todos tienen puntos en común y todos pretenden ser científicos, en el sentido de que los métodos de racionalización se presentan como métodos de organización científica del trabajo.

La ciencia, al principio, era solo el estudio de las leyes de la naturaleza. Luego intervino en la producción mediante la invención y el desarrollo de máquinas y mediante el descubrimiento de procesos que permitían usar las fuerzas naturales. Finalmente, en nuestro tiempo, hacia finales del siglo pasado, pensamos en aplicar la ciencia

---

31. El 23 de febrero de 1937, Simone Weil dio una conferencia a un público obrero, de la que no tenemos el manuscrito original, sino solo este texto parcial recogido por una oyente.

no solo al uso de las fuerzas de la naturaleza, sino también al uso de la fuerza de trabajo humano. Esto es algo completamente nuevo y estamos empezando a ver sus efectos.

A menudo hablamos de revolución industrial para referirnos precisamente a la transformación que se produjo en la industria cuando se aplicó la ciencia a la producción y apareció la gran industria. Pero podemos decir que hubo una segunda revolución industrial. La primera se define por el uso científico de la materia inerte y de las fuerzas de la naturaleza. La segunda se define por el uso científico de la materia viva, es decir, de los hombres.

La racionalización aparece como una mejora en la producción. La racionalización, desde el punto de vista exclusivamente de la producción, se cuenta dentro de las innovaciones sucesivas que constituyen el progreso industrial. Si lo miramos desde el punto de vista de los obreros, el estudio de la racionalización es parte de un problema muy grande, el problema de un régimen aceptable en las empresas industriales. Aceptable para los trabajadores, por supuesto. Y es, sobre todo, desde este último aspecto que debemos considerar la racionalización, porque si el espíritu del sindicalismo difiere del espíritu que anima a los círculos dirigentes de nuestra sociedad, es sobre todo porque el movimiento sindical está aún más interesado en el productor que en la producción, a diferencia de la sociedad burguesa que está principalmente interesada en la producción más que en el productor.

Cuál sea el mejor sistema para las empresas industriales es, si no el más importante, uno de los problemas clave para el movimiento obrero. Lo más sorprendente es que nunca se haya planteado. Hasta donde yo sé, no ha sido propuesto para ser estudiado. Los teóricos no estaban tal vez en la mejor posición para tratar este tema, porque ellos mismos no habían sido parte del engranaje de una fábrica.

El propio movimiento obrero, ya sea el sindicalismo o las organizaciones obreras que precedieron a los sindicatos, no ha pensado en tratar extensamente los diferentes aspectos de este problema. Hay muchas razones para ello, incluidas las preocupaciones inmediatas, urgentes y cotidianas, que a menudo se imponen de forma demasiado abrumadora sobre los obreros sin dejarles tiempo para reflexionar sobre los grandes problemas. Además, aquellos obreros militantes que permanecen sujetos a la disciplina industrial tienen pocas posibilidades o poca inclinación a analizar teóricamente las restricciones que sufren cada día: necesitan evadirse; y aquellos que están investidos de funciones permanentes a menudo tienden a olvidar, en medio de su actividad diaria, que esta es una cuestión urgente y dolorosa.

Además, hay que decir que todos sufrimos una cierta deformación que proviene de vivir en una atmósfera de sociedad burguesa, que afecta incluso a nuestras aspiraciones de una sociedad mejor. La sociedad burguesa padece la monomanía de la contabilidad. Para ella, nada tiene valor excepto lo que se puede medir en francos y centavos. No duda en sacrificar vidas humanas por cifras que lucen bien en el papel, ya sean del presupuesto nacional o de balances industriales. Todos sufrimos un poco el contagio de esta idea fija y nos dejamos hipnotizar por los números. Por eso, en las críticas que dirigimos al sistema económico, la idea de explotación, de dinero extorsivo para aumentar las propias ganancias, es casi la única que se expresa con claridad. Se trata de una distorsión mental, tanto más comprensible cuanto que los números son algo claro, algo que captamos a primera vista, mientras que las cosas que no se pueden traducir en números requieren un mayor esfuerzo de atención. Es más fácil quejarse de la cifra de una nómina que analizar el sufrimiento vivido durante una jornada laboral. Por este motivo, la cuestión del salario con frecuencia nos lleva a olvidar otras reivindicaciones vitales. Incluso llegamos a considerar la transformación del régimen definido por la supresión de la propiedad y del beneficio capitalista como si fuera equivalente al establecimiento del socialismo.

Bueno, esto es una deficiencia extremadamente grave para el movimiento obrero, porque el sufrimiento de la clase obrera como resultado de la sociedad capitalista implica mucho más que la cuestión de las ganancias y la propiedad.

El obrero sufre por un salario insuficiente. Sufre porque la sociedad actual lo relega a un rango inferior, lo reduce a una especie de servidumbre. Los salarios inadecuados son solo una consecuencia de esta inferioridad y servidumbre. La clase obrera sufre por estar sometida a la voluntad arbitraria de los altos directivos de empresa, quienes imponen fuera de la fábrica su nivel de vida y dentro de ella las condiciones laborales. El sufrimiento padecido en la fábrica debido a una dirección arbitraria pesa tanto en la vida de un trabajador como las privaciones que sufre fuera de la fábrica debido a un salario insuficiente.

Los derechos de los trabajadores en su lugar de trabajo no dependen directamente de la propiedad o de las ganancias, sino de la relación entre el trabajador y la máquina, entre el trabajador y el patrón, y del mayor o menor poder de la dirección. Los obreros pueden obligar a la dirección de la fábrica a concederles derechos sin privar a los propietarios de sus títulos de propiedad ni de sus beneficios; y, a la inversa, pueden verse completamente privados de derechos en una fábrica que fuera una propiedad colectiva. Las aspiraciones de los trabajadores a tener derechos en la fábrica los ponen en conflicto no con el propietario, sino con el gerente, que a veces es la misma persona, pero poco importa.

Por lo tanto, tenemos que distinguir dos temas distintos: la explotación de la clase obrera, que se define por el beneficio capitalista, y la opresión de la clase obrera en el lugar de trabajo, que se traduce en sufrimientos prolongados, según los casos, 48 o 40 horas semanales, pero que puede extenderse incluso más allá de la fábrica, a las 24 horas del día.

La cuestión del régimen de la empresa, considerada desde el punto de vista de los trabajadores, se plantea con datos que se refieren a la estructura de la gran industria. Una fábrica está hecha esencialmente para producir. Los hombres están allí para ayudar a las máquinas a producir tantos productos económicos, y bien hechos, como sea posible cada día. Pero estos hombres son hombres; tienen necesidades, aspiraciones que satisfacer, que no coinciden necesariamente con las necesidades de la producción, y de hecho en la mayoría de los casos no coinciden en absoluto. Es una contradicción que no eliminaría el cambio de régimen. Pero no podemos permitir que se sacrifiquen vidas humanas en la fabricación de productos.

Si mañana expulsamos a los patrones, si colectivizamos las fábricas, no cambiará en nada este problema fundamental, que significa que lo que es necesario para producir el mayor número posible de productos no es necesariamente lo que puede satisfacer a los hombres que trabajan en la fábrica.

Reconciliar las demandas de la manufactura con las aspiraciones de los hombres que la realizan es un problema que los capitalistas resuelven fácilmente eliminando uno de sus términos: actúan como si esos hombres no existieran. Por el contrario, algunas concepciones anarquistas eliminan el otro término: las necesidades de la manufactura. Pero como podemos olvidarlos en el papel y no eliminarlos en la práctica, no es una solución. La solución ideal sería organizar el trabajo de tal manera que las fábricas produjeran el mayor número posible de productos bien hechos con obreros felices todas las tardes. Si por alguna casualidad providencial pudiéramos encontrar un método de trabajo lo suficientemente perfecto como para hacer que el trabajo fuera placentero, la cuestión ya no se plantearía. Pero este método no existe. De hecho, ocurre lo contrario. Si tal solución no es practicable, es precisamente porque las necesidades de la producción y las necesidades de los productores no coinciden necesariamente. Sería maravilloso si los procesos de trabajo más productivos fueran también los más agradables. Pero al menos podemos acercarnos a la solución buscando métodos que concilien al máximo, los intereses de la empresa y los derechos de los trabajadores. Se puede suponer que esta contradicción puede resolverse mediante un compromiso, encontrando un punto medio, de modo que ni uno ni otro se sacrifiquen por completo. Ni los intereses de la producción ni los de los productores. Una fábrica debe estar organizada de tal manera que la materia prima que utiliza se transforme en productos que no sean ni demasiado raros, ni caros, ni defectuosos. Y que los hombres que entran en ella por la mañana no salgan física o moralmente disminuidos por la tarde, al cabo de un día, de un año o de veinte años.

Este es el verdadero problema, el problema más serio que enfrenta la clase obrera: encontrar un método de organización del trabajo que sea aceptable para la producción, para el trabajo y para el consumo.

Este problema ni se ha resuelto, ni siquiera ha sido abordado. De modo que, si mañana tomáramos las fábricas, no sabríamos qué hacer con ellas y, después de un lapso de incertidumbre, nos veríamos obligados a organizarlas como están actualmente.

Yo mismo no tengo ninguna solución que ofrecer. Esto no es algo que pueda improvisarse en el papel, de la nada. Solo en la fábrica podemos llegar poco a poco a imaginar un sistema de este tipo y ponerlo a prueba, exactamente como los jefes y responsables de las empresas, los técnicos, han llegado poco a poco a concebir y perfeccionar el sistema actual. Para entender cómo surge el problema, es necesario haber estudiado el sistema existente, analizarlo, criticarlo y valorar si es bueno o malo, y por qué. Debemos partir del régimen actual para diseñar uno mejor.

Así que intentaré analizar este sistema (que ustedes conocen mejor que nadie) haciendo referencia a la vez a su historia, a las obras de quienes contribuyeron a su desarrollo y a la vida cotidiana en las fábricas en el período anterior al movimiento de junio de 1936.

Para caracterizar el régimen industrial actual y los cambios introducidos en la organización del trabajo, hablamos casi indistintamente de racionalización o de taylorización. La palabra "racionalización" tiene más prestigio ante el público porque parece indicar que la actual organización del trabajo es aquella que satisface todas las exigencias de la razón, una organización racional del trabajo que necesariamente debe responder a los intereses del trabajador, del empresario y del consumidor. Realmente parece que nadie puede hablar en contra de esto. El poder de las palabras es muy grande, y esta ha sido muy utilizada; así como la expresión "organización científica del trabajo", porque la palabra "científica" tiene aún más prestigio que la palabra "racional".

Cuando hablamos de taylorización, indicamos el origen del sistema. Fue Taylor quien encontró la esencia y quien dio el impulso y marcó el rumbo de este método de trabajo. Para conocer su espíritu hay que recurrir necesariamente a Taylor. Es fácil, ya que él mismo escribió varios libros sobre este tema, estableciendo su propia biografía. La historia de la investigación de Taylor es muy curiosa y muy instructiva. Nos permite ver cómo estaba orientado este sistema en sus inicios. Incluso nos permite, mejor que cualquier otra cosa, comprender qué es la racionalización en su esencia.

Aunque Taylor llamó a su sistema "organización científica del trabajo", no era un científico. Su cultura pudo corresponder a la del bachillerato, pero no es seguro. Nunca estudió ingeniería. Tampoco era un obrero en el sentido estricto de la palabra, aunque había trabajado en una fábrica. Entonces, ¿cómo podemos definirlo? Era capataz, pero no de aquellos que venían de la clase trabajadora y se acuerdan. Era un capataz de esos que hoy encontramos en los sindicatos profesionales que creen haber nacido para servir de perros guardianes de los patrones. No fue por curiosidad ni por necesidad de lógica que emprendió su investigación. Fue su experiencia la que lo guio en sus estudios y le sirvió de inspiración durante treinta y cinco años de paciente investigación. De esta manera, dio a la industria, además de su idea fundamental de una nueva organización de las fábricas, un admirable estudio sobre el trabajo de los tornos de desbaste.

Taylor nació en una familia relativamente rica y podría haber vivido sin trabajar, si no fuera por los principios puritanos de su familia y de él mismo, que no le permitían permanecer inactivo. Asistió al instituto, pero una afección ocular le obligó a abandonar sus estudios a los 18 años. Un extraño capricho lo empujó entonces a entrar en una fábrica donde realizó un aprendizaje como mecánico. El contacto cotidiano con la clase obrera no le confirió en ningún caso un espíritu obrero. Por el contrario, parece que se hizo más consciente de la oposición de clase que existía entre sus compañeros de trabajo y él mismo, un joven burgués que no trabajaba para vivir, que no vivía de su salario y que, como lo sabía la dirección, era tratado como tal.

Después de su aprendizaje, a los 22 años, consiguió un trabajo como tornero en una pequeña fábrica mecánica y, desde el primer día, entró en conflicto con sus compañeros de taller, quienes le dejaron claro que lo iban a golpear si no se ajustaba al horario general de trabajo. En esa época reinaba el sistema de trabajo a destajo, organizado de tal manera que, tan pronto como aumentaba el ritmo, bajaban las tarifas. Los obreros entendieron que no debían aumentar el ritmo para que no les bajaran las tarifas. De modo que cada vez que llegaba un nuevo trabajador, se le advertía que redujera el ritmo o, de lo contrario, le harían la vida insoportable.

Después de dos meses, Taylor fue ascendido a capataz. Al contar esta historia, explica que el patrón confiaba en él porque pertenecía a una familia burguesa. No dice cómo el patrón lo había distinguido tan rápidamente, ya que sus compañeros le impedían trabajar más rápido que ellos. Uno puede preguntarse si no se habrá ganado su confianza contándole lo que se había hablado entre obreros.

Cuando asumió el cargo de capataz, los obreros le dijeron: "Estamos muy contentos de tenerte como capataz, ya que nos conoces y sabes que si intentas bajar las tarifas te haremos la vida imposible". A lo que Taylor respondió, resumiendo: "Ahora estoy del otro lado de la barrera; haré lo que tenga que hacer". Y, de hecho, el joven capataz mostró habilidad excepcional para aumentar el ritmo y despedir a los más revoltosos.

Esta particular habilidad le hizo ascender aún más de rango hasta convertirse en director de la fábrica. Tenía entonces 24 años.

Una vez como director, continuó obsesionado con su única preocupación de impulsar siempre más el ritmo de los obreros. Obviamente se abstenían, y como resultado sus conflictos con los obreros se hicieron cada vez más graves. No podía explotar a los trabajadores como quería porque ellos conocían los métodos de trabajo mejor que él. Entonces se dio cuenta de que había dos obstáculos: por un lado, no sabía cuánto tiempo se necesitaba para realizar cada operación mecánica y qué procesos daban los mejores tiempos. Por otra parte, la organización de la fábrica no le daba los medios para combatir eficazmente la resistencia pasiva de los trabajadores. Luego pidió permiso al administrador de la empresa para montar un pequeño laboratorio para realizar experimentos sobre métodos de mecanización. Este fue el origen de un trabajo que duró veintiséis años y que llevó a Taylor a descubrir los aceros rápidos, la refrigeración de las herramientas, nuevas formas de herramientas de desbaste y, sobre todo, descubrió, con la ayuda de un equipo de ingenieros, fórmulas matemáticas que daban las relaciones más económicas entre la profundidad del paso, el avance y la velocidad de los tornos; y para la aplicación de estas fórmulas en los talleres, estableció reglas de cálculo que permitieran encontrar dichas proporciones en todos los casos particulares que pudieran presentarse.

Estos descubrimientos fueron los más importantes a sus ojos, porque tuvieron un impacto inmediato en la organización de las fábricas. Todos ellos estaban inspirados por su deseo de aumentar el ritmo de trabajo de los obreros y por su mal humor ante la resistencia de estos. Su principal preocupación era evitar cualquier pérdida de tiempo en el trabajo. Esto muestra inmediatamente cuál era el espíritu del sistema. Y durante veintiséis años trabajó con esta única preocupación. Fue diseñando y organizando poco a poco la oficina, los métodos, las fichas de fabricación, los tiempos necesarios para cada operación, la división del trabajo entre responsables técnicos y un particular sistema de trabajo a destajo con bonificación.

Este panorama nos ayuda a comprender en qué consistió la originalidad de Taylor y cuáles son los fundamentos de la racionalización. Hasta él, las investigaciones de laboratorio solo se habían realizado para descubrir nuevos dispositivos mecánicos, para encontrar nuevas máquinas, mientras que él tenía la idea de estudiar científicamente los mejores métodos de utilización de las máquinas existentes. Estrictamente hablando, no hizo ningún descubrimiento, excepto el de los aceros rápidos. Buscó, simplemente, los métodos más científicos para hacer el mejor uso de las máquinas que ya existían y de los hombres. Era su obsesión. Construyó su laboratorio para poder decirles a los trabajadores: "Se equivocaron al hacer este trabajo en una hora, deberían haberlo hecho en media hora". Su objetivo era quitar a los trabajadores la posibilidad de determinar los procesos y el ritmo de su trabajo, y poner en manos de la dirección la determinación de los movimientos a realizar durante la producción. Este era el espíritu de su investigación. La preocupación de Taylor no era someter los métodos de producción al escrutinio de la razón, o al menos esta preocupación quedó en segundo lugar. Su principal preocupación era encontrar el modo de obligar a los trabajadores a dar a la fábrica el máximo de su capacidad de trabajo. El laboratorio era para él un medio de investigación, pero sobre todo un medio de constricción.

Esto lo afirma explícitamente en sus propias obras. El método de Taylor consiste esencialmente en esto: primero, se estudia científicamente el mejor procedimiento a utilizar para cualquier trabajo, incluso el de los peones no cualificados (no hablo de obreros no cualificados especializados, sino de los obreros no cualificados propiamente dichos), incluso la manutención o trabajos de este tipo; luego, se estudian los tiempos mediante la descomposición de cada trabajo en movimientos elementales que se reproducen en distintos trabajos, según diversas combinaciones. Una vez medido el tiempo necesario para cada movimiento elemental, se puede obtener fácilmente el tiempo necesario para operaciones muy variadas. Ya saben que el método para medir el tiempo es el cronometraje.

No tiene sentido insistir sobre esto. Por último, está la división del trabajo entre los responsables técnicos. Antes de Taylor, un capataz lo hacía todo, se encargaba de todo. Actualmente, en las fábricas hay varios encargados en un mismo taller: está el controlador, está el capataz, etc.

El sistema particular de trabajo a destajo con bonificación consistía en medir los tiempos por unidad en función del máximo trabajo que el mejor trabajador pudiera producir en una hora, por ejemplo, y para todos los que produjeran ese máximo cada pieza se pagaría a tal precio, mientras que se pagaría a menor precio a los que produjeran menos. Aquellos que produjeran significativamente menos que el máximo, recibirían menos que el salario digno. En otras palabras, es un proceso que elimina a todos aquellos que no sean trabajadores de primer nivel capaces de lograr la producción máxima.

En suma, este sistema contiene la esencia de lo que hoy llamamos racionalización. Los capataces egipcios tenían látigos para empujar a los trabajadores a producir. Taylor sustituyó el látigo por oficinas y laboratorios, bajo disfraz de ciencia.

La idea de Taylor era que cada hombre es capaz de producir una cantidad máxima de trabajo. Pero esto es completamente arbitrario e inaplicable a un gran número de fábricas. En una sola fábrica, esto da como resultado que los trabajadores más fuertes y resilientes permanezcan en la fábrica, mientras que los demás se van. Es imposible tener suficientes trabajadores fuertes para todas las máquinas de una ciudad y lograr tal selección a gran escala. Supongamos que existe un determinado porcentaje de trabajo que exige una gran fuerza física: no está probado que haya el mismo porcentaje de hombres que cumplan esa condición.

La investigación de Taylor comenzó en 1880. La mecánica apenas comenzaba a convertirse en industria. Durante toda la primera mitad del siglo xix, la gran industria se limitó casi exclusivamente a los textiles. Recién alrededor de 1850 se empezaron a construir torres con estructura metálica. Cuando Taylor era un niño, la mayoría de los mecánicos todavía eran artesanos que trabajaban en sus propios talleres. Fue en el mismo momento en que Taylor inició su trabajo que nació la Federación Estadounidense del Trabajo, formada a partir de varios sindicatos recién formados, incluido el United Steelworkers. Uno de los métodos de acción sindical en esa época era limitar la producción para evitar el desempleo y reducir los trabajos a destajo. En la mente de Taylor, como en la de los industriales a quienes gradualmente les comunicó los resultados de sus estudios, la primera ventaja de la nueva organización del trabajo era romper la influencia de los sindicatos. Desde sus inicios, la racionalización ha sido esencialmente un método para hacer que la gente trabaje más, en lugar de un método para trabajar mejor.

Después de Taylor, no hubo muchas innovaciones sensacionales en orden a la racionalización del trabajo.

Primero estuvo el trabajo en cadena, inventado por Ford, que en cierta medida eliminó el trabajo a destajo y el trabajo con bonificaciones, incluso en sus fábricas. La cadena, en su origen, es simplemente un proceso de aplicación mecánica. En la práctica, se ha convertido en un método sofisticado para lograr la máxima cantidad de trabajo del obrero en un tiempo determinado.

El sistema de cadenas de montaje ha permitido sustituir a los trabajadores cualificados por obreros de producción en serie, donde en lugar de realizar un trabajo especializado, lo único que se requiere es realizar un cierto número de acciones mecánicas que se repiten constantemente. Se trata de una mejora del sistema de Taylor que acaba por quitarle al trabajador la elección de su método y la inteligencia de su trabajo, y devolvérsela a la oficina de diseño. Este sistema de montaje también elimina la habilidad manual requerida por el trabajador calificado.

El espíritu de tal sistema se hace evidente por la manera en que ha sido elaborado. Se puede ver de inmediato que la palabra "racionalización" ha sido aplicada erróneamente a este. Taylor no buscaba un método para racionalizar el trabajo, sino un medio para controlar a los trabajadores, y si al mismo tiempo encontró una manera de simplificar el trabajo es algo completamente distinto. Para ilustrar la diferencia entre el trabajo racional y los medios de control, tomaré un ejemplo de verdadera racionalización, es decir, del progreso técnico que no grava a los trabajadores ni constituye una explotación de su fuerza de trabajo.

Imagínese un tornero trabajando en tornos automáticos. Tiene cuatro tornos para vigilar. Si un día se descubre un acero rápido que permita duplicar la producción de esos cuatro tornos y se contrata otro tornero para que cada uno siga solo a dos tornos, entonces cada uno tiene que realizar el mismo trabajo y sin embargo la producción es más barata. De esa forma se pueden producir mejoras técnicas que mejoren la producción sin cargar a los trabajadores.

Pero la racionalización de Ford no consiste en trabajar mejor, sino en hacer que la gente trabaje más. En resumen, los empresarios han descubierto que hay una mejor forma de explotar la fuerza laboral que alargar la jornada laboral.

En efecto, la jornada de trabajo tiene un límite, no solo porque la jornada en sí es de 24 horas, durante las cuales también hay que tener tiempo para comer y dormir, sino también porque, después de un cierto número de horas de trabajo, la producción ya no progresa. Por ejemplo, un trabajador no produce más en 17 horas que en 15, porque su cuerpo está más cansado y automáticamente trabaja menos rápido. Existe, pues, un límite a la producción que se alcanza con bastante facilidad aumentando la jornada de trabajo, pero no aumentando su intensidad.

Este es un descubrimiento sensacional por parte de los empresarios. Puede que los trabajadores no lo hayan entendido aún, puede que los patrones no sean plenamente conscientes de ello, pero se comportan como si lo entendieran muy bien.

Esto es algo que no viene inmediatamente a la mente, porque la intensidad del trabajo no es medible como su duración. En junio, los campesinos pensaban que los obreros eran perezosos porque solo querían trabajar 40 horas a la semana; porque estamos acostumbrados a medir el trabajo por número de horas y eso se puede cuantificar, mientras que el resto no se puede cuantificar.

Pero la intensidad del trabajo puede variar. Pensemos, por ejemplo, en correr, y recordemos al corredor de maratón que cayó muerto al llegar a la meta porque había corrido demasiado rápido. Esto puede considerarse como una intensidad límite del esfuerzo. Lo mismo ocurre en el trabajo. La muerte, claro está, es el límite extremo que no se debe alcanzar, pero si no estás muerto después de una hora de trabajo, a los ojos de los jefes quiere decir que podrías trabajar aún más. Así también cada día se baten nuevos récords sin que nadie tenga idea de que ya se ha alcanzado el límite. Todavía estamos esperando al corredor que batirá el último récord. Pero si inventáramos un método de trabajo que matara a los trabajadores al cabo de cinco años, por ejemplo, los patrones se quedarían muy rápidamente sin trabajadores y eso iría en contra de sus intereses. No lo notarían inmediatamente, porque no existe una manera científica de medir el desgaste que sufre el organismo humano a través del trabajo. Pero tal vez la próxima generación se dé cuenta de esto y revise sus métodos, tal como se han dado cuenta de las miles de muertes prematuras causadas por el trabajo infantil en las fábricas.

Lo mismo puede ocurrirles a los adultos con la intensidad del trabajo. Hace apenas un año, en las fábricas mecánicas de la región parisina un hombre de 40 años ya no conseguía trabajo, porque se le consideraba ya agotado, exhausto e incapaz de producir al ritmo actual.

Por lo tanto, no hay límite al aumento de la intensidad de la producción. Taylor relata con orgullo cómo fue capaz de duplicar e incluso triplicar la producción en algunas fábricas simplemente mediante el sistema de bonificaciones, vigilar a los obreros y el despido feroz de los que no querían o no podían seguir el ritmo. Explica que logró encontrar la forma ideal de eliminar la lucha de clases, porque su sistema se basa en el interés común del trabajador y del patrón, quienes ganan más con este sistema. El propio consumidor queda satisfecho porque los productos son más baratos. Se jacta de que de esta manera resolvió todos los conflictos sociales y creó armonía social.

Pero tomemos el ejemplo de la fábrica donde Taylor duplicó la producción sin cambiar los métodos de fabricación, simplemente organizando la policía del taller. Imaginemos, por el contrario, una fábrica en la que se trabaja siete horas al día por 30 francos y en la que el empresario decide, un buen día, hacer trabajar a la gente catorce horas al día, por 40 francos. Los trabajadores no la considerarían una situación en la que todos salieran ganando y seguramente se declararían en huelga inmediatamente. Sin embargo, esto es exactamente lo mismo que el sistema de Taylor. Si trabajáramos 14 horas al día en lugar de 7, estaríamos al menos el doble de cansados. Estoy convencida incluso de que, más allá de cierto límite, es mucho más grave para el organismo humano aumentar el ritmo como Taylor que aumentar la duración del trabajo.

Cuando Taylor presentó su sistema, hubo cierta reacción por parte de los trabajadores. En Francia, los sindicatos reaccionaron enérgicamente a la introducción inicial de este sistema en las fábricas francesas. Ha habido artículos de Pouget y Merrheim que comparan la racionalización con una nueva forma de esclavitud. En Estados Unidos hubo paros. Al final, este sistema triunfó y jugó un papel importante en el desarrollo de las industrias bélicas; lo que llevó a creer que la guerra tuvo mucho que ver con este triunfo de la racionalización.

El argumento principal de Taylor es que este sistema sirve a los intereses del público, es decir, a los consumidores. Obviamente, el aumento de la producción puede ser beneficioso para ellos cuando se trata de alimentos, pan, leche, carne, mantequilla, vino, aceite, etc. Pero no es esa producción la que aumenta con el sistema de Taylor. En términos generales, no es lo que sirve para satisfacer las principales necesidades de la existencia. Lo que se ha racionalizado es la mecánica, el caucho, el textil, es decir, esencialmente lo que produce los objetos menos consumibles. La racionalización ha servido principalmente a la fabricación de bienes de lujo y a esa industria doblemente de lujo que es la industria de guerra, que no solo no construye, sino que además destruye. Ha servido para aumentar considerablemente el peso de los operarios inútiles, aquellos que fabrican cosas inútiles o aquellos que no fabrican nada y que son empleados en servicios de publicidad y otras empresas más o menos parásitas de este tipo. Ha aumentado enormemente el peso de las industrias de guerra, que por sí solas superan a todas las demás en su importancia y en sus desventajas. La taylorización sirvió en esencia para aumentar todo ese peso y colocar, a fin de cuentas, el aumento de la producción mundial sobre un número cada vez menor de trabajadores.

Desde el punto de vista del efecto moral sobre los trabajadores, la taylorización ha provocado, sin duda, la descalificación de los trabajadores. Esto ha sido refutado por los defensores de la racionalización, en particular por Dubreuilh en *Standards*. Pero Taylor fue el primero en jactarse de ello, logrando incorporar solo un 75 % de trabajadores cualificados a la producción, frente al 125 % de trabajadores no cualificados para el acabado. En Ford, solo el 1 % de los trabajadores necesitan un aprendizaje de más de un día.

Este sistema también reducía a los obreros a moléculas, por así decirlo, convirtiéndolos en una especie de estructura atómica de las fábricas. Trajo aislamiento a los trabajadores. Una de las fórmulas esenciales de Taylor es que hay que dirigirse al trabajador individualmente. Considera al individuo que hay en él. Eso y la competencia. Es lo que produce esa soledad que quizá sea la característica más llamativa de las fábricas organizadas según el sistema actual. Una soledad moral que ciertamente ha disminuido por los acontecimientos de junio. Ford dice ingenuamente que es excelente tener trabajadores que se lleven bien, pero que no deben llevarse demasiado bien, porque baja el espíritu de competencia y la emulación, esencial para la producción.

La división de la clase obrera está, por lo tanto, en la base de este método. El desarrollo de la competencia entre obreros es parte integral de esto, como una apelación a los sentimientos más bajos. El salario es el único móvil. Cuando el salario no alcanza, hay despidos brutales. En cada momento del trabajo, el salario se determina mediante un bono. En todo momento el trabajador deberá calcular para saber cuánto ha ganado. Lo que digo es tanto más cierto cuanto que se trata de un trabajo menos cualificado.

Este sistema producía monotonía en el trabajo. Dubreuilh y Ford dicen que el trabajo monótono no es una carga penosa para la clase trabajadora. Ford dice que no podría pasar un día entero en un solo trabajo en la fábrica, pero parece que sus trabajadores están hechos de manera diferente a él, porque rechazan el cambio de trabajo. Él es quien lo dice. Si realmente sucede que los trabajadores de ese sistema soportan la monotonía, esto es quizá lo peor que se puede decir de tal sistema, ya que es cierto que la monotonía del trabajo siempre comienza siendo un sufrimiento. Si logramos acostumbrarnos, será a costa de una decadencia moral.

De hecho, no te acostumbras a menos que puedas trabajar pensando en otra cosa. Pero en ese caso hay que ir a un ritmo que no requiera prestar una atención muy intensa al ritmo del trabajo. Pero si haces un trabajo en el que tienes que pensar todo el tiempo, no puedes pensar en nada más, y es falso decir que el obrero puede acomodarse a la monotonía de ese trabajo. A los trabajadores de Ford no se les permitió hablar. No querían un trabajo variado porque, después de cierto tiempo de trabajo monótono, eran incapaces de hacer otra cosa.

Otra característica del sistema es la disciplina, la coacción en las fábricas. Es su carácter esencial. Es el propósito para el cual fue inventado. Taylor hizo su investigación exclusivamente para romper la resistencia de sus trabajadores. Al imponerles tales o cuales movimientos en tantos segundos, o tales o cuales movimientos en tantos minutos, al obrero no le queda ya ninguna capacidad de resistencia. Esto era lo que más enorgullecía a Taylor y lo que desarrollaba con más entusiasmo, añadiendo que su sistema permitía romper el poder de los sindicatos en las fábricas.

Durante una investigación realizada en Estados Unidos sobre el sistema Taylor, un trabajador entrevistado por Henri de Man, dijo: "Los jefes no entienden que no queremos que nos controlen el tiempo; sin embargo, ¿qué dirían nuestros empleadores si les pidiéramos que nos mostraran sus libros de contabilidad y les dijéramos: 'De las ganancias que obtienen, consideramos que una parte es para ustedes y otra parte nos la tienen que devolver en forma de salario'? El conocimiento del horario laboral es para nosotros exactamente equivalente a lo que es el secreto industrial y comercial para ellos".

Este trabajador había comprendido admirablemente la situación. El patrón no sólo es dueño de la fábrica, de las máquinas, del monopolio de los procesos de fabricación y del conocimiento financiero y comercial relativo a su fábrica, sino que también reivindica el monopolio del trabajo y del horario laboral. ¿Qué les queda a los trabajadores? Todavía tienen la energía que les permite realizar un movimiento, el equivalente a la fuerza eléctrica, y lo usamos exactamente como usamos la electricidad.

Por los medios más crudos, utilizando como estímulo la coerción y el señuelo del lucro, o sea, mediante un método de adiestramiento que no recurre a nada propiamente humano, se adiestra al trabajador como se adiestra a un perro, combinando el látigo y los terrones de azúcar. Por fortuna, no llega a ese punto, porque la racionalización nunca es perfecta y, gracias a Dios, el jefe de taller nunca lo sabe todo. Todavía hay formas de arreglársela, incluso para un trabajador no cualificado. Pero si el sistema se aplicara de manera estricta, eso sería exactamente lo que ocurriría.

Hay todavía una serie de ventajas para la dirección y de desventajas para los trabajadores. Si bien la dirección tiene el monopolio de todo el conocimiento sobre el trabajo, no es responsable de los contratiempos causados por el trabajo a destajo y las bonificaciones. Antes de junio, habíamos llegado a ese milagro donde todo lo bueno era para beneficio de los patrones, pero los golpes duros los soportaban los obreros que perdían su salario si una máquina se desajustaba, que tenían que aguantar si algo no encajaba, si una orden era inaplicable o si dos órdenes eran contradictorias (porque teóricamente siempre encaja: el acero de las herramientas siempre es bueno, y si la herramienta se rompe, siempre es culpa del obrero), etc. Y como el trabajo es a destajo, los patrones todavía nos hacen un favor cuando están dispuestos a ayudar a reparar los golpes duros. Así que este sistema es verdaderamente ideal para los patrones, ya que tiene todas las ventajas para ellos, mientras reduce a los trabajadores al estado de esclavos, y aun así les impone iniciativas cuando las cosas no funcionan. Se trata de un refinamiento que hace sufrir en ambos casos, porque en todos los casos es el trabajador el que está equivocado.

Un sistema así solo puede llamarse científico si se parte de la base de que las personas no son personas y si se le otorga a la ciencia el papel degradado de instrumento de coerción. Pero el verdadero papel de la ciencia en la organización del trabajo es encontrar mejores técnicas. Por regla general, el hecho de que sea tan fácil explotar cada vez más a la fuerza de trabajo crea una especie de pereza en los patrones, y en muchas fábricas hemos visto una negligencia increíble respecto a los problemas técnicos y organizativos, porque sabían que siempre podían hacer que los obreros corrigieran sus errores aumentando un poco más el ritmo.

Taylor siempre sostuvo que el sistema era admirable porque se podían encontrar científicamente no solo los mejores procedimientos de trabajo y los tiempos requeridos para cada operación, sino también el límite de fatiga más allá del cual no se puede llevar al obrero.

Desde Taylor se ha desarrollado en esta dirección una rama especial de la ciencia: la llamada psicotecnia, que permite definir las mejores condiciones psicológicas posibles para un determinado trabajo, medir la fatiga, etc.

Así que los industriales, gracias a la psicotecnia, pueden decir que tienen pruebas de que no hacen sufrir a sus trabajadores. Solo necesitan invocar la autoridad de los eruditos. Pero la psicotecnia aún es imperfecta. Acaba de ser creada. Y aunque fuera perfecta, nunca alcanzaría los factores morales, porque el sufrimiento en la fábrica consiste principalmente en notar que el tiempo es largo. Pero no termina ahí. Y ningún psicotécnico podrá precisar hasta qué punto un trabajador encuentra el tiempo largo. Es el propio trabajador el que puede decirlo.

Lo que es aún más grave es lo siguiente: debemos desconfiar de los científicos, porque la mayoría de las veces no son sinceros. Nada es más fácil para un industrial que comprar un científico, y cuando el jefe es el Estado, nada es más fácil para este que imponer tal o cual regla científica. Estamos viendo ahora esto en Alemania, donde de repente se está descubriendo que las grasas no son tan necesarias para la nutrición humana como pensábamos. De modo similar, podríamos descubrir que es más fácil para un trabajador fabricar dos mil piezas que mil. Los obreros no deben, por tanto, confiar en científicos, intelectuales o técnicos para resolver asuntos de vital importancia para ellos. Por supuesto, pueden seguir sus consejos, pero deben confiar solo en sí mismos, y si usan la ciencia deben asimilarla ellos mismos...[32]

32. Aquí termina el texto que se pudo recopilar.

# 14

## La condición obrera

30 de septiembre de 1937

LOS ESTUDIOS SOBRE LA condición obrera precedentemente publicados en diversos países indicaban de manera suficiente, si se los compara entre sí, la distancia que separa incluso a hombres que llevan el mismo nombre de obreros. Sin embargo, dichos estudios pecaban gravemente de abstracción, porque ¡hay tantas diferencias de una profesión a otra, de una ciudad a otra, y de un rincón a otro de la misma fábrica! Con mayor razón aún, entre un país y otro. Todos los obreros trabajan sometidos a órdenes y sujetos a un salario. Sin embargo, fuera del nombre, ¿qué tienen en común un obrero japonés o indochino y un obrero sueco o francés de después de junio de 1936? Y digo de después porque en los sombríos años anteriores a junio de 1936 la condición material y moral de los obreros franceses tendía cruelmente a aproximarse a las peores formas del asalariado.

El examen de estas diferencias sugiere que se podría ir aún más lejos con respecto a ellas. Hay hombres que podrían ir más allá en la miseria y en la esclavitud, el bienestar y la independencia de lo que lo están los más desgraciados y los menos desgraciados de los obreros. A esto se debería prestar más atención, desde todos lados. Unos, los que desprecian las reformas por considerarlas una manera de acción relajada y poco eficaz, se darían cuenta de que es mejor cambiar las cosas que las palabras, comprobando, además, que las grandes reformas cambian, sobre todo, las palabras. Otros, los que odian las reformas como utópicas y peligrosas, se apercibirían de que estaban creyendo en fatalidades ilusorias y que las lágrimas, el agotamiento y la desesperación no son tan indispensables en el orden social como se imaginaban.

Porque es verdad que hay algo singularmente inestable, incluso, en las formas elevadas de la condición obrera. Son formas que comportan cierta inseguridad. El oleaje de la miseria general actúa como un mar que fuera royendo los islotes que tiene a su alrededor. Los países con obreros en estado miserable, solo con su existencia, ejercen una presión constante sobre los países de progreso social avanzado, para atenuar sus progresos. Y, seguramente, se ejerce también la presión inversa, pero aparentemente de forma mucho más débil, ya que la primera presión se rige por el juego de intercambios económicos y la segunda, por el contagio social. Además, cuando el progreso social en un país concreto tiene forma de cambio revolucionario, ocurre exactamente lo mismo. O, más bien, el pueblo de un Estado revolucionario parece, con respecto a este fenómeno, todavía más vulnerable y más desarmado que cualquier otro. Es un obstáculo considerable para mejorar la suerte de los obreros. Engañados por esperanzas embriagadoras, muchos cometen el error de olvidarlo. Otros, movidos por esperanzas menos generosas, cometen el error de confundir este obstáculo con los que afectan a la naturaleza misma de las cosas.

Este último error viene avalado por cierto lenguaje confuso. En la actualidad, se habla continuamente de la producción. Para consumir primero hay que producir y para producir hay que trabajar. Eso es lo que, a partir de junio de 1936, se repite por todas partes, desde el *Temps* hasta los órganos de la CGT, y lo que, claro está, nadie responde, salvo los que te hacen soñar con las modernas versiones del mito del eterno movimiento. Se trata, en efecto, de un obstáculo al desarrollo general del bienestar y de las actividades que afecta a la naturaleza de las cosas. Pero no es, en sí mismo, tan grande obstáculo como uno se lo imagina de ordinario. Porque en verdad es necesario producir lo que se va a consumir. A eso podemos añadir lo que es útil y agradable, a condición de que se trate de verdadera utilidad y de placeres puros. A decir verdad, la justicia no encuentra su medida en el espectáculo de miles de hombres penando para procurar a algunos privilegiados placeres delicados, pero ¿qué decir de los trabajos que abruman a una multitud de infelices, sin procurar ni siquiera a los grandes o pequeños privilegiados, una verdadera satisfacción? Y si hiciéramos la cuenta, ¿qué lugar ocupan estos trabajos dentro de nuestra producción total?

Sin embargo, esos trabajos también son necesarios, no por su relación con la naturaleza de las cosas, sino por las relaciones humanas de las que dependen. Inútiles para todos, son necesarios en cada lugar donde se producen y se de esta situación. Discriminar entre estas dos especies, las necesidades verdaderas y las falsas, no siempre es fácil. Pero hay un criterio seguro para acertar: hay productos cuya escasez en un país es más grave porque se extiende también al resto del mundo; para otros países, la escasez presenta menos inconvenientes por el hecho de ser general. Así se pueden distinguir, *grosso modo,* dos grandes clases de trabajos.

Si la cosecha de trigo disminuyera en Francia a la mitad como consecuencia de una plaga, los franceses deberían poner su esperanza en una superabundante cosecha de trigo en Canadá, o en otro lado. Su escasez se haría irremediable si la cosecha, al mismo tiempo, hubiera disminuido a la mitad en todo el mundo. Por el contrario, el hecho de que un día las industrias bélicas francesas hayan disminuido su producción a la mitad no causaría ningún daño a Francia, siempre que esa disminución se dé en todas las fábricas de material bélico del mundo. El trigo, por una parte, y la producción de armas, por otra, constituyen ejemplos perfectos para expresar la dualidad que queremos ilustrar. Pero la mayor parte de los productos participan, en diferentes grados, de una y otra categoría. Por un lado, sirven para ser consumidos y, por otro, sirven ya sea para la guerra, ya sea para esa otra lucha que llamamos competencia comercial, análoga a la guerra. Si se pudiera representar en un esquema la producción actual e ilustrar esta división, tendríamos la medida exacta, día a día, de cuánto sudor y lágrimas añaden los hombres a la maldición original.

Tomemos el ejemplo del automóvil. En el actual estado de intercambio, el automóvil es un instrumento de transporte que no se podría suprimir sin graves desórdenes. Pero la cantidad de automóviles que sale cada día de las fábricas sobrepasa con mucho aquella por debajo de la cual se producirían los desórdenes. Sin embargo, una disminución considerable del rendimiento del trabajo en esas fábricas tendría efectos desastrosos, porque los automóviles ingleses, italianos, americanos, más numerosos y más baratos, invadirían el mercado y provocarían quiebra y paro. Porque un automóvil no solo rueda en la ruta, es también un arma en la guerra que se libra permanentemente entre la producción francesa y la de otros países. Las barreras aduaneras, lo sabemos demasiado bien, son medios de defensa poco eficaces y peligrosos.

Imaginemos ahora que en todas las fábricas de automóviles del mundo se estableció la semana de 30 horas, así como una cadencia de trabajo más lenta. ¿Qué catástrofe produciría eso? Ningún niño tendría menos leche, ninguna familia pasaría más frío, y evidentemente tampoco se acortaría la vida de ningún patrón de fábrica de autos. Las ciudades serían menos ruidosas; las rutas volverían alguna vez a un silencio gratificante. Es verdad que, en tales circunstancias, mucha gente se privaría del placer de ver pasar los paisajes por las ventanas de su auto a 100 kilómetros por hora, y en compensación miles, miles, miles de obreros podrían por fin respirar, gozar del sol, moverse al ritmo de la respiración y hacer otros movimientos distintos a los que mandan las órdenes que reciben en las fábricas. Mortales que, antes de morir, conocerían otras cosas de la vida, otras cosas que no sean el apuro vertiginoso y monótono de las horas de trabajo, el descanso corto y estresante, la miseria insondable de los días sin empleo y de los años de vejez. Aunque ciertamente las estadísticas, al contar el número de autos, sigan marcando que se retrocedió en el camino del progreso.

La rivalidad militar y económica es hoy en día, y presumiblemente seguirá siendo, un hecho que solo en las composiciones literarias idílicas se puede suprimir; no se trata de suprimir la competencia en este país y, con más razón, en el mundo. Lo que parece ser eminentemente deseable sería agregar algunas reglas al juego de la competencia. La resistencia de la chapa al troquelado y al doblado es la misma aproximadamente en todas las fábricas mecánicas del mundo. Si pudiéramos decir lo mismo de la resistencia obrera a la opresión no desaparecería ninguno de los buenos efectos de la competencia, y ¡cuántas dificultades desaparecerían!

Dentro del movimiento obrero, la necesidad de extender al mundo entero las conquistas obreras de los países más avanzados pasó a ser un lugar común hace tiempo. Después de la guerra, las tendencias en lucha giraban esencialmente alrededor del tema de saber si el medio de asegurar la extensión de estas conquistas era a través de la revolución mundial o a través de la Organización Internacional del Trabajo. No sabemos en qué habría quedado la revolución mundial, pero todo hay que decirlo, el papel de la OIT no fue muy brillante.

A primera vista podríamos suponer que, a partir del momento que un país ha realizado progresos sociales que lo comprometen en la lucha económica, todas las clases sociales de ese país deben, aunque sea por interés, unir sus esfuerzos para dar a las reformas realizadas la mayor extensión posible fuera de las propias fronteras. Sin embargo, no es así. Las publicaciones más respetables que se difunden entre nosotros, generalmente consideradas como portavoces de la alta burguesía, repiten hasta la saciedad que la reforma de las cuarenta horas sería admirable si se internacionalizara, pero ruinosa si se impusiera solamente en Francia. Eso no evitó —si no me equivoco— que algunos de nuestros representantes patronales votaran contra las cuarenta horas en Ginebra.

Cosas semejantes no hubieran ocurrido si los hombres no se movieran solo por interés. Pero pasa que, junto al interés, está el orgullo. Es lindo tener al lado inferiores; es penoso ver que los inferiores adquieren derechos, incluso limitados, que establecen entre ellos y sus superiores una igualdad en determinados aspectos. Sería preferible concederles las mismas ventajas, pero a título de favor; sería preferible, sobre todo, hablar de concederlas. Si, en fin, los inferiores han adquirido algunos derechos, se prefiere que la presión económica del extranjero venga a minarlos —con el consiguiente desgaste— antes que dejar que se extiendan más allá de las fronteras. La preocupación prioritaria de muchos hombres situados más o menos arriba en la escala social es mantener a los inferiores en "su lugar". No sin razón después de todo, ya que, si una vez dejan "su lugar", ¿quién sabe a dónde llegarán?

El internacionalismo obrero debería ser más eficaz. Desgraciadamente no nos equivocamos por mucho si lo comparamos al jumento de Rolando, que tenía muchas cualidades, salvo la de existir. Incluso la Internacional Socialista de antes de la guerra era, sobre todo, fachada, como mostró muy bien la guerra entre los diferentes movimientos nacionales. Con más razón aún, nunca hubo en la internacional sindical, tan mutilada hoy en día por el hecho de los Estados dictatoriales, ni acción concertada, ni siquiera contacto permanente entre los distintos movimientos nacionales. Sin duda, en los grandes momentos, el entusiasmo desborda las fronteras. Se pudo constatar en aquel épico mes de junio de 1936. Se vio la ocupación de fábricas no solo en Bélgica, sino también traspasar el océano y encontrar, en Estados Unidos, una prolongación inesperada. En ocasiones vimos también una gran lucha obrera parcialmente alimentada por suscripciones provenientes del extranjero. Pero ni siquiera en esos casos hubo una estrategia concertada. Los estados mayores no unieron sus armas ni unificaron sus reivindicaciones. Incluso constatamos, con frecuencia, una ignorancia sorprendente hacia lo que ocurre fuera del territorio nacional. El internacionalismo obrero fue, hasta ahora, más verbal que práctico.

En cuanto al gobierno, su acción sería decisiva en esta materia si actuara. Porque una cierta nivelación de las condiciones de vida de los obreros de los distintos países —una nivelación para arriba, si se puede hablar así— difícilmente puede concebirse como otra cosa que un elemento de ese famoso reglamento general de los problemas económicos mundiales, que todos reconocen como indispensable para la paz y la prosperidad, pero que nunca se aborda. Por el contrario, la acción obrera será, por una triste paradoja, y a pesar de las doctrinas internacionales, un obstáculo para la distensión de las relaciones internacionales mientras nos permitamos vivir en la deplorable incuria actual.

Por eso, los obreros franceses temerán siempre ver entrar en Francia a obreros procedentes de países superpoblados mientras los extranjeros se vean legalmente reducidos al estatuto de parias, privados de todo derecho, impotentes para participar en la más mínima acción sindical sin correr el riesgo de morir lentamente en la miseria, y sujetos a una expulsión arbitraria. El progreso social de un país tiene la consecuencia paradójica de la tendencia a cerrar sus fronteras a los productos y a las personas. Si los países con dictadura se repliegan detrás de sí mismos obsesionados por la guerra, y si los países más democráticos los imitan, no solo porque están contaminados por la misma obsesión, sino también por los progresos alcanzados por sí mismos, ¿qué se puede esperar?

Todas las consideraciones de carácter nacional e internacional, económico y político, técnico y humanitario, se unen para aconsejarnos que actuemos. Tanto más cuanto que las reformas llevadas a cabo en junio de 1936 —que, si es necesario creer a algunos, pusieron en peligro nuestra economía— no son más que una pequeña parte de las reformas inmediatamente deseables. Porque Francia no es solo una nación; es un imperio; y una multitud de miserables, nacidos para su desgracia con un color de piel distinto del nuestro, habían puesto tales esperanzas en el gobierno de mayo de 1936, que una espera tan larga, si quedara defraudada, puede conducirnos en días próximos a graves y sangrientas dificultades.

# 15

## Experiencia de la vida en la fábrica[33]

Marsella, 1941-1942

L AS SIGUIENTES LÍNEAS SE refieren a una experiencia de la vida de una fábrica anterior a 1936. Pueden sorprender a mucha gente que solo entró en contacto directo con obreros a raíz del Frente Popular. La condición obrera cambia constantemente, a veces de un año para otro. Los años anteriores a 1936, en efecto, fueron muy duros y brutales a causa de la crisis económica. Sin embargo, reflejan mejor la condición proletaria que el periodo siguiente, que parecía un sueño.

Las declaraciones oficiales hicieron saber que el Estado francés trataría en lo sucesivo de acabar con la condición proletaria, es decir, con las condiciones degradantes en que vivían los trabajadores, ya fuera en la fábrica o fuera de ella. La primera dificultad que se debe

---

33. Artículo escrito en Marsella en 1941, publicado parcialmente después con el seudónimo de Émile Novis, en *Economie et Humanisme*.

vencer es la ignorancia. En los últimos años, ha quedado claro que los obreros de fábrica están en cierto modo desarraigados, desterrados en su propio país. Pero no sabemos por qué. Dar un paseo por los suburbios, ver los domicilios tristes y oscuros, las viviendas, las calles, no ayuda mucho a comprender la vida que llevan. La situación de los obreros en la fábrica es aún más misteriosa. Los propios trabajadores apenas pueden escribir, hablar o incluso pensar en eso, porque el primer efecto de la desgracia es que la mente quiere evadirse; el obrero no quiere considerar la desgracia que le hiere. Por eso, cuando los trabajadores hablan de su propia situación, suelen repetir palabras de propaganda pensadas por individuos que no son obreros. Para un viejo obrero la dificultad es al menos igual de grande. Le resulta fácil hablar de su condición original, pero muy difícil pensar en ella realmente, porque no hay nada que el olvido cubra más rápidamente que la desgracia pasada. Un hombre de talento puede, hasta cierto punto, mediante historias y el ejercicio de la imaginación, adivinar y describir desde afuera su condición. Es lo que hizo Jules Romains, que dedicó un capítulo de *Los hombres de buena voluntad* a la vida en las fábricas. Pero eso no lleva muy lejos.

¿Cómo abolir un mal sin tener una idea clara de lo que es? Las siguientes líneas pueden ser de alguna ayuda al menos para plantear el problema, ya que son fruto del contacto directo con la vida fabril.

La fábrica podría llenar el alma con la poderosa sensación de vida colectiva —se podría decir, unánime— que produce la participación en el trabajo de una gran fábrica. Todos los ruidos tienen un sentido, todos son rítmicos, se funden en una especie de gran soplo de respiración común de trabajo, en el que es embriagador participar. Más embriagador aún porque no altera la sensación de soledad. Solo hay ruidos metálicos, ruedas que giran, mordeduras en el metal; ruidos que no hablan de naturaleza ni de vida, sino de la actividad seria, sostenida, ininterrumpida del hombre sobre las cosas. En este gran estruendo te pierdes, pero al mismo tiempo lo dominas, porque sobre esta base sostenida, permanente y siempre cambiante, lo que destaca, al tiempo que se mezcla con él, es el ruido de la máquina que uno mismo maneja. No te sientes pequeño como en la multitud, te sientes indispensable. Las correas de transmisión, allí donde existen, te permiten experimentar a través de los ojos la unidad de ritmo que todo tu cuerpo siente a través del ruido y la ligera vibración de todo. En las horas oscuras de las mañanas y las tardes de invierno, cuando solo brilla la luz eléctrica, todos los sentidos participan de un universo donde nada recuerda a la naturaleza, donde nada es gratuito, donde todo es choque entre el hombre y la materia, choque duro al tiempo que vencedor. Todo contribuye a la transmutación del hombre en obrero. Las lámparas, las cintas, los ruidos, la chatarra fría y dura.

Si así fuera la vida en la fábrica, sería demasiado lindo para ser verdadero. Pero no lo es. Estas alegrías son las alegrías propias de los hombres libres; los que viven en las fábricas no las sienten, salvo en breves y raros momentos, porque no son hombres libres. Solo pueden sentirlas cuando se olvidan de que no son libres, pero rara vez pueden olvidarlo, porque el dominio de la subordinación se les hace sensible a través de los sentidos, del cuerpo, de los mil pequeños detalles que llenan los minutos que compone la vida.

El reloj es el primer detalle del día que hace manifiesta la servidumbre. El trayecto desde casa a la fábrica está dominado por el hecho de que hay que llegar antes de un segundo que está mecánicamente determinado. Se puede llegar cinco o diez minutos antes, pero el paso del tiempo es implacable y no deja nada al azar. En la jornada de un trabajador, es este el primer aviso de una regla que, con su brutalidad, domina ese espacio de la vida que se pasa entre máquinas; el azar no tiene cabida en la fábrica. Existe, por supuesto, como en todas partes, pero no es reconocido. Lo que se acepta, a menudo con gran detrimento de la producción, es el: "Prefiero no saber", principio de la vida de cuartel. Las ficciones son muy poderosas en la fábrica. Hay reglas que nunca se obedecen, pero que siempre están vigentes. Siguiendo la lógica de la fábrica, las órdenes contradictorias no se obedecen. Pero el trabajo, pase lo que pase, tiene que hacerse. El obrero tiene que arreglárselas y conseguir que las cosas se hagan —so pena de ser despedido—. Y lo consigue.

Las grandes y pequeñas miserias impuestas continuamente al organismo humano en la fábrica o, como decía Jules Romains, "ese surtido de pequeñas molestias físicas que no son requeridas por el trabajo, y de las que está lejos de beneficiarse", contribuyen a hacer más palpable la servidumbre. No los sufrimientos asociados a las necesidades del trabajo —algo de lo que se puede estar orgulloso de soportar—, sino los sufrimientos innecesarios. Lastiman el alma porque generalmente no se te ocurre ir a quejarte de ellos, y los sobrellevas. Sabes de antemano que serás desairado y lo aceptas sin decir una palabra. Hablar sería buscar la humillación. Normalmente, cuando el obrero no soporta algo, prefiere callarse, no decir nada y pedir que le hagan la cuenta. Si estos sufrimientos son amargos, es porque cada vez que los sientes —y los sientes todo el tiempo— el hecho que tanto te gustaría olvidar repercute en la carne y en el alma: el hecho de que no estás como en casa en la fábrica, que allí no tienes derechos, que eres un extraño que solo es admitido en cuanto intermediario entre las máquinas y las piezas mecanizadas. Es como si alguien te repitiera al oído minuto a minuto, sin que puedas responder: "Aquí no eres nada. Aquí no cuentas. Aquí estás para doblegarte, soportarlo todo y callarte". Esta cantinela se hace casi insoportable. Uno llega a admitir así, en lo más profundo de sí mismo, que no cuenta para nada. Casi todos los obreros de fábrica, incluso los de aspecto más independiente, tienen algo casi imperceptible en sus movimientos, en sus ojos y, sobre todo, en la comisura de sus labios, que denota esa obligación de considerarse como quien no cuenta para nada.

Lo que los obliga a hacerlo es la forma en que reciben las órdenes. A menudo se niega que los obreros sufran por la monotonía del trabajo, porque se ha observado que un cambio en la producción suele ser una molestia para ellos. Sin embargo, el disgusto invade el alma durante un largo período de trabajo monótono. El cambio produce alivio y fastidio al mismo tiempo; fastidio intenso a veces en el caso del trabajo a destajo, por la reducción de las ganancias, y porque es un hábito y casi una convención de apegos esquivos e inexpresables que se apoderan del alma durante el trabajo. Pero, aunque el trabajo se pague por horas, hay fastidio, irritación, por la forma en que nos dan las órdenes de cambio. El nuevo trabajo se impone de repente, sin preparación, en forma de orden que debe ser obedecida inmediatamente y sin réplica. Quien obedece de este modo siente de repente que su tiempo está constantemente a disposición de otra persona. El pequeño artesano que posee un taller mecánico y que sabe que en quince días tendrá que suministrar tantos cigüeñales, tantas válvulas, tantas bielas, tampoco dispone arbitrariamente de su tiempo; pero al menos, una vez aceptado el pedido, es él quien determina de antemano el empleo de sus horas y de sus días. Si el capataz dijera al obrero, con una o dos semanas de antelación: durante dos días harás bielas, luego cigüeñales, y así sucesivamente, tendría que obedecer, pero, con el pensamiento, podría abrazar el futuro cercano, diseñarlo de antemano, poseerlo. No ocurre eso en la fábrica. Desde que fichas al entrar hasta que sales, en todo instante eres susceptible de recibir órdenes. Como un objeto inerte que cualquiera puede mover en cualquier momento. Si estás trabajando en una pieza que te va a llevar otras dos horas, no puedes pensar en lo que vas a hacer dentro de tres horas sin que tus pensamientos tengan que tomar un desvío que los obligue a pasar por el jefe, sin que tengas que decirte a ti mismo que estás bajo órdenes. Si estás haciendo diez piezas por minuto, debes mantener el mismo ritmo en los siguientes cinco minutos. Si suponemos que tal vez no nos darán órdenes, puesto que las órdenes son el único factor de variedad, eliminarlas mediante el pensamiento significa condenarnos a imaginar una repetición ininterrumpida de piezas siempre idénticas, regiones sombrías y estériles que el pensamiento no puede visitar. De hecho, es cierto, mil incidentes menores poblarán este desierto, pero, aunque cuentan en cada hora que pasa, no entran en escena cuando imaginamos el futuro. Si el pensamiento quiere evitar esta monotonía, imaginar un cambio y, por tanto, una orden súbita, no puede ir del momento presente a un momento futuro sin pasar por una humillación. Por eso, el pensamiento se retrae. Este repliegue sobre el presente produce una especie de estupor. El único futuro soportable para el pensamiento, más allá del cual no tiene fuerzas para ir, es el que separa, cuando estamos en pleno trabajo, el momento que se encuentra entre la conclusión de la pieza en curso y el comienzo de la siguiente, si tenemos la suerte de que la pieza dure bastante. En ciertos momentos, el trabajo es tan absorbente como para que el pensamiento se mantenga por sí solo dentro de estos límites. Entonces no sufrimos. Pero por la noche, al salir, y sobre todo por la mañana, cuando uno se dirige hacia el trabajo y al reloj contador, se hace cuesta arriba pensar en el día que tenemos por delante. Y el domingo por la noche, cuando lo que tenemos por delante no es solo un día, sino toda la semana, entonces el pensamiento se doblega bajo el peso de un futuro demasiado sombrío y abrumador.

Aun cuando nada turbe la monotonía de una jornada laboral, está repleto de mil pequeños incidentes que llenan el día y hacen de ella una historia nueva; pero, como ocurre cuando una orden cambia el trabajo, estos incidentes hieren mucho más de lo que consuelan. Siempre suponen una disminución del salario en el caso del trabajo a destajo, por lo que no son deseables. Pero a menudo también lastiman por sí mismos. La angustia generalizada se extiende sobre todos los momentos del trabajo, concentrándose en él. Es la angustia por no ir lo suficientemente rápido, y cuando, como ocurre con frecuencia, se necesita a otro para poder continuar —un capataz, el guarda del almacén de herramientas, un encargado—, el sentimiento de dependencia, de impotencia y de no contar para nada a los ojos de aquellos de los cuales uno depende puede llegar a ser doloroso hasta el punto de arrancar lágrimas a hombres y mujeres. La continua posibilidad de tales incidentes —máquina parada, caja no hallada— y así sucesivamente, lejos de disminuir el peso de la monotonía, le quita el remedio que en general conlleva, el de poder adormecer y acunar los pensamientos de modo que cese, en cierta medida, de ser sensible. Una ligera ansiedad impide este efecto de adormecimiento de la conciencia de la monotonía. Porque tener conciencia de la monotonía es intolerable. Nada peor que la mezcla de la monotonía y del azar; se agravan mutuamente, al menos cuando el azar es angustiante. En la fábrica, este azar es angustiante por el hecho de que no es reconocido. Teóricamente, aunque todo el mundo sabe que no es así, las cajas donde poner las piezas mecanizadas nunca faltan, los ajustadores nunca hacen esperar, y toda disminución en la producción es culpa del obrero. El pensamiento debe estar constantemente preparado tanto para seguir el curso monótono de las operaciones repetidas indefinidamente como para encontrar en sí mismo los recursos para remediar lo inesperado. Obligación claramente contradictoria, imposible y agotadora. El cuerpo a veces se agota al salir de la fábrica por la noche, pero el pensamiento siempre lo está y más. Cualquiera que haya experimentado este agotamiento y no lo haya olvidado puede leerlo en los ojos de casi todos los obreros que salen de una fábrica por la noche. Cuánto nos gustaría poder depositar el alma, al entrar, junto a la tarjeta de control, ¡y recuperarla intacta a la salida! Pero ocurre lo contrario. Uno la lleva a la fábrica, donde sufre; por la noche, este agotamiento la tiene como aniquilada, y las horas de ocio son vanas.

Algunos incidentes durante el trabajo dan alegría, es verdad, aunque disminuyan el salario. Primero los casos, que son raros, en el que uno recibe de otro un valioso testimonio de camaradería; luego los casos en los que uno puede salir de apuros por sí mismo. Mientras uno se ingenia, hace un esfuerzo, lucha contra el obstáculo, el alma está ocupada en un futuro que depende solo de uno mismo.

Cuanto más capaz sea un trabajo de traer semejantes dificultades, más eleva el corazón. Pero esta alegría está incompleta por la falta de hombres, compañeros o jefes, que juzguen y aprecien el valor de lo que hemos logrado. Casi siempre tanto los jefes como los camaradas encargados de otras operaciones sobre las mismas piezas se preocupan exclusivamente por las piezas, y no por las dificultades superadas. Esta indiferencia priva del calor humano que siempre se necesita un poco. Incluso el hombre menos deseoso de satisfacciones de amor propio se siente demasiado solo en un lugar donde está establecido que solo importa lo que se ha hecho, nunca la manera en que se hizo; por eso las alegrías del trabajo se encuentran relegadas al rango de las impresiones no formuladas, fugitivas, que desaparecen tan pronto como nacen. La camaradería de los trabajadores, al no llegar a anudarse, sigue siendo como una veleidad informe, y los jefes no son hombres que guían y vigilan a otros hombres, sino órganos de una subordinación impersonal, brutal y fría como el metal. Es cierto que en esta relación de subordinación interviene la persona del jefe, pero caprichosamente. La brutalidad impersonal y el capricho, lejos de moderarse, se agravan de manera recíproca, como la monotonía y el azar.

Hoy en día, lo que cuenta son los productos del trabajo, y no el trabajo que los suscitó, y eso no es únicamente en los almacenes, mercados y centros de cambio. En las industrias modernas ocurre lo mismo, al menos a nivel del obrero. La cooperación, el entendimiento y la apreciación mutua en el trabajo son el monopolio de las esferas superiores. A nivel del obrero, las relaciones establecidas entre los diferentes puestos, las distintas funciones, son relaciones entre las cosas, y no entre los hombres. Las piezas circulan con sus fichas, la indicación del nombre, de la forma, de la materia prima. Casi se podría pensar que son ellas las personas y que los obreros son las piezas intercambiables. Tienen un estado civil, y cuando, como en el caso de algunas grandes fábricas, es necesario mostrar a la entrada un documento de identidad donde está la foto carnet con un número en el pecho, como un preso, el contraste se convierte en un símbolo conmovedor y doloroso. Las cosas juegan el papel de hombres, y los hombres, el papel de cosas. Es la raíz del mal. Hay muchas situaciones diferentes en una fábrica; el capataz que, en un taller de herramientas, fabrica, por ejemplo, matrices de prensas, maravillas de ingenio, lentas de moldear, siempre diferentes, no pierde nada al entrar en la fábrica, pero este caso es raro. Por el contrario, en las grandes fábricas, e incluso en muchas pequeñas, son numerosos los que realizan a toda velocidad, por orden, cinco o seis operaciones simples repetidas indefinidamente, una por segundo aproximadamente, sin más descanso que una carrera ansiosa para buscar una caja, un capataz u otras piezas. Hasta el segundo preciso en que un jefe viene a llevárselos, tomándolos como objetos, para ponerlos delante de otra máquina. Permanecerán allí hasta que los cambien de lugar. Estos son cosas, en tanto en cuanto puede serlo un ser humano, pero cosas que no tienen licencia para perder la conciencia, ya que siempre hay que estar pronto para hacer frente a imprevistos. La sucesión de acciones en el lenguaje de la fábrica no se designa con la palabra ritmo, sino con la palabra cadencia, y eso es justo, porque esta sucesión es lo contrario a un ritmo. Todas las secuencias de movimientos que participan en lo bello y se realizan sin degradarse encierran instantes de parada, breves como el relámpago, que constituyen el secreto del ritmo y dan al espectador, incluso a través de la extrema rapidez, la impresión de lentitud. El atleta en el momento en que supera un récord mundial parece deslizarse lentamente, mientras se ve a los demás corredores apresurarse, pero lejos detrás de él; cuanto más rápido y mejor siega el campesino, tanto más sentirán los que lo miran que se toma todo su tiempo, y así lo dicen acertadamente. Por el contrario, el espectáculo de los peones en las máquinas es casi siempre el de una precipitación miserable, privada de toda gracia y dignidad. Es natural al hombre y le conviene detenerse cuando ha hecho algo, aunque sea por espacio de un relámpago, para tomar conciencia de ello, como Dios en el Génesis. Pues ese relámpago de pensamiento, de inmovilidad y de equilibrio es el que hay que aprender a suprimir completamente cuando se trabaja en la fábrica. Los peones, en las máquinas, alcanzan la cadencia requerida solo si las operaciones que hacen en un segundo se suceden de manera continuada y como el tic tac de un reloj, sin que nada marque que algo terminó, y se comienza a hacer otra cosa. Los obreros casi tienen que mimetizarse corporalmente con ese tic tac cuya taciturna monotonía es insoportable de escuchar durante mucho tiempo. Esta cadena ininterrumpida tiende a sumergir en una especie de sueño, pero hay que aguantarla sin dormirse. No es solamente un suplicio; si solo se tratara de un sufrimiento, el mal sería menor de lo que es. Toda acción humana requiere un móvil que proporcione la energía necesaria para realizarla, y es buena o mala según el móvil sea alto o bajo. Para doblegarse a la pasividad agotadora que exige la fábrica, hay que buscar móviles en uno mismo, porque no hay látigos ni cadenas que hagan quizá más fácil la transformación. Las propias condiciones de trabajo impiden que puedan intervenir otros móviles que no sean el miedo a los reproches y al despido, la avidez por acumular dinero y, en cierta medida, el gusto por los récords de velocidad. Todo se une para recordar estos móviles al pensamiento y transformarlos en obsesiones; nunca se apela a algo más elevado. Además, los móviles tienen que llegar a ser obsesivos para ser lo suficientemente eficaces. Al mismo tiempo que estos móviles ocupan el alma, el pensamiento se retrae en un punto del tiempo para evitar el sufrimiento, y la conciencia se apaga tanto como lo permitan las necesidades del trabajo. Una fuerza casi irresistible, comparable a la gravedad, impide entonces sentir la presencia de otros seres humanos que también sufren muy cerca; es casi imposible no volverse indiferente y brutal como el sistema en el que uno está atrapado; y recíprocamente, la brutalidad del sistema se refleja y se hace sensible en acciones, miradas, palabras de quienes están alrededor de uno. Después de un día pasado así, un obrero no tiene más que una queja —queja que no llega a los oídos de los hombres ajenos a esta condición y que nada les diría si llegase a ellos—: el tiempo se le ha hecho largo.

El tiempo ha sido largo y lo ha vivido en el exilio. Ha pasado su día en un lugar donde él mismo era un extraño. Las máquinas y las piezas a mecanizar están allí, y es admitido allí solo para acercar las piezas a las máquinas. Solo las cuidan a ellas, no a él. Otras veces se lo cuida demasiado a él y no lo suficiente a las máquinas, porque no es raro ver un taller donde los jefes están ocupados fustigando a los obreros y obreras, asegurándose de que no levanten la cabeza ni siquiera para intercambiar una mirada, mientras un montón de chatarra se oxida en el patio. Nada hay más amargo. La fábrica cumplirá o no con las fundiciones, pero, en cualquier caso, el obrero siente que no está allí. Sigue siendo un extraño. Nada es tan poderoso en el hombre como la necesidad de apropiarse —no jurídicamente, sino por el pensamiento— de los lugares y objetos entre los cuales pasa su vida y en los que invierte su vitalidad. Una cocinera dice "mi cocina", un jardinero, "mi césped", y está bien así. La propiedad jurídica es solo uno de los medios que proporcionan tal sentimiento. La organización social perfecta sería aquella que, mediante el uso de algunos medios, causara ese sentimiento en todos los seres humanos. Un obrero, salvo algunos casos muy raros, no puede apropiarse de nada de la fábrica con el pensamiento. Las máquinas no son suyas. Él sirve a una u otra máquina según la orden que recibe. Las sirve, no las utiliza; no son para él un medio para que un trozo de metal tome una determinada forma: él es medio para las máquinas, el que lleva las piezas para una operación cuya relación con las operaciones anteriores y siguientes desconoce.

Las piezas tienen su historia; pasan de una etapa de fabricación a otra; él no tiene nada que ver con esta historia, no deja su marca, nada sabe de ella. Si le mordiera la curiosidad —que no encontraría estímulo—, el mismo dolor sordo y permanente que impide al pensamiento viajar en el tiempo también le impediría viajar por la fábrica, y la fijaría en un punto del espacio, como en presente. El obrero no sabe lo que produce, y por consiguiente no tiene sensación de haber producido, sino de haberse agotado hasta extenuarse. Gastando en la fábrica, a veces hasta el límite extremo, lo mejor que tiene en sí mismo, su facultad de pensar, de sentir, de moverse. Se gasta. Al salir, se va vacío. Y, sin embargo, no ha puesto nada de sí mismo en su trabajo, ni pensamiento, ni sentimiento, ni siquiera, en pequeña medida, acciones decididas por él, ordenadas por él con vistas a un fin. Su vida misma sale de él sin dejar ninguna huella a su alrededor. La fábrica sí crea objetos útiles, pero él no. Y el pago, que se espera cada quince días, como ovejas de un rebaño, es imposible de calcular por adelantado, en el caso del trabajo a destajo —por pieza—, a causa de la arbitrariedad y de la complejidad de las cuentas; más parece una limosna que el precio de un esfuerzo. El obrero, aunque indispensable para la fabricación, no cuenta casi para nada, y por eso cada sufrimiento físico innecesariamente impuesto, cada falta de consideración, cada brutalidad, cada humillación, incluso leve, parecen un recordatorio de que uno no cuenta y de que no está en casa. Se puede ver a mujeres esperando diez minutos delante de una fábrica bajo una lluvia torrencial, frente a la puerta abierta por donde pasan los jefes, hasta que suena la hora; son obreras. Esa puerta es para ellas más extraña que cualquier casa extraña donde entraran a refugiarse. No hay intimidad de los obreros con los lugares y objetos entre los que gastan sus vidas, y la fábrica los convierte, en su propio país, en extranjeros, exiliados, desarraigados. En la ocupación de las fábricas tuvo más peso la necesidad de sentirse allí como en casa, al menos por una vez, que las reivindicaciones en sí mismas. La vida social debe estar corrompida hasta su núcleo si los obreros, cuando hacen huelga, se sienten como en casa en la fábrica, y como extraños cuando trabajan. Debería ser al revés. Los trabajadores solo se sentirán verdaderamente a gusto en su país, como miembros responsables, cuando se sientan a gusto en la fábrica durante el trabajo.

Es difícil creer cuando uno solo describe impresiones. Sin embargo, no se puede describir la desgracia de la condición humana de otra manera. La desgracia solo está hecha de impresiones. Las circunstancias materiales de la vida, mientras sea posible vivir en ellas, no son por sí mismas causa de la infelicidad, porque circunstancias equivalentes, unidas a otros sentimientos, darían felicidad. Son los sentimientos ligados a las circunstancias de una vida los que hacen a uno feliz o infeliz, pero estos sentimientos no son arbitrarios, no se imponen ni se borran por sugerencia, solo pueden cambiarse mediante una transformación radical de las circunstancias mismas. Para cambiarlas, primero debes conocerlas. Nada es más difícil de conocer que la desgracia; sigue siendo un misterio. Es muda, como dice un proverbio griego. Hay que estar especialmente preparado para el análisis interior, para captar los verdaderos matices y sus causas, y esto no suele suceder con los desdichados. Incluso si uno está preparado, la desgracia misma impide esta actividad del pensamiento, y la humillación tiene siempre el efecto de crear zonas prohibidas donde el pensamiento no se aventura y que quedan cubiertas por el silencio o por la mentira. Cuando los desdichados se quejan, casi siempre lo hacen falsamente, sin mencionar su verdadera desgracia; y, además, en el caso de infelicidad profunda y permanente, una modestia muy acentuada detiene las quejas. Así, el infortunio de los hombres crea una zona de silencio en la que los seres humanos se encuentran encerrados como en una isla. Quien abandona la isla no mira para atrás. Las excepciones son casi siempre solo aparentes. Un ejemplo, un obrero que se ha convertido en patrón y uno que se ha convertido en militante profesional sindicalista —a pesar de las apariencias— la mayor parte de las veces están separados de los demás obreros por la misma distancia.

Si alguien venido de afuera entra en una de estas islas y se somete voluntariamente a la desgracia por un tiempo limitado, pero suficiente para absorberla, y luego cuenta lo que experimenta, el valor de su testimonio puede ser fácilmente cuestionado. Se dirá que experimentó algo diferente a los que están allí permanentemente. Tendrían razón si solo se dedicó a la introspección, o a observar. Pero si, habiendo logrado olvidar que viene de otro lugar —que volverá a otro lugar y que está allí solo de paso—, compara continuamente lo que siente por sí mismo con lo que lee en los rostros, en los ojos, en los gestos, en las actitudes, en las palabras, en los acontecimientos pequeños y grandes, entonces se crea en él un sentimiento de certeza, por desgracia difícil de comunicar. Rostros contorsionados por la ansiedad del día que les espera y ojos doloridos en el metro de la mañana; un cansancio profundo, esencial, el cansancio del alma más aún que del cuerpo, que marca las actitudes, las miradas y el pliegue de los labios, por la tarde, al salir; las miradas y actitudes de animal enjaulado, cuando una fábrica, después del cierre anual de diez días, reabre por un año interminable; la brutalidad difusa que se encuentra casi en todas partes; la importancia que casi todos conceden a detalles pequeños en sí mismos, pero dolorosos por su significado simbólico, como la obligación de presentar el documento de identidad al entrar; las lastimosas fanfarronadas que se intercambian entre las manadas de obreros reunidos a las puertas de las oficinas de empleo y que, por contraste, evocan tantas humillaciones reales; las palabras, increíblemente dolorosas, que a veces se escapan, como sin querer, de los labios de hombres y mujeres como todos los demás; el odio y el asco hacia la fábrica, hacia el lugar de trabajo, que las palabras y las acciones revelan tan frecuentemente, que proyectan su sombra sobre la camaradería y empuja a los obreros y obreras, tan pronto como salen, a apresurarse a volver a casa sin intercambiar palabra con los demás. La alegría, durante la ocupación de las fábricas, de poseer la fábrica con el pensamiento, de recorrer sus instalaciones; el orgullo novedoso de mostrarla a la familia y explicarles dónde se trabaja, alegría y orgullo fugaces, que expresan por contraste de una manera hasta punzante los dolores permanentes del pensamiento aprisionado; toda esa remoción de la clase obrera, tan misteriosa para los espectadores, en realidad tan fácil de entender. ¿Cómo no confiar en todas estas señales, cuando al tiempo que las leemos en nuestro entorno las experimentamos dentro de nosotros con sentimientos respectivos?

La fábrica debe ser un lugar de alegría, un lugar donde, aunque es inevitable que el cuerpo y el alma sufran, también el alma pueda saborear y nutrirse de alegrías. Para ello sería necesario cambiar un poco y mucho en otro sentido. Todos los sistemas de reforma o transformación social están fallados; si se ejecutaran, dejarían el mal intacto. Se pretende cambiar demasiado o demasiado poco: demasiado poco de lo que es causa del mal; demasiado de las circunstancias que son ajenas. Algunos anuncian una reducción, por cierto, ridículamente exagerada, de la jornada laboral. Pero convertir al pueblo en grupo de holgazanes esclavizados dos horas al día no es deseable —aunque fuera posible—, ni moralmente posible —cuando fuera materialmente—. Nadie aceptaría ser esclavo durante dos horas. La esclavitud, para ser aceptada, debe durar lo suficiente cada día para quebrantar algo en el hombre. Si existe un remedio posible, es de otro orden y más difícil de concebir. Requiere un esfuerzo de inventiva. Es necesario cambiar la naturaleza de los incentivos al trabajo, reducir o eliminar las causas del disgusto, transformar la relación de cada trabajador con el funcionamiento de toda la fábrica, la relación del trabajador con la máquina y el modo en que fluye el tiempo en el trabajo.

No es bueno que el desempleo sea como una pesadilla sin final, ni que el trabajo sea recompensado con un aluvión de lujos tan baratos como falsos, que excitan los deseos sin satisfacer las necesidades. Estos dos puntos apenas suscitan controversia. Pero de aquí se sigue que el temor al despido y la codicia del dinero deben dejar de ser estímulos esenciales que ocupan constantemente el primer plano en el alma de los obreros, para actuar en adelante en su rango natural, como estímulos secundarios. En primer plano debe haber otros estímulos.

Uno de los sentimientos más poderosos en cualquier trabajo es la sensación de que hay que realizar una tarea y un esfuerzo. Este incentivo, en una fábrica, y especialmente para el peón de máquina, a menudo falta por completo. Cuando el peón pone mil veces una pieza en contacto con la herramienta de una máquina, se encuentra en la situación del niño al que le han ordenado ensartar perlas para que se tranquilice, más el cansancio añadido.

El niño obedece porque teme el castigo y espera un caramelo, pero su acción no tiene ningún significado para él, excepto cumplir la orden que le ha dado la persona que tiene poder sobre él. Sería diferente si el trabajador supiera claramente, cada día, en cada momento, qué sentido tiene la parte que le toca hacer a él dentro del conjunto de la fabricación, y el lugar que ocupa la fábrica en la que trabaja dentro de la vida social. Si un obrero deja caer una herramienta de prensa sobre una pieza de latón que va a formar parte de un dispositivo destinado al metro, debe saberlo y también imaginar cuál será el lugar y la función de esa pieza de latón en el vagón, qué modificaciones ha sufrido ya la pieza y qué otras debe sufrir todavía, antes de ser colocada en su lugar. Por supuesto, no se trata de dar una conferencia a cada obrero antes de cada trabajo. Lo que sí es posible es que cada equipo de trabajadores recorra la fábrica de vez en cuando, por turnos, durante unas horas —que se pagarían a la tarifa ordinaria— y se acompañe la visita con explicaciones técnicas. Sería aún mejor permitir que los trabajadores traigan a sus familias para estas visitas; ¿cómo puede ser normal que una esposa no pueda ver el lugar donde su marido da lo mejor de sí cada día y a lo largo del día? Cualquier trabajador estaría feliz y orgulloso de mostrarles a su esposa e hijos dónde trabaja. También sería bueno que cada trabajador pudiera ver, cada tanto, terminada la pieza en cuya fabricación participó, por pequeña que sea, y que pudiera entender exactamente qué papel desempeñó él para conseguirla. Por supuesto, el problema es diferente para cada fábrica, para cada producción, y dependiendo del caso particular, se pueden utilizar métodos infinitamente variados para estimular y satisfacer la curiosidad de los trabajadores sobre su trabajo. No hace falta un gran esfuerzo de imaginación, a condición solo de concebir con claridad el objetivo, que en la práctica consiste en descorrer el velo que el dinero coloca entre el trabajador y su trabajo. Los obreros creen, con una creencia que no se expresa en palabras —quedaría absurdo si se formulara en palabras—, pero que impregna todos sus sentimientos, que su trabajo se transforma en dinero, del cual una pequeña parte va para ellos y una gran parte para el patrón. Debemos hacerles comprender, no con esa parte de la inteligencia superficial que aplicamos a las verdades obvias —eso así lo entienden ya—, sino con toda el alma y, por así decirlo, con el mismo cuerpo, en todos los momentos de su sufrimiento, que están fabricando objetos llamados a responder a necesidades sociales y que tienen un derecho limitado, pero real, a estar orgullosos de ello.

Es cierto que no crean verdaderamente objetos mientras se limitan a repetir por largo tiempo una combinación de cinco o seis acciones simples, siempre idénticas. Esto ya no debe ser así. Mientras esto continúe, pase lo que pase, seguirá habiendo un proletariado degradado y odioso en el corazón de la vida social. Es cierto que algunos seres humanos con retraso mental son naturalmente aptos para este tipo de trabajo. Pero no es cierto que su número sea igual al de los seres humanos que efectivamente trabajan de esa manera, y está muy lejos de ser así. La prueba de ello es que, de cada cien niños nacidos en familias burguesas, la proporción de los que cuando llegan a adultos solo realizan tareas mecánicas es mucho menor que la de cada cien hijos de obreros, aunque la distribución de aptitudes sea probablemente la misma, por término medio. El remedio no es difícil de encontrar, al menos en un período normal, cuando el metal no escasea. Siempre que una fabricación requiera la repetición de una combinación de pocos movimientos simples, estos movimientos pueden ser realizados por una máquina automática —sin ninguna excepción—. Se emplea preferentemente a un hombre porque el hombre es una máquina que obedece a la voz y basta que un hombre reciba una orden para sustituir una combinación de movimientos por otra, en un instante. Pero existen máquinas automáticas multiuso que también pueden cambiar de una producción a otra sustituyendo una pieza de leva. Este tipo de máquina es todavía reciente y poco desarrollada; nadie puede predecir hasta qué punto se podrá desarrollar si nos preocupamos de ello. Entonces pueden aparecer cosas que llamaríamos máquinas, pero que, desde el punto de vista del trabajador, serían exactamente lo opuesto a la mayoría de las máquinas actualmente en uso. No es raro que una misma palabra designe realidades opuestas. Un obrero especializado solo comparte la repetición automática de movimientos, mientras que la máquina a la que sirve encierra, impresa y cristalizada en el metal, toda la parte de combinación e inteligencia que implica la fabricación en curso. Semejante inversión va contra la naturaleza; es un crimen. Ahora si a un hombre le toca la tarea de ajustar una máquina automática y fabricar la leva correspondiente a las piezas a mecanizar, y asume, por una parte, un esfuerzo de reflexión y de combinación y, por otra parte, el esfuerzo manual que implica, como el de los artesanos, una verdadera habilidad, tal relación entre máquina y hombre es plenamente satisfactoria.

El tiempo y el ritmo son el factor más importante del problema del obrero. Ciertamente el trabajo no es un juego. Es conveniente y apropiado que haya monotonía y aburrimiento en el trabajo y, además, no hay nada grande en esta tierra, en ningún campo, sin una medida de monotonía y aburrimiento. Hay más monotonía en una misa cantada en gregoriano o en un concierto de Bach que en una opereta. Este mundo en el que hemos caído realmente existe; somos verdaderamente carne; nos han expulsado de la eternidad; y realmente tenemos que atravesar el tiempo, con dolor, minuto a minuto. Este dolor es nuestro destino, y la monotonía del trabajo es solo una de sus formas. Pero no es menos cierto que nuestro pensamiento está hecho para dominar el tiempo y que esta vocación debe conservarse intacta en cada ser humano. La sucesión absolutamente uniforme, aunque variada y continuamente sorprendente de días, meses, estaciones y años se adapta exactamente a nuestro dolor y a nuestra grandeza. Todo lo que entre las cosas humanas es bello y bueno reproduce en algún grado esta mezcla de uniformidad y variedad. Todo lo que difiere de ello es malo y degradante. El trabajo del campesino obedece por necesidad a este ritmo del mundo. El trabajo del obrero, por su propia naturaleza, es independiente de este, pero podría imitarlo. Lo que ocurre en las fábricas es todo lo contrario. También allí se mezclan uniformidad y variedad, pero esta mezcla es opuesta a la que proporcionan el sol y los astros. El sol y los astros llenan el tiempo de antemano con marcos hechos de una variedad limitada y ordenados en retornos regulares, marcos destinados a acomodar una variedad infinita de eventos absolutamente impredecibles y parcialmente desordenados. Por el contrario, el futuro de quien trabaja en una fábrica está vacío por la imposibilidad de predecirlo, y más muerto que el pasado por los momentos que se suceden, idénticos como el tic tac de un reloj. Una uniformidad que imita los movimientos de los relojes y no los de las constelaciones, una variedad que excluye toda regla y por tanto toda predicción, esto hace que el tiempo sea inhabitable, irrespirable para el hombre.

Solo la transformación de las máquinas puede evitar que el tiempo de los obreros se parezca al de los relojes, pero eso no es suficiente. El futuro debe abrirse ante el trabajador a través de una cierta posibilidad de predicción, para que tenga la sensación de avanzar en el tiempo, de avanzar con cada esfuerzo hacia un determinado logro. En el momento presente, el esfuerzo que realiza no le lleva a ninguna parte, salvo a la hora de su partida, pero como un día de trabajo sigue siempre a otro, el cumplimiento en cuestión no es otra cosa que la muerte. No puede imaginar otra vía que no sea la de un salario, en el caso del trabajo a destajo, lo que le obliga a obsesionarse con el dinero. Abrir un futuro para los trabajadores en la representación de un trabajo futuro es un problema que se plantea de forma diferente en cada caso particular. En términos generales, la solución a este problema requiere, además de un cierto conocimiento del funcionamiento global de la fábrica por parte de cada obrero, una organización de la fábrica que implique una cierta autonomía de los talleres con respecto al establecimiento y de cada obrero con respecto a su taller. Respecto al futuro próximo, cada trabajador debe saber, dentro de lo posible, lo que tendrá que hacer en los próximos ocho o quince días, e incluso tener cierta capacidad para elegir cierto orden de sucesión de las diferentes tareas. De cara al futuro lejano, debería ser capaz de proyectar algunos hitos, si bien de forma menos extensa y menos precisa que el jefe y el director, aunque de modo muy parecido. Así, sin que sus derechos reales aumenten en lo más mínimo, experimentará ese sentimiento de propiedad del que tiene sed el corazón humano y que, sin disminuir el dolor, suprime el disgusto.

Estas reformas son difíciles y algunas circunstancias del período actual aumentan su dificultad. Por otra parte, la desgracia era esencial para hacer sentir a la gente que algo tenía que cambiar. Los principales obstáculos están en las almas. Es difícil superar el miedo y el desprecio. Muchos obreros, si no todos, han adquirido, además de mil heridas, una amargura casi incurable que les hace empezar a considerar como una trampa todo lo que viene de arriba, especialmente de los patrones. Esta desconfianza morbosa, que haría estéril cualquier esfuerzo de mejora, no puede superarse sin paciencia, sin perseverancia. Muchos patrones temen que cualquier intento de reforma, por inofensivo que sea, traerá nuevos recursos a los instigadores, a quienes atribuyen todos los males sociales sin excepción, y que de alguna manera se presentarán como monstruos mitológicos. También les resulta difícil admitir que existan entre los trabajadores ciertas partes superiores del alma que se ejercitarían en la dirección del orden social si se les aplicaran los estímulos adecuados. Y aun si estuvieran convencidos de la utilidad de las reformas señaladas, les frenaría una exagerada preocupación por el secreto industrial. Sin embargo, la experiencia les ha enseñado que la amargura y la hostilidad latente en los corazones de los trabajadores guardan peligros mucho mayores para ellos que la curiosidad de los competidores. Además, el esfuerzo que hay que realizar no recae solo en los patrones y los obreros, sino incluso en toda la sociedad. En particular, la escuela debería ser concebida de un modo completamente nuevo, con el fin de formar hombres capaces de comprender la totalidad del trabajo del que participan. No es que se deba bajar el nivel de los estudios teóricos, más bien al contrario; se debería hacer mucho más para despertar la inteligencia, pero al mismo tiempo la enseñanza debería ser mucho más concreta.

La enfermedad que hay que curar interesa también a toda la sociedad. Ninguna sociedad puede tener estabilidad cuando la clase obrera trabaja todos los días, todo el día, con asco. Este disgusto por el trabajo altera la concepción que los obreros tienen de la vida, de la vida en su totalidad. La humillación degradante que acompaña cada uno de sus esfuerzos busca compensación en una especie de imperialismo obrero, mantenido por la propaganda proveniente del marxismo. Si un hombre que fabrica pernos sintiera, al fabricar pernos, un orgullo legítimo y limitado, no provocaría artificialmente en sí mismo un orgullo ilimitado con el pensamiento de que su clase está destinada a hacer historia y a dominarlo todo. Lo mismo se aplica al concepto de vida privada, y en particular a la familia y a las relaciones entre los sexos. El aburrido y agotador trabajo fabril deja un vacío que exige ser llenado y solo puede ser llenado con placeres rápidos y brutales, y la corrupción resultante se contagia a todas las clases sociales. La correlación no es obvia a primera vista, pero existe una correlación. La familia no será verdaderamente respetada entre la gente de este país mientras una parte de este pueblo siga trabajando con repugnancia permanente.

Mucho mal ha salido de las fábricas, y ese mal debe ser corregido en las fábricas. Es difícil, pero quizá no imposible. En primer lugar, los especialistas, ingenieros y otros, tendrían que preocuparse suficientemente no solo de construir objetos, sino también de no destruir a las personas. No para hacerlos dóciles, ni siquiera para hacerlos felices, sino simplemente para no obligar a ninguno de ellos a degradarse.

# 16

## Primera condición de un trabajo no servil[34]

### Marsella, 1941-1942

E N EL TRABAJO MANUAL y, en general, al ejecutar el trabajo propiamente dicho, hay un elemento irreductible de servidumbre que ni siquiera la perfecta equidad social podría hacer desaparecer. Y es que el trabajo se rige por la necesidad, no por la finalidad. Se hace por necesidad, no por alcanzar un bien; "porque tenemos que ganarnos la vida", como dicen los que pasan su existencia realizándolo. Hacemos un esfuerzo al cabo del cual, bajo cualquier punto de vista, no tendremos nada más que lo que tenemos. Sin este esfuerzo, perderíamos incluso eso.

Pero en la naturaleza humana no existe para el esfuerzo otra fuente de energía que el deseo. Y no le corresponde al hombre desear lo que tiene. El deseo es una orientación, un inicio de movimiento hacia algo. El movimiento hacia un punto en el cual no estamos. Si el

34. Escrito en Marsella, en 1941, publicado parcialmente en el núm. 4 de *Cheval de Troie,* en 1947.

movimiento, recién comenzado, vuelve al punto de partida, giramos como una ardilla en una jaula, como un condenado en una celda. Este girar continuamente conduce con rapidez al agotamiento.

El agotamiento, el cansancio y la repugnancia son las grandes tentaciones de quien trabaja, sobre todo si está en condiciones inhumanas, pero también de los que están en buenas circunstancias. A veces, esta misma tentación hiere a los mejores.

La existencia no es un fin para el hombre, es solo el soporte de todos los bienes, verdaderos o falsos. Los bienes se añaden a la existencia. Cuando desaparecen, cuando ya ningún bien adorna la existencia, cuando está desnuda, no guarda ninguna relación con el bien e incluso es un mal. Y en ese mismo momento se sustituye a todos los bienes ausentes; se convierte en sí misma en fin único, en objeto de deseo único. El deseo del alma se encuentra en tal caso sujeto a un mal desnudo y sin velo. El alma está entonces presa de horror.

Este horror es aquel que se da en el momento mismo en que una violencia inminente va a infligir la muerte a alguien. Ese momento de horror solía prolongarse toda la vida para aquel que, desarmado por la espada del vencedor, se salvaba. A cambio de la vida que le era dada, tenía que trabajar como esclavo para agotar su energía con esfuerzo, todo el día, todos los días, sin esperar nada más que no ser muerto ni azotado. Tampoco podía perseguir otro bien que el de existir. Los antiguos decían que el día que a un hombre lo habían hecho esclavo, le habían quitado la mitad de su alma.

Pero una persona que después de un mes, de un año, de veinte años de esfuerzo se encuentra en la misma situación que el primer día está en una condición necesariamente muy semejante a la esclavitud. Y esa semejanza consiste en la imposibilidad de desear algo distinto de lo que se posee, de dirigir el esfuerzo hacia la adquisición de un bien. Se hacen únicamente esfuerzos para subsistir.

La unidad de tiempo es, entonces, un día. En este espacio damos vueltas en círculos. Oscilamos entre el trabajo y el descanso, como una pelota que rebota de una pared a otra. Solo trabajamos porque necesitamos comer. Pero comemos para poder seguir trabajando. Y otra vez trabajamos para comer.

Todo es intermedio, todo es medio en esta existencia. La finalidad no se ve por ninguna parte. La cosa fabricada es un medio, será vendida. ¿Quién hará de ella su bien propio? La materia, la herramienta, el cuerpo del trabajador, su propia alma son medios para la fabricación. La necesidad está en todas partes; el bien, en ninguna.

No hay que buscar en otras partes las causas de la desmoralización del pueblo. La causa está ahí; es permanente, es de la esencia de la condición del trabajo. Sí debemos buscar las causas que, en períodos anteriores, impidieron que se produjera la desmoralización.

Una gran inercia moral, una gran fuerza física que convierte el esfuerzo en algo casi insensible, permite soportar este vacío. En caso contrario, harán falta compensaciones. Por ejemplo, la ambición de un estatus social diferente para uno mismo o para los propios hijos. Los placeres fáciles y violentos son otras compensaciones de la misma naturaleza; tanto da que sea el ensueño en lugar de la ambición. El domingo, día en el que queremos olvidar que es necesario trabajar. Para eso hay que gastar. Tienes que vestirte como si no estuvieras trabajando.

Requiere satisfacer la vanidad y las ilusiones de poder que las licencias morales nos conceden con mucha facilidad. El libertinaje tiene exactamente la misma función que un narcótico, y el uso de narcóticos es siempre una tentación para quien sufre. Por último, la revolución es otra compensación de la misma naturaleza. Es la ambición llevada a lo colectivo, la ambición loca de un ascenso de todos los trabajadores a una condición que está más allá de la condición de obreros.

El sentimiento revolucionario es, en primer lugar, para la mayoría, una revuelta contra la injusticia, pero con rapidez se convierte, también para la mayoría, como ha sucedido a lo largo de la historia, en un imperialismo obrero enteramente análogo al imperialismo nacional. Su objetivo es la dominación absoluta de un determinado colectivo sobre toda la humanidad y sobre todos los aspectos de la vida humana. Lo absurdo es que, en este ensueño, la dominación estaría en manos de quienes ejecutan el trabajo y que, por consiguiente, no pueden dominar.

En cuanto es una rebelión contra la injusticia social, la idea revolucionaria es buena y saludable. En tanto rebelión contra la infelicidad esencial de la condición misma de los trabajadores, es una mentira. Porque ninguna revolución podrá abolir esta desgracia. Sin embargo, esta mentira es lo que tiene mayor éxito, porque esta desgracia esencial se siente más vivamente, más profundamente, más dolorosamente que la injusticia misma. En general se confunden. El nombre de "opio del pueblo" que Marx daba a la religión puede haber sido apropiado cuando se traicionó a sí misma, pero corresponde en esencia a la revolución. La esperanza de la revolución siempre es un estupefaciente.

La revolución satisface al mismo tiempo el deseo de aventura, como lo más opuesto a la necesidad, que es incluso una reacción contra la misma desgracia. A esta necesidad corresponde también el gusto por las novelas y películas policíacas y la tendencia al crimen que aparece entre los adolescentes.

La burguesía fue muy ingenua al creer que la receta adecuada consistía en transmitir al pueblo el fin que rige su propia vida, es decir, la adquisición de dinero. Lo consiguieron en la medida de lo posible mediante el trabajo a destajo y la expansión del comercio entre la ciudad y el campo. Pero con eso llevaron el descontento a un nivel de exasperación peligroso. La razón es sencilla. El dinero en tanto que es finalidad de los deseos y de las fuerzas no puede tener en su ámbito condiciones en cuyo interior sea imposible enriquecerse. Un pequeño industrial, un pequeño comerciante pueden hacerse rico y convertirse en un gran industrial, en un gran comerciante. Un profesor, un escritor, un ministro son indistintamente ricos o pobres. Pero un obrero que se vuelve muy rico deja de ser obrero, y casi siempre ocurre lo mismo con el campesino. Un obrero no puede ser mordido por el deseo de dinero sin querer escapar, solo o con sus compañeros, de la condición obrera.

El universo en el que viven los trabajadores rehúsa la finalidad. Es imposible que allí penetren los fines, salvo en períodos muy breves que corresponden a situaciones excepcionales. El rápido equipamiento de nuevos países, como Estados Unidos y Rusia, produce cambio tras cambio a un ritmo tan rápido que ofrece a todos, casi día tras día, cosas nuevas que esperar, desear, anhelar. Esta fiebre constructora fue el gran instrumento de seducción del comunismo ruso, por efecto de una coincidencia, porque se debía al estado económico del país, y no a la revolución ni a la doctrina marxista. Cuando la metafísica se elabora a partir de estas situaciones excepcionales, temporales y breves, como han hecho los americanos y los rusos, tales metafísicas son mentiras.

La familia procura sus fines en forma de hijos a los que hay que educar. Pero, a menos que esperemos para ellos otra condición —y por la naturaleza de las cosas tal ascenso social es necesariamente excepcional—, el espectáculo de niños condenados a la misma existencia no nos impide sentir dolorosamente el vacío y el peso de esta existencia.

Ese pesado vacío causa mucho sufrimiento. Es sensible incluso a muchos de aquellos cuya cultura es nula y cuya inteligencia es débil. Aquellos que por su condición no saben lo que es no pueden juzgar con justicia las acciones de quienes lo padecen durante toda su vida. No mata, pero quizá duele tanto como el hambre. Quizá más. Quizá sería literalmente cierto decir que el pan es menos necesario que el remedio para este dolor.

No hay elección de remedios. Solo hay uno. Solo una cosa hace soportable la monotonía, es una luz de eternidad: es la belleza.

Solo hay un caso en que la naturaleza humana permite que el alma desee no lo que podría ser o lo que será, sino lo que existe. Es el caso de la belleza. Todo lo que es bello es objeto de deseo, pero no deseamos que sea de otro modo, no deseamos cambiar nada en ello, deseamos lo que es en sí mismo. Miramos con deseo el cielo estrellado de una noche clara, y lo que deseamos es solamente el espectáculo que poseemos.

Como las personas se ven obligadas a dirigir todos sus deseos hacia lo que ya poseen, la belleza está hecha para ellas y ellas, para la belleza. La poesía es un lujo para otras condiciones sociales. El pueblo necesita la poesía como el pan. No poesía encerrada en meras palabras; esta, por sí sola, no le puede ser de ninguna utilidad. Necesita que la sustancia cotidiana de su vida sea ella misma poesía.

Esta poesía solo puede tener una fuente. Esa fuente es Dios. Esa poesía solo puede ser religión. Ningún truco, ningún proceso, ninguna reforma, ningún trastorno puede hacer que la finalidad penetre definitivamente en el universo en el que los trabajadores se ubican por su misma condición. Pero todo este universo puede quedar suspendido con la única finalidad de que sea verdadero. Él puede estar enganchado a Dios. La condición de los trabajadores es aquella en que el hambre de finalidad, que constituye el ser mismo de todo hombre, no puede ser satisfecha excepto por Dios.

Este es su privilegio. Ellos son los únicos que lo poseen. En todas las demás condiciones, sin excepción, se proponen fines particulares a la actividad. No hay fin particular, ya sea la salvación de un alma o de muchas, que no pueda hacer de pantalla y esconda a Dios. Es necesario perforar la pantalla con el desprendimiento. Para los obreros no hay pantalla. Nada los separa de Dios. Solo tienen que mirar hacia arriba.

Lo difícil para ellos es levantar la cabeza. No tienen, como ocurre a todos los demás hombres, nada que les sobre de lo que tengan que desprenderse con esfuerzo. Tienen demasiado poco de todo. Carecen de intermediarios. Les aconsejaron que pensaran en Dios y le ofrecieran sus dolores y sufrimientos, pero todavía no hicieron nada por ellos.

La gente va a las iglesias deliberadamente para orar. Y, sin embargo, sabemos que no podrán hacerlo si no facilitamos la atención con los medios que ayuden a orientarse hacia Dios. La arquitectura misma de la iglesia, las imágenes que la llenan, las palabras de la liturgia y las oraciones, los gestos rituales del sacerdote son esos intermediarios. Al fijar la atención en ellos, se orientan hacia Dios. ¡Cuánto más necesarios serán esos intermediarios en el lugar de trabajo, adonde uno va únicamente a ganarse la vida! Allí todo ancla el pensamiento a la tierra. Pero no podemos poner allí imágenes religiosas y sugerir a quienes trabajan que las miren. Tampoco se les puede sugerir que reciten oraciones mientras trabajan. Los únicos objetos sensibles en los que pueden centrar su atención son los materiales, los instrumentos, los gestos de su trabajo. Si estos objetos no se transforman en espejos de la luz, es imposible que durante el trabajo la atención se dirija hacia la fuente de toda luz. No hay necesidad más urgente que esta transformación.

Esto solo es posible si la materia, tal como se ofrece al trabajo humano, tiene la propiedad de reflejar la luz. Porque no se trata de fabricar ficciones ni símbolos arbitrarios. En lo que se refiere a la verdad, la ficción, la imaginación y la ensoñación están fuera de lugar. Pero, afortunadamente para nosotros, la materia tiene la propiedad de reflejar la luz. Es un espejo empañado por nuestro aliento. Solo es necesario limpiar el espejo y leer los símbolos que han sido escritos en la materia desde toda la eternidad.

El Evangelio contiene algunos de ellos. En una habitación, es necesario reflexionar sobre la necesidad de la muerte moral para un nuevo y verdadero nacimiento, leer o repetir las palabras que se refieren al grano de trigo que solo la muerte hace fecundo. Pero quien siembra puede, si lo desea, centrar su atención en esta verdad sin ayuda de palabras, a través de su propio gesto y del espectáculo del grano enterrado. Si no razona en torno a eso, si solo lo mira, la atención que presta al cumplimiento de su tarea no se ve obstaculizada, sino que se lleva al más alto grado de intensidad. No en vano a la plenitud de la atención se le dice atención religiosa. La plenitud de atención no es otra cosa que la oración.

Lo mismo ocurre con el alma que se separa de Cristo, se seca como se seca una rama cortada de la vid. La poda de las viñas en las grandes fincas requiere días y días. Pero también hay allí una verdad que se puede contemplar durante días y días sin agotarla.

Sería fácil descubrir, inscritos desde toda la eternidad en la naturaleza de las cosas, muchos otros símbolos capaces de transfigurar no solo el trabajo en general, sino incluso cada tarea en su singularidad. Cristo es la serpiente de bronce a la que solo hay que mirar para escapar de la muerte. Pero hay que poder mirarla de forma ininterrumpida. Para que esto suceda, es preciso que las cosas que las necesidades y obligaciones de la vida nos obligan a mirar reflejen eso mismo que nos impiden mirar directamente. Sería muy sorprendente que una iglesia construida por mano de los hombres estuviera llena de símbolos, y que el universo esté totalmente vacío de ellos. Está infinitamente lleno de símbolos. Hay que leerlos.

La imagen de la Cruz comparada con una balanza, en el himno del Viernes Santo, podría ser una inspiración inagotable para quienes arrastran cargas, manejan palancas y se sienten cansados por la noche por el peso de las cosas. En una balanza, un peso considerable cercano al punto de apoyo puede ser levantado por un peso muy pequeño colocado a una distancia muy grande. El cuerpo de Cristo era un peso muy ligero, pero por la distancia entre la tierra y el cielo fue el contrapeso del universo. De un modo infinitamente distinto, pero bastante análogo para servir de imagen, quien trabaja, levanta pesos, maneja palancas, con su débil cuerpo, también debe ser contrapeso del universo. Este es demasiado pesado y con frecuencia hace que el cuerpo y el alma se dobleguen por el cansancio. Pero el que se aferra al cielo fácilmente hará de contrapeso. Quien haya tenido este pensamiento una sola vez no podrá distraerse de él ni por la fatiga, ni por el aburrimiento, ni por el disgusto. Solo puede ser llevado allí de vuelta.

El sol y la savia de las plantas hablan continuamente, en el campo, de lo que hay de más grande en el mundo. No vivimos de otra cosa que no sea la energía solar: la comemos, y ella es la que nos mantiene erguidos, la que mueve nuestros músculos, la que opera en nosotros corporalmente todas nuestras acciones. Es quizá, bajo diversas formas, la única cosa del universo que constituye una fuerza contraria a la gravedad. Es ella la que trepa los árboles, la que por nuestros brazos levanta cargas, la que mueve nuestros motores. Proviene de una fuente inaccesible, a la que no podemos acercarnos ni un paso; desciende continuamente sobre nosotros y, aunque nos bañe perpetuamente, no la podemos captar. Solo el principio vegetal de la clorofila puede capturarla para nosotros y convertirla en nuestro alimento. Basta que la tierra esté convenientemente preparada por nuestros esfuerzos. Entonces, a través de la clorofila, la energía solar se convierte en algo sólido y entra en nosotros como pan, como vino, como aceite, como fruta. Todo el trabajo del paisano consiste en cuidar y servir esta virtud vegetal que es imagen perfecta de Cristo.

Las leyes de la mecánica, que derivan de la geometría y que rigen nuestras máquinas, guardan verdades sobrenaturales. La oscilación del movimiento alternativo es imagen de la condición terrenal. Todo lo que pertenece a las criaturas es limitado, excepto el deseo en nosotros, que es la marca de nuestro origen; y nuestras apetencias, que nos hacen buscar lo ilimitado aquí abajo, son para nosotros la única fuente de error y de crimen. Los bienes que contienen las cosas son finitos, como también lo son los males, y en general una causa no produce un efecto determinado más que hasta un cierto punto; más allá del cual, si continúa actuando, el efecto se invierte. Es Dios quien pone límite a todo y por quien el mar está encadenado. En Dios hay un solo acto eterno e inmutable que se cierra sobre sí mismo y que no tiene otro objeto que sí mismo. En las criaturas existen movimientos dirigidos hacia afuera, pero que por su límite están obligados a oscilar. Esta oscilación es un reflejo degradado de la orientación hacia sí mismo, que es en su plenitud algo exclusivamente divino. Esta conexión tiene como imagen en nuestras máquinas la conexión entre el movimiento circular y el movimiento alternativo. El círculo es también el lugar de los promedios proporcionales. Para encontrar, de manera perfectamente rigurosa, la media proporcional entre la unidad y un número que no sea un cuadrado, hay un único método, que es dibujar un círculo. Los números para los cuales no existe ninguna mediación que los una naturalmente a la unidad son las imágenes de nuestra miseria; y el círculo que viene desde afuera, de manera trascendente respecto del ámbito de los números, trae una mediación que es la imagen del único remedio a esta miseria. Estas verdades y muchas otras están escritas en el simple espectáculo de una polea que determina un movimiento oscilante. Ellas se pueden leer utilizando conocimientos geométricos muy básicos. El mismo ritmo del trabajo, que corresponde a la oscilación, las hace sensibles al cuerpo. Una vida humana es un plazo muy corto para contemplarlas.

Se podrían encontrar muchos otros símbolos, algunos de ellos más íntimamente ligados al comportamiento de quien trabaja. A veces le bastaría al obrero con extender su actitud hacia el trabajo a todas las cosas sin excepción para poseer la plenitud de la virtud. También se encuentran símbolos para aquellos que realizan tareas distintas al trabajo físico. Se pueden encontrar para los contables en las operaciones elementales de aritmética, para los cajeros en la institución del dinero, etc. La capacidad es inagotable.

Desde este punto se podría hacer mucho. Transmitir estas grandes imágenes, vinculadas a nociones de ciencia elemental y cultura general, en círculos de estudio para adolescentes. Proponérselos como temas para sus fiestas, para sus ensayos teatrales. Establecer nuevas fiestas en torno a ellas, por ejemplo, la víspera del gran día en que un pequeño paisano de 14 años labra, solo, el campo por primera vez. Para que a través de ellas los hombres y mujeres del pueblo vivan perpetuamente bañados en una atmósfera de poesía sobrenatural, como en la Edad Media, y más que en la Edad Media; ¿por qué limitarse en la ambición del bien?

Esto les evitaría el sentimiento de inferioridad intelectual, tan frecuente y a veces tan doloroso, y también la orgullosa seguridad que a veces lo reemplaza después de un ligero contacto con las cosas de la mente. Los intelectuales, por su parte, podrían de esta manera evitar tanto el injusto desdén como la no menos injusta deferencia que la demagogia ha puesto de moda en ciertos círculos hace algunos años. Unos y otros se unirían, sin ninguna desigualdad, en el punto más alto, el de la plenitud de la atención, que es el de la plenitud de la oración. Por lo menos los que pudieran. Los otros sabrían al menos que ese punto existe y se representarían la diversidad de caminos ascendentes. Esa diversidad, si bien produce una separación en los niveles inferiores, como hace el espesor de una montaña, no impide ver la igualdad.

Los ejercicios escolares tienen el objetivo serio de la formación de la atención. La atención es la única facultad del alma que da acceso a Dios. La gimnasia escolar ejercita una atención discursiva inferior, la que razona; pero, realizada con un método adecuado, puede preparar la aparición en el alma de otra atención, que es la atención más alta, la intuitiva. La atención intuitiva en su pureza es la única fuente del arte perfectamente bello, de los descubrimientos científicos verdaderamente luminosos y nuevos, de la filosofía que conduce verdaderamente a la sabiduría, del amor verdaderamente útil al prójimo. Y esto es lo que, dirigido directamente hacia Dios, constituye la verdadera oración.

Así como una simbología permitiría cavar y segar pensando en Dios, un método que transformara los ejercicios escolares en una preparación para ese tipo superior de atención permitiría a un adolescente pensar en Dios mientras se aplica a un problema de geometría o a una traducción del latín. Por falta de todo esto, el trabajo intelectual, bajo su apariencia de libertad, es también un trabajo servil.

Quienes disponen de tiempo libre necesitan, para alcanzar la atención intuitiva, ejercitar las facultades de la inteligencia discursiva hasta el límite de su capacidad, de lo contrario, esas facultades son un obstáculo. En especial los que, por su función social, están obligados a utilizar estas facultades probablemente no tengan otra manera. Pero el obstáculo es pequeño, y el ejercicio puede reducirse a muy poco para aquellos en quienes la fatiga del largo trabajo diario paraliza casi por completo estas facultades. Para ellos, el mismo trabajo que produce esta parálisis, siempre que se transforme en poesía, es el camino que conduce a la atención intuitiva.

En nuestra sociedad, la diferencia de educación produce, más que la diferencia de riqueza, la ilusión de desigualdad social. Marx, que casi siempre es muy fuerte cuando simplemente describe el mal, condenó con razón la separación del trabajo manual e intelectual como una degradación. Pero no sabía que en cada dominio los opuestos tienen su unidad en un plano trascendente entre sí. El punto de unión entre el trabajo intelectual y el manual es la contemplación, que no es trabajo. En ninguna sociedad la persona que opera una máquina puede ejercer el mismo tipo de atención que la persona que resuelve un problema. Pero ambos pueden, igualmente, si lo desean y si tienen un método, ejercitando cada uno el género de atención que constituye su propio papel en la sociedad, favorecer la aparición y el desenvolvimiento de otra atención situada más allá de toda obligación social, atención que constituye una relación directa con Dios.

Si los estudiantes, los jóvenes campesinos, los jóvenes obreros se representaran de un modo absolutamente preciso, tan preciso como los engranajes de un mecanismo comprendido con claridad, las diferentes funciones sociales como preparaciones igualmente eficaces para la aparición en el alma de una misma facultad trascendente, siendo solo ella la que posee un valor, la igualdad vendría a ser una cosa concreta. Sería entonces al mismo tiempo un principio de justicia y de orden.

La representación precisa del destino sobrenatural de cada función social proporciona por sí sola un estándar para la voluntad de reforma. Solo esto nos permite definir la injusticia. De lo contrario, es inevitable que nos equivoquemos, ya sea al considerar como injusticias los sufrimientos inscritos en la naturaleza de las cosas o al atribuir a la condición humana sufrimientos que son efectos de nuestros crímenes y recaen sobre quienes no los merecen.

Cierta subordinación y cierta uniformidad son sufrimientos inscritos en la esencia misma del trabajo e inseparables de la vocación sobrenatural que le corresponde. No degradan. Todo lo que se añade a esto es injusto y degradante. Y ya que no basta con encontrar la fuente perdida de tal poesía, es necesario, aún, que las circunstancias mismas del trabajo permitan que la poesía exista. Si esas circunstancias son malas, la matan.

Todo lo que esté indisolublemente ligado al deseo o al miedo al cambio, a la orientación del pensamiento hacia el futuro, quedaría excluido de una existencia esencialmente uniforme que debe aceptarse como tal. En primer lugar, el sufrimiento físico, además de aquel que las necesidades del trabajo hacen manifiestamente inevitable. Porque es imposible sufrir sin anhelar un alivio. Las privaciones serían más apropiadas en cualquier otra condición social que en esta. La alimentación, el alojamiento, el descanso y el ocio deben ser tales que una jornada de trabajo en sí misma esté normalmente libre de sufrimiento físico. Por otra parte, lo superfluo también está fuera de lugar en esta vida; porque el deseo de lo superfluo es, en sí mismo, ilimitado e implica el deseo de un cambio de condición. Toda publicidad, toda propaganda, tan variada en sus formas, que quiera excitar el deseo de lo superfluo, en el campo y entre los obreros, debe ser considerada como un crimen. Un individuo siempre puede escapar de la condición de obrero o de campesino, ya sea por falta radical de aptitud profesional, ya sea por posesión de aptitudes diferentes; pero para los que están allí no debería haber ningún cambio posible, excepto cambiar de un bienestar estrechamente limitado a un bienestar amplio. No debería haber motivo para que teman quedarse cortos ni para que esperen lograr más. La seguridad debería ser mayor en esta condición social que en cualquier otra. Por lo tanto, no es necesario dejar que dominen los azares de la oferta y la demanda.

La arbitrariedad humana obliga al alma, sin que esta pueda defenderse, a temer y a esperar. Por lo tanto, debe ser excluida del trabajo tanto como sea posible. La autoridad solo debe estar presente cuando es absolutamente imposible que esté ausente. Así pues, la pequeña propiedad campesina vale más que la grande. Por lo tanto, allí donde lo pequeño es posible, lo grande es un mal. Asimismo, la fabricación de piezas mecanizadas en un pequeño taller artesanal es mejor que la realizada bajo las órdenes de un capataz. Job alaba la muerte porque el esclavo ya no oye la voz de su amo. Siempre que se oye la voz que manda cuando una disposición practicable podría sustituir el silencio, es un mal.

Pero el peor atentado, el que quizá merecería ser asimilado al crimen contra el Espíritu, que no tiene perdón si no fuese probablemente cometido por personas inconscientes, es el ataque contra la atención de los trabajadores. Mata en el alma la facultad que constituye la raíz misma de toda vocación sobrenatural. El bajo nivel de atención que exige el trabajo taylorizado no es compatible con ningún otro, porque vacía el alma de todo lo que no sea la preocupación por la velocidad. Este tipo de trabajo no se puede transfigurar, hay que eliminarlo.

Todos los problemas de la técnica y de la economía deben formularse en términos de una concepción de las mejores condiciones de trabajo posibles. Tal concepción es la primera de sus normas. Es necesario, en primer lugar, constituir toda la sociedad de tal manera que el trabajo no arrastre hacia abajo a quienes lo realizan.

No basta con querer evitar los sufrimientos a los obreros, debemos querer su alegría. No una alegría de placeres que haya que pagar, sino alegrías gratuitas que no atentan contra el espíritu de pobreza. La poesía sobrenatural, que debería impregnar toda su vida, también debería estar concentrada en estado puro, de vez en cuando, en brillantes celebraciones. Las fiestas son tan indispensables para esta existencia como los mojones kilométricos para solaz del caminante. Los viajes libres y laboriosos, similares al Tour de Francia de antaño, deberían satisfacer en la juventud el hambre de ver y aprender. Todo debe estar dispuesto para que no falte nada esencial. Los mejores de ellos deben ser capaces de poseer en su propia vida, la plenitud que los artistas buscan indirectamente a través de su arte. Si la vocación del hombre es alcanzar la alegría pura a través del sufrimiento, ellos están mejor preparados que todos los demás para lograrlo de la manera más real.

# Índice

Las experiencias que Simone Weil registró aquí no pertenecen solo al pasado. Siguen subyaciendo las formas actuales de subordinación laboral: la aceleración constante, la vigilancia, la precariedad que obliga a aceptar cualquier condición. Su mirada —atenta a los mecanismos de poder que operan en lo cotidiano— nos recuerda que la organización del trabajo nunca es neutra, define qué vidas cuentan, qué voces se silencian y qué margen real de libertad existe para quienes dependen de un salario. Leer este libro hoy es volver a interrogar la estructura misma de nuestras sociedades y el modo en que siguen administrando la dignidad humana.

Queremos hacer libros
cada vez mejores, para eso
necesitamos saber qué pensás.

Envianos un mail y contanos tu parecer.
**info@edicionesgodot.com.ar**

O respondé una breve encuesta:

Si este libro te gustó y nos querés ayudar,
te agradecemos que lo recomiendes
a tus amigas y amigos o en tus redes sociales.

Libro
compuesto en
tipografía Stempel
Garamond 11/14 creada
por Claude Garamond
en el siglo XVI en Francia,
versión de la fundición
Stempel en 1924.


www.edicionesgodot.com.ar
info@edicionesgodot.com.ar
Facebook.com/EdicionesGodot
Twitter.com/EdicionesGodot
Instagram.com/EdicionesGodot
YouTube.com/EdicionesGodot